위대한
나를 만드는
독서모임

위대한
나를 만드는
독서모임

초판 1쇄 발행 2022년 7월 17일

지 은 이	민의식
발 행 인	권선복
편 집	권보송
디 자 인	김소영
전 자 책	서보미
마 케 팅	권보송
발 행 처	도서출판 행복에너지
출판등록	제315-2011-000035호
주 소	(157-010) 서울특별시 강서구 화곡로 232
전 화	0505-613-6133
팩 스	0303-0799-1560
홈페이지	www.happybook.or.kr
이 메 일	ksbdata@daum.net

값 20,000원

ISBN 979-11-92486-04-8 (03190)

Copyright ⓒ 민의식, 2022

도서출판 행복에너지는 독자 여러분의 아이디어와 원고 투고를 기다립니다. 책으로 만들기를 원하는 콘텐츠가 있으신 분은 이메일이나 홈페이지를 통해 간단한 기획서와 기획의도, 연락처 등을 보내주십시오. 행복에너지의 문은 언제나 활짝 열려 있습니다.

4차 산업혁명세상

위대한 나를 만드는 독서모임

민의식 지음

도서
출판 행복에너지

나는 누구인가?
너는 성공하는데 나는 왜 성공하지 못할까?
무슨 일을 하며 살아가야 하나?

나의 강점을 찾아서
AI와 디지털 플랫폼 세상과 연결하라!

　　BTS 방탄소년단이 글로벌 슈퍼스타가 되었다. 1년 1개월 만에 여섯 곡이나 '빌보드 차트' 1위에 올랐다. 한국어 노래가 전 세계를 움직이는 미국 팝 시장을 장악한 것이다. 2021년 빌보드 뮤직 어워즈에서 4관왕에 오르며 최다 수상 기록을 경신한다. 코로나 팬데믹에도 미국 LA 콘서트에 남아메리카, 아프리카, 유럽 등 세계 각지에서 팬들이 몰려왔다. 9만 원~53만 원 티켓이 21만4천 장이나 팔렸다. 바이든 미국대통령 초청으로 백악관을 공식방문하기까지 한다.

　　고용노동부 2021년 플랫폼 종사자 실태조사에 의하면 취업자의 8.5%인 약 220만 명이 플랫폼에 종속되어 살아간다. 그들 중 누구나 할 수 있는 배달 등의 플랫폼 노동자 55.2%가 2030

세대 청년층이다. 더 심각한 것은 반복적인 취업실패에 의한 '구직단념자'가 63만 명에 이르고 이들 중 17만 명 가량이 우울증에 의한 고립은둔청년이 되어 있다.

차이가 뭘까?

사람은 누구나 두 가지가 몸에 새겨져 태어난다. 하나는 '위대한 나만의 강점'이다. 또 하나는 '그 강점을 활용하여 세상에 선한 영향력을 펼치라는 사명Mission(삶의 목적)'이다. 하늘이 사람을 세상에 내실 때 이 두 가지를 모두 주셨다.

위대한 나만의 강점을 찾아야 한다. 우리 모두는 나만의 자산 100을 가지고 태어난다. 그 강점자산 100을 활용하면, 좋아하고 잘하는 일을 하면서 10,000이라는 성과를 내는 행복한 삶을 살아갈 수 있다. 그런데 그 강점인 자산 100을 뒤로 하고 10이나 30정도뿐인 자산을 나로 알고 평생 산다면 얼마나 억울한가? 단 한 번뿐인 인생인데.

그 위대한 나만의 강점을 기회가 요동치는 4차 산업혁명세상과 연결해야 한다. 그 연결고리가 세상을 이롭게 하는 나만의 사명이다. 사명을 정립, 일상의 삶에서 강점을 활용하여 그 사명을 실천하는 것은 하늘과 세상, 그리고 나 스스로에 대한 당연한 책임이다.

아직까지는 나만의 강점을 발휘하며 살기 어려운 세상이었다.

소품종 규격화 대량생산의 산업화시대였다. 로드맵이 획일화되어 있었다. 규격화 대량 경쟁사회에서는 정답을 빨리 맞히는 No.1, 1등 제일주의였다. Only 1은 괴짜로 인식되었다. 제도권 권력에 선택되어야만 겨우 나만의 강점을 발휘할 수 있었다. 나만의 강점대로만 살 수 없었다.

이제는 아니다. 다품종 다양화시대다. 코로나 팬데믹이 4차 산업혁명세상을 앞당겼다. 각종 디지털 플랫폼을 통해 다양한 취미와 세계관을 가진 지구촌 53억 명의 스마트폰 인구가 초연결되었다. 현실세계를 넘어 메타버스 등 가상현실세계까지도 실시간 쌍방향 소통한다. '위대한 나만의 나'인 Only 1을 받아주는 소통 환경이 조성됐다. 대중이 권력자다. 대중이 선택한다. 독특한 나만의 나를 좋아하는 진정한 팔로워가 나를 찾고 있다.
더욱이 규격화와 경쟁에서의 No.1은 인공지능 AI가 다한다. Only 1만 살아남는다. 전 세계 BTS 팬덤 아미army들이 스마트폰으로 초연결되었다. BTS 노랫말을 그들의 언어로 번역하여 디지털 플랫폼을 통해 퍼 나른다. 전 세계에 K-POP의 새로운 역사를 써나간다.

그럼에도 규격화세계, 경쟁의 무대로 오르려고 남보다 못하는 것을 열심히 하려는 20~30대 사회초년생들이 너무 많다. 엄마, 아버지 등 기성세대의 고정관념에 묶여서다. 이전세상 틀과 남들을 쫓아 헤맨다. AI와 디지털 대전환에 의한 갑작스러운 일자리

지도 변동으로 이직과 전직을 거듭하는 직장인들도 마찬가지다.

지금 그 무엇보다 먼저 해야 할 7가지 소통이 있다. 나와 나의 소통 4가지와 나와 세상과의 소통 3가지다.

① (나와 나와의 소통1) 하늘이 내게 주신 위대한 나만의 강점을 찾아라.

② (나와 세상과의 소통1) 팬데믹과 새로운 AI의 뉴노멀 4차 산업혁명세상을 공부하고, 지속적으로 모니터링해라.

③ (나와 나와의 소통2) 나만의 강점과 세상흐름을 연결하여 하늘이 내게 부여한 세상에 선한 영향력을 펼치는 공동선의 사명을 정립하라.

④ (나와 나와의 소통3) 사명을 실천하는 단계별 비전목표를 정립, (나와 세상과의 소통2) 일상의 삶에서 나만의 강점을 활용한 비전목표 달성을 통해 사명에 다가감으로써 나만의 강점을 4차 산업혁명세상과 연결 융합·협업하라.

⑤ (나와 나와의 소통4) AI의 4차 산업혁명시대 순기능을 살리고 역기능에 대응하는 필수역량 9가지를 키워라.

⑥ (나와 세상과의 소통3) 독서모임을 해라. 읽기, 쓰기, 발표하기, 토론과 대화하기, 사람 만나기다. 위 ①, ②, ③, ④, ⑤가 해결된다.

이제, 나와 세상이 연결된다. 내가 좋아하면서도 잘하는 일을 하게 된다. 성취와 보람의 의미 있는 삶, '삶의 의미 = 일의 의미'가 되는 삶을 살게 된다. 즐거우면서도 부자로 장수하며 모두 함께 행복하게 살아갈 수 있다.

필자는 소통전도사다. 〈'사람은 다 다르고 다 똑같다'를 아는 공감소통을 실천하고, 널리 알려, 행복한 세상을 만들어라!〉가 사명이다. 이 사명을 실천하는 비전목표로 첫 졸저 『사람은 다 다르고 다 똑같다』를 출간했다. 나-가정-학교-직장-국가사회 소통을 담은 책이다. 위 ①, ②, ③, ④, ⑤의 결과다.

그러면서 정보통신부(현 과학기술정보통신부)와 산하공공기관에서 36년 근무하며 과학기술과 정보통신 등 4차 산업혁명의 근원과 흐름에 관심을 갖는다. 4차 산업혁명 관련 세미나·포럼·북클럽에 60회 이상 참여했다. 관련 신간 국내외 도서 200여 권을 읽었다. 주요언론사가 직접 편집한 네이버 '뉴스스탠드' 주요기사도 매일 보았다. 중고등학생 등을 대상으로 4차 산업혁명 강의도 수차례 했다. 2017년부터는 ⑥ 독서모임도 시작했다. 그러면서 4차 산업혁명의 거대한 물결을 헤쳐 나갈 우리만의 솔루션이 부족함을 느꼈다.

혁명에서 낙오되지 않으려면 네 가지 혁명이 뒤따라야 한다. ⑴ 법령 등 제도적 혁명, ⑵ 재원 조달 등의 투자혁명, ⑶ 물리적인 사회 인프라 혁명, 끝으로 ⑷ 인력 즉 사람 혁명이다. 그러나 아직까지는 기술변화의 부각과 국가정책과의 연계 등 ⑴, ⑵, ⑶에 치중하는 듯하다.

역사는 사람이 만든다. 가정 원초적이고 중요한 ⑷ 사람혁명에 대한 해답 찾기에 소홀하다. 사람혁명이 되면 나머지 혁명은 쉽게 이루어진다.

사람혁명의 핵심은? '나와 나와의 소통'과 '나와 세상과의 소통'이다. 위에서 언급한 나와 나의 소통 4가지와 나와 4차 산업혁명세상과의 소통 3가지가 절박하고 절실하다.

그래서 이 책을 기획했다. 거인의 어깨에 올라탔다. 우리나라를 포함한 전 세계 석학들과 최고경영자, 학습관계자 등이 쏟아낸 글과 말, 연구사례를 분석했다. 공직에서 쌓은 경험과 기획력을 더해 사람혁명에 대한 답을 내놓았다.

4차 산업혁명세상에서 사람혁명을 위한 7가지 소통을 5장으로 나눠 담았다. Part 1에선 나는 세상과 소통하여야만 존재할 수 있음을 인식한다. Part 2는 위대한 나만의 강점을 찾아야 하는 이유와 찾는 구체적인 방법 15가지, 강점을 키우고 활성화하는 법을 소개한다. Part 3에서는 AI의 뉴노멀 4차 산업혁명세상을 함께 모니터링한다. 순기능 5가지와 역기능 5가지도 살펴본다. 이에 대응하는 필수역량 9가지와 키우는 방법도 공유한다. Part 4는 위대한 나와 세상을 연결하는 나만의 사명 찾기, 비전 목표 설정 및 달성으로 사명을 실천하는 방법을 알아본다. 끝으로 Part 5에서는 위 Part 2~4의 핵심에 한꺼번에 다가갈 수 있는 공통분모를 정리했다. 독서모임이다.

내가 왜 이러고 있지?

내가 진짜 하고 싶은 일은 뭐지?

내가 남보다 훨씬 잘하는 게 뭐지?

이 세상은 지금 어떤가?

어떻게 바뀌어 가고 있나?

나는 이 세상을 위해 무슨 일을 하며 살아가야 하나?

지금 내가 하는 일이 '위대한 나'와 '이 세상'을

연결하는 일인가?

나만의 답이 바로 나오는가? 아니라면 위대한 나만의 강점을 찾지 못함이다. 나를 세상과 연결하지 못해서다.

내 속에서 잠자는 위대한 거인을 깨워라. '위대한 나만의 나'를 기하급수적으로 변하는 디지털 플랫폼과 AI에 의한 '4차 산업혁명세상'과 연결 융합·협업하라. 이는 생존의 문제다.

실망할 필요가 없다. 이제 기적이 일어난다. 이 책을 읽고 실천하면 1년 이내에 나의 운명이 바뀌기 시작한다. AI가 지배하는 4차 산업혁명세상의 주인공이 된다.

프롤로그

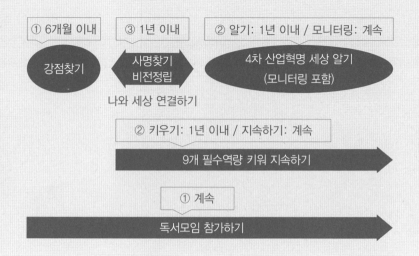

①6개월 이내　③1년 이내　②알기: 1년 이내 / 모니터링: 계속

강점찾기　사명찾기 비전정립　4차 산업혁명 세상 알기 (모니터링 포함)

나와 세상 연결하기

②키우기: 1년 이내 / 지속하기: 계속

9개 필수역량 키워 지속하기

①계속

독서모임 참가하기

　필자와 여행을 떠나보자. 이 책을 끝까지 쫓아가 보자. 위 그림 ①~②~③ 순서대로 실천해보자. 1년 이내에 나에게도 혁명이 일어난다. 나에게 아직 희망이 있다. 나도 내 분야에서 BTS가 될 수 있다.

민의식

CONTENTS

세상은 어떤가?

나와 세상이 소통하려면?

Part 5 왜 독서모임이 위대한 나를 만드나?

Part 1

나와 세상은
어떤 관계인가?

1

나는 세상과 소통하지
않고 살 수 있나?

코로나 팬데믹으로 알게 된 게 있다. 뭘까? 나는 혼자 살 수 없다는 거다. '뭔 근거로 그런 말을 해요?' 질문이 따라붙는다.

코로나는 2년여 만에 세상의 기준을 바꿨다. 비대면이 지속, 일상이 디지털로 전환됐다. 앱과 디지털에 익숙한 1030세대를 넘어 5070세대까지 예외가 없다. 노인층까지도 스마트폰 앱으로 은행 일을 보고, 음식도 배달 앱으로 해결하는 추세다. 먹고 살기 위한 인간의 본능적 선택이다.

이러한 비대면 온택트가 일상화되면서 2년여 만에 새로운 세상이 생겼다. 또 다른 지구가 탄생했다. 디지털지구다. 가상현실세계인 '메타버스'다. 새로운 신세계 메타버스로 사람들이 몰려든다. 왜일까? 몸은 집 안에 갇혀 있지만 실제 같은 바깥세상과 교류소통하고 싶은 인간의 욕구 때문이다.

현실 같은 가상 디지털세상에서 실제 만난 것처럼 말하고, 보고, 듣고, 느끼고, 놀고, 일하고, 공부하고, 공연 보고, 게임하고, 쇼핑하고, 치료받는 등의 실제경험을 하고 싶어서다. 비록 아바타 캐릭터인 나와 너이지만 함께 만나 현실같이 소통한다. 특히 10대 등 청소년층이 주 이용자다. 이들은 기성세대에 비해 물리적 커뮤니티 공동체에 익숙하지 않다. 그럼에도 메타버스에서 친구들과 함께하고 교류하는 실재감을 느끼려 몰려든다. 인간의 본능이다.

낚시에 물고기가 걸려 올라온다. 그 물고기를 구하겠다고 나서는 동료는 없다. 고래나 돌고래는? 작살 맞은 동료를 구하기 위해 둥글게 원을 친다. 그물에 걸린 동료를 구해내기도 한다. 새끼 낳아 젖을 먹여 키운다. 포유류哺乳類다. 대뇌가 발달하여 학습능력이 뛰어나다. 소리로 대화하고 소통한다.

나는? 사회적 포유류다. 호모 사피엔스, 지혜 있는 사람이다. 전두엽 발달로 소리를 넘어 언어와 문자로 소통한다. 언어와 문자에 의한 커뮤니케이션과 지혜가 합쳐지면서 협업의 힘을 발휘한다. 대규모 집단을 만든다. 공동체의 가치를 위해 목숨 걸고 전쟁에 나가 싸운다. 『사피엔스』에서 '유발 하라리'는 이것이 현생인류가 지구를 지배하게 된 가장 큰 장점으로 꼽았다.

인간은 혼자 살 수 없다. 공동체 속에서 누군가와의 관계 속에서 살아간다. '달라이 라마'는 "나 혼자서는 따로 행복해질 수 없다. 원하든 원하지 않든 우리는 서로 연결되어 있기 때문이다."라 했다. 이 원칙에는 예외가 없다. 2,300여 년 전 '아리스토텔레스'도 "인간은 본래 불완전한 존재이기 때문에 공동체 안에서만 완전해질 수 있다."고 말했다.

상형문자인 한자의 '인간人間'도 수많은 간間이 필수다. 나는 나와 다른 수많은 사람들 간間의 세상 속에서 살아가는 존재다. 사회적 동물이다.

나는 두 개의 세계에 사는 것이다. 하나는 나만의 개인세계, 또 하나는 나의 바깥세상 세계이다. 기술·제도·문화·규범·관습 등 나 이외 다른 사람들과 관계하는 사회·국가·국제공동체의 세상이다. 이 바깥세상이 현실의 피지컬세상과 가상현실의 메타버스세상으로 급격히 분리 중이다.

나를 알고 상대를 알면 위태롭지 않다. 지피지기 백전불태知彼知己 百戰不殆, 손자병법의 키워드다. 두 세계를 알고, 두 세계 사이의 관계를 이해하고 끊임없이 연결 소통하여야만 위태롭지 않게 생존할 수 있다. 더 나아가 이해와 소통을 넘어, 나와 세상이 맞춤 적합을 이루면 행복하고 즐거운 성공적인 삶을 살 수 있다.

나는 두 세계를 얼마나 알고 있나? 나도 세상도 잘 모르겠는가? 세상은 조금 알겠는데 도대체 나도 나를 잘 모르겠는가? 나는 그런대로 알겠는데 세상은 너무 요지경이어서 잘 모르겠는가? 모두 위험수위에 있는 거다.

지금 바깥세상은 판이 바뀌었고 이 순간에도 기하급수적으로 바뀌어 가고 있다. 코로나 팬데믹으로 디지털 플랫폼, 인공지능

AI에 의한 4차 산업혁명세상이 앞당겨졌다. 어찌해야 하나? 이건 외외로 쉬울 수 있다. 지식의 문제이니까 배우면 된다.

문제는 쉬워 보이지만 쉽지 않은 '나만의 개인적 세계'다. '나'를 아는가? '나'는 누구인가? '나'는 어디로 가고 있나? 이걸 대답할 수 있다면 나는 이미 성공한 사람이고 행복한 사람이다. 이유는 Part 2에서 설명한다.

하수는 나보다는 남을 연구한다. 남을 따라가려는 삶을 산다. 고수는 나를 연구하고 나만의 나로 살아간다. 코로나 팬데믹과 4차 산업혁명으로 표준이 새롭게 바뀌는 뉴노멀의 파괴적 혁신 세상에 '나의 혁신'은 선택이 아닌 필수다. '나의 혁명'을 시작하자.

나는 나와 세상을
얼마나 알고 있나?

"옛날 사람들은 가상현실세계에 자기 집이 없었데?" "자기 아바타도 없이 살았데?" "에이~ 거짓말" 10년 후 아이들의 대화 내용이다. 와 닿는가? 안 와 닿으면 나는 기하급수적으로 변하는 4차 산업혁명의 '파괴적 혁신' 세상을 감지하지 못하는 거다.

문제는 그 다음이다. 고정관념에 묶여 늘 하던 대로 생각하고 행동하면 한순간에 무너진다.

잉카제국은 늘 이겼다. 최강이라고 자부했다. 인구 600만 명에, 정규군만 8만 명이다. 그런데 단 168명의 스페인 '프란시스코 피사로' 군사에게 순식간에 멸망한다. 왜일까? 거꾸로 피사로 군대는 500배가 넘는 대군을 격파하면서도 단 1명의 전사자도 없었을까? 피사로는 쇠칼, 쇠갑옷, 총, 대포, 말을 가지고 있었다. 잉카 군대는? 겨우 돌, 청동기, 나무곤봉, 손도끼, 형겊갑옷 등으로 무장했기 때문이다.[1] 지금은 다른가? 당시 총, 균, 쇠로 세계를 정복한 서구(지금은 미국)는 디지털 플랫폼 경제와 AI

인공지능의 4차 산업혁명으로 세상을 정복해나가고 있다.

이를 나에게 대입해본다면? 혹시 내가 잉카, 프란시스코 피사로 군대가 4차 산업혁명세상이 아닐까? '아니다'라는 답이 나와야 한다.

4차 산업혁명 이전 세상까지는 고정관념이 그런대로 유효했다. 산술급수적 세상이었다. 나의 개인적 의식세계도 산술급수적 사고에 젖어있다. $2+2+2+2+2\cdots$ 매년 2씩 산술급수적으로 10년이 흐르면 22가 된다.

지금은 기하급수적인 4차 산업혁명세상이다. 기하급수적으로 바뀌면? $2\times2\times2\times2\times2\cdots$ 10년이 흐르면? 2,048이 된다. 무려 차이가 93배로 벌어진다. '이게 뭐지?' 하며 내 생각을 정리하는 사이에 세상은 이미 저 만큼 또 가버린다.

문제는 기하급수적 변화를 잘 느끼지 못한다는 데 있다. 초기에는 변화의 차이가 별로 없기 때문이다. $2+2+2=6$과 $2\times2\times2=8$이다. 차이가 별로다. 그러다가 순식간에 10배, 100배, 10,000배 차이난다.

이렇듯 '혁명'은 어느 순간 지금의 것을 단번에 무너뜨린다. 거기에 새로운 것을 급격하게 세운다. 인류문명의 새로운 표준이 만들어진다. 이제까지 본 것은 아무것도 아니다. 모든 상식이 깨지는 시대가 오고 있다. 믿었던 모든 것을 의심해라. 지금의 직업이 미래를 보장해 주지 못한다. 지금의 교육은 미래에 소용없는 것을 가르치고 있다. 초연결, 초지능, 초생명화의 4차 산업혁명세상이다. 그 속도, 범위, 강도를 고려할 때 과거 인류가 겪었던 그 무엇과도 다르다.

'4차 산업혁명'이란 단어가 우리에게 다가온 것은 불과 5~6년 전이다. 그래서 아직 4차 산업혁명에 대한 국민적 컨센서스가 부족했다. 다행인지 불행인지 코로나 팬데믹은 모든 것을 온택트 비대면으로 전환시켰다. 4차 산업혁명세상을 앞당겼다.

4차 산업혁명은 1, 2, 3차 산업혁명과 전혀 다르다.

첫째, 범위가 넓다. 전 지구촌에 걸친다.

둘째, 깊이가 깊다. 아직까지는 인간 바깥세상의 혁신이었다. 지금은 인간 자체를 바꾸고 있다. 사람의 생명과 생각·마음까지 개조하려 한다.

셋째, 속도가 너무 빠르다. 기하급수적으로 변해가고 있다. 파괴적 혁신이 일어난다. 새로움이 바로 표준이 된다. 이 책에서 언급된 디지털 기술, 물리적 기술, 생물학적 기술 등도 1~2년이 지나면 비현행일 것이다.

따라서, 세상변화에 관심을 갖지 않으면 생존이 어렵다. 모든 혁명이 그렇듯이 변혁에 순응하지 않는 모든 사람들을 쓸어버린다. 불과 수년 전까지만 해도 '인공지능 AI'이란 단어가 생소했다. 지금은 AI기자, AI면접관, AI아이돌, AI야구심판, AI인플루언서 등이 활동 중이다. 미국의 '릴 미켈라'라는 AI인플루언서는 인스타그램, 유튜브, 틱톡 등의 팔로워가 500만 명을 넘어섰다.

메타버스는 어떤가? 집단적 가상공유공간에서 경제·사회·교육·문화 활동이 이루어지고 있다. 가상현실 플랫폼으로 출근하여 일한다. 회의, 포럼, 콘서트, 대학축제를 연다. 애플, MS, 아마존, 구글, 메타(페이스북), 텐센트 등 전 세계 시가총액 최상위 기업들이 메타버스사업에 올라탔다. 대부분이 2~3년 만에 이루어진 일이다.

그럼에도 산술급수적인 산업화시대의 기존 고정관념으로 선택과 행동, 즉 공부·직업선택·일과 사업·투자·개업을 하면 어떻게 될까?

물의 흐름이 바뀌면 어종이 바뀌고, 어종이 바뀌면 배와 그물을 바꿔야 한다. 그 배와 그 그물로 바다에 나가 "왜 고기가 안 잡히지?" 하거나, 거금을 투자하여 그 배를 사면 망한다. 혁명의 시대, 우물쭈물 하다간 역사의 잿더미에 남겨진다. 혁명의 흐름에 맞춰 관념을 변화시키느냐 못 하느냐가 삶과 죽음을 가른다. 시시각각 세상이 달라진다.

혁명에서 낙오되지 않으려면 제도혁명, 투자혁명, 사회 인프라 혁명, 사람 혁명이 요구된다. 그중 가장 근본적인 사람혁명에 대한 해답 찾기가 부족하다. 사람혁명의 핵심은?

첫째, 기하급수적으로 변하며 새로운 표준이 만들어지는 4차 산업혁명 세상을 살아가는 나의 정체성, '나의 강점을 찾는 것'이다. 위대한 나를 찾아야 한다. 더 나아가 나의 강점에 맞춰 하늘이 위대한 나에게 부여한 '나만의 사명Mission(삶의 목적)을 정립'하는 거다.

둘째, 세상 변화를 모니터링하며 '세상을 입체적으로 잘 아는 거'다. 변화에 맞춰 나의 생각과 마음의 표준을 바꾼다. '위대한 나를 뉴노멀 세상과 연결 융합'시켜 나의 '강점을 활성화'시킨다. 이를 통해 일상의 삶에서 강점을 활용한 '사명을 실천하는 삶'을 사는 것이다.

셋째, AI 4차 산업혁명 세상에서 AI의 노예가 아닌 'AI의 주인으로 살아가는 9개 필수역량을 키우는 것'이다. 객관적 사고력, 문제발견력, 회복탄력성과 긍정력, 자기주도 평생학습력, 다양성, 상상력과 창의력, 공감력·감성지능·사회적 지능, 인성·진정성 등 자기성찰력, 협력과 융합의 소통력이다.

'세상에서 최고'가 되어야 한다는 산업화시대 고정관념의 틀은 깨졌다. 4차 산업혁명시대, 디지털 플랫폼과 AI로 세상의 표준과 이에 따른 일자리 지도가 다시 그려진다. 그 지도가 빠른 속도로 자꾸 바뀐다.

이제 '최고'는 AI가 다 한다. 학벌과 지식이 최고인 세상은 막을 내렸다. '세상에서 유일한 나'를 만들어야 한다. 나는 남과 다른 무엇을 가지고 있나? AI가 흉내 낼 수 없는, 나만이 할 수 있는 유니크한 나의 강점을 찾아 세상과 연결 융합해야 한다.

이전에는 나만의 강점을 발휘할 통로가 제한적이었다. 시스템 권력의 눈에 들어야만 살아남았다. 이젠 아니다. 다양한 생각과 가치를 추구하는 전 세계 53억 스마트폰 인구가 디지털플랫폼을 통해 실시간 초연결되었다. 취향과 욕구가 같은 다양한 그룹이 서로서로 연결되어 실시간 쌍방향 소통한다. 나만의 강점에 환호하고 열광하는 팔로워와 함께할 수 있는 4차 산업혁명세상 이다. BTS 방탄소년단이 그 예다. 전 세계 팬덤 아미_{army}와 스마트폰으로 초연결되었다.

나는 위대한 나를 아는가? 나는 지금의 4차 산업혁명세상을 얼마나 알고 있나?

3

나와 세상을 알고
서로 연결하는 최상의 방법은?

나와 세상, 이 두 세계를 어떻게 파악하고 연결할 것인가?

기업경영전략 수립의 'SWOTstrength, weakness, opportunity, threat (강점·약점, 기회·위협) 분석틀'로 이야기를 풀어본다. 기업이나 개인이나 권리주체로서 세상과 함께 소통하는 것은 똑같기 때문이다. 더욱이 세상이 기하급수적으로 바뀌는 파괴적 혁신의 4차 산업혁명세상, 불과 10년 만에 인류문명의 표준이 새로 만들어지고 있어서 SWOT 분석틀이 유용하다.

필자도 이 틀을 활용하여 나와 세상을 연결 융합했다. 50세가 된 해 첫날 아침, 생각에 빠진다. 지천명知天命이다. 2,500년 전 공자도 쉰에 하늘의 명을 깨닫게 되었다는데 나는 뭐지? 또한 스티브 잡스가 스탠퍼드대 졸업식에서 했었던 "만약 오늘이 내 인생의 마지막 날이라면 지금 하려는 일을 할 것인가?" "아니요 라고 대답하는 날이 많아질수록, 변화가 필요하다."라는 명언이 회자되고 있었다.

당시 공공기관 간부직 자리에 있었다. 25년 동안 매일 반복되는 직장생활 속에 나는 없었다. 조직의 부속품으로 기계적인 삶을 이어가고 있었다. "오늘이 내 인생의 마지막 날이라면 오늘 하려는 일을 할 것인가?" 내 스스로에게 물었다. 답은 "아니다"였다. 하늘이 나를 이 세상에 냈을 때는 세상의 흐름에 맞춰 나에게 사명을 주셨을 것이다. 그 미션을 실천하도록 나만의 재능도 주셨을 것이다. 나의 재능도 그 미션도 모르겠다. 찾아야겠다.

SWOT 분석에 들어갔다. '진정한 나 찾기'와 '세상 알기'에 돌입했다. 나의 강점과 약점은 무엇인가? 지금의 세상은 어떤가? 둘 다 그림이 그려지지 않았다. 그래서 시작한 것이 '사람 만나기'와 '여행하기', 그리고 '책 읽기'다. '나'와 '세상'을 살피기 위한 전략적 선택이었다.

양주에서 서울까지 출퇴근한다. 편도 2시간 정도 걸린다. 새벽 5시 30분에 일어나 6시 30분에 집을 나선다. 정상 퇴근하면 저녁 9시쯤에, 좀 늦으면 11시쯤 집에 돌아온다. 쉬는 날은 농사일도 해야 한다. 시간이 없다. 연락이 와도 모임을 나갈 수가 없다. 당연히 책 읽을 시간도 없다. 어떻게 했을까?

출퇴근 전철을 도서관으로 바꿨다. 전철에서 독서를 시작했다. 신문(당시 종이신문을 봄)을 보거나 졸음을 즐기던 시간이 독서 타임으로 전환됐다. 하루 1~2시간 책읽기가 습관화된다. 1주일에 1~2권, 1년에 60~80권의 독서가 가능했다.

연락이 오는 모임은 유형에 관계없이 무조건 나갔다. 세미나, 포럼 등도 새벽이든 밤이든 시간에 관계없이 모두 참가했다. 모임이 23개로 늘었다. 중학교총동문회장, 40~70세 중장년층 지역공동체 회장직도 맡게 된다. 총무나 회장 등 책임직을 맡은 모임이 11개가 되었다.

하계휴가기간에는 무조건 국내외 여행을 갔다. 안 가본 곳만 갔다. 산, 바다, 도시, 평야 등을 골고루 다녔다. 가능하면 대중교통으로 혼자서 여행했다. 외국여행도 여행사 없이 떠나거나, 여행사 패키지라도 개인 자유시간이 많은 상품을 선택했다. 낯섦의 시간과 공간에 나를 던졌다.

그렇게 5년이 흐른 어느 날 사고를 당한다. 서울아산병원 응급실로 실려 갔다. 주치의가 "5개월 정도는 쉬어야 합니다."라고 말한다. 대퇴부 골절의 통증 속에서 중얼거렸다. "어… 뭐지? 신이 '위대한 나'를 찾고, 하늘이 나에게 내린 명령을 찾으라고 기회를 주셨구나! 아… 감사합니다!" 3번이나 전신마취 수술을 한다. 30년을 쉼 없이 달려온 직장생활에 5개월이라는 강제공백시간이 생긴다. 나만의 시간이 주어진다. 어느 정도 몸을 추스른 후 병실 침대에 딸린 접이식 식탁에 도화지를 펼친다. 마인드맵을 그린다.

그간의 독서, 사람 만나기, 여행 등을 통해 알게 된 '나'와 '세상'을 연결시킨다. 그간 성공과 실패사례 등 과거의 나, 현재 나의 위치에서 나의 강점과 단점이 정리된다. 위대한 나를 찾았다. 거기에 미래에 대한 나의 기대, 바깥세상의 변화추세 및 미래세상의 모습 등을 구조화하여 서로 연결시켜본다. 나의 강점과 단점, 세상의 기회와 위협요인이 엉켜지며 나와 세상이 연결된다.

　이 과정을 통해 하늘의 명령을 깨달았다. 그 명령, 사명은 바로 〈'사람은 다 다르고 다 똑같다'를 아는 공감소통을 실천하고, 널리 알려, 행복한 세상을 만들어라!〉다. '책 쓰기와 강의'를 미션 실천을 위한 비전Vision 목표로 세웠다. 그로부터 4년 후 첫 졸저인 『사람은 다 다르고 다 똑같다』가 출간됐다. 의정부고등학교, 충북반도체고등학교, 서울소방학교, 서울은평소방서 등에서 강의도 했다. 나와 세상을 연결했다. 4차 산업혁명과 소통이 주제다. 두 번째 졸저인 이 책도 필자에게 내린 하늘의 명령을 수행하는 과정이다. 나와 나와의 소통, 나와 4차 산업혁명세상과 소통이 주제다.

　이렇게 SWOT분석의 가장 큰 장점은 나의 내부 상태와 바깥 세상 등 내·외부를 동시에 파악하여 서로 연결 융합한다는 데 있다. 나의 강점과 약점을 살피고, 파괴적 혁신의 4차 산업혁명 세상에서 기회와 위협요인을 찾아낸다.

　이를 토대로 나와 세상을 연결시킨다. '나의 존재 이유'인 하늘이 준 사명을 정립하고, 단계별 목표인 비전을 세워, 일상에서 늘 좋아하고 잘하는 일인 강점을 활용하여 비전목표를 달성함으로써 사명을 실천해간다. 의미 있는 행복한 삶이 이어진다.

　이와 같이 두 세계를 이해하고 연결하여 끊임없이 소통해야 한다. 세분화하면, '나와 나와의 소통 4가지'와 '나와 세상과의 소통 3가지' 등 총 7가지 소통이 요구된다.

① 위대한 나만의 강점을 찾아내고(나와 나와의 소통1)

② 4차 산업혁명세상 흐름을 파악하며, 그 속에서 기회와 위협요인을 지속적으로 모니터링 한다.(나와 세상과의 소통1)

③ 나만의 강점과 세상흐름을 연결하여, 하늘이 내게 부여한 세상에 선한 영향력을 주는 공동선의 사명을 정립한다.(나와 나와의 소통2)

④ 사명의 충실한 실천을 위해 인생 단계별 비전목표를 세워(나와 나와의 소통3), 일상의 삶에서 나만의 강점을 지속적으로 활용한 비전목표 달성을 통해 사명에 다가감으로써 나만의 강점을 4차 산업혁명세상과 연결 융합·협업한다.(나와 세상과의 소통2)

⑤ AI의 4차 산업혁명세상 순기능을 살리고 역기능에 대응하는 필수역량 9가지를 키운다.(나와 나와의 소통4)

⑥ ①~⑤가 연결되며 나의 사명인 삶의 목적을 실천하며 4차 산업혁명시대 AI의 주인으로서 위대한 나만의 나로, 의미와 가치 있는 건강하고 행복한 부자의 삶을 살게 하는 공통분모는? 독서모임=읽기+쓰기+발표+토론과 대화+사람 만나기다. 독서모임을 하는 것이다.(나와 세상과의 소통3)

스마트폰 초연결 디지털플랫폼 경제와 AI가 주도하는 4차 산업혁명세상, 독서모임만 제대로 하면 세상이 정해준 것을 맹목적으로 쫓아가지 않는 삶, 부모 등 남의 기대에 맞추는 삶이 아닌 '내가 살고 싶은 인생', 내가 '좋아하면서 잘하는 일'을 하며 위대한 나로 살 수 있다. 'AI의 주인'으로서 하늘의 명령인 사명을 충실히 이행하는 '가장 나다운 성공적이고 행복한 세상'을 살아간다.

이는 남녀노소를 가리지 않는다. 특히, 사회초년생인 2030 MZ세대들에겐 절대적이다. 이들의 부모세대인 베이비부머(1955~1963년생) 등도 마찬가지다. 2030세대 자식들과 함께 호흡해야 한다. 자녀들이 위대한 그들만의 강점을 AI 4차 산업혁명 세상과 연결 융합시키도록 도와야 한다. 아울러 자신들도 산업화시대 나의 강점과 관련 없이 호구지책으로 직업을 선택하여 살아왔다면, 은퇴한 지금은 진정한 나만의 나를 찾아 좋아하고 잘하는 일을 하며 살아야 한다.

Part 2

나는
누구인가?

위대한
나를 찾아라

나는 사자인가? 낙타인가? 오리인가?

낙타는 사막에서 산다. 사자는? 숲에 산다. 그곳에 살도록 몸에 새겨져 태어났다. 거기서 강점을 발휘한다.

나의 비극은? 나라의 비극은? 자신의 강점이 아닌 곳임에도 먹을거리가 많다고, 앞으로 전망이 좋다며 모두 한곳에 몰리는 것이다. '백수의 왕'인 사자도 사막 한가운데에선 속수무책이다. 몸과 마음의 극심한 피로를 느낀다. 열정과 성취감을 잃어버린다. 번 아웃된다.

나는 어떤가? 지금 위치에서의 나를 보자. 삶이 즐겁고 행복한가? 하는 일이 재밌고 잘해서 성과가 크게 나오는가?

오리가 동물학교에 다닌다. 수영점수는 최상이다. 종일 물 위에서 놀 수 있다. 선생님보다 더 잘한다. 날기 과목도 그런대로 평균수준이다. 문제는 달리기다. 최악이다. 평균점수를 다 까먹는다. 수능점수가 뻔하다. 달리기 고액과외에 돌입한다. 정말 쉬지 않고 열심히 달렸다. 점수가 올랐을까? 발바닥이 닳고 물갈퀴가 너덜너덜해져 수영점수까지 떨어졌다. 『영혼을 위한 닭고기 수프』에 나오는 이야기다. 혹시 나의 이야기? 아니면 자녀의 사례는 아닌지?

더 현실적으로 접근해보자. 국어시간이 재밌다. 한 시간 수업이 금방 지나간다. 성적도 최상급이다. 문제는 수학시간이다. 따분해서 잠이 온다. 점수도 낙제수준이다. 엄마와 함께 목표를 세웠다. 유명 수학학원에 등록하고 집중해서 문제풀이도 열심히 했다. 한 달이 지났다. 몸이 자꾸만 거부한다. 학원 가기가 귀찮다. 의욕이 없다. 하루 이틀 빼먹는다. 밤늦게 책상에 앉아서 문제풀이를 해보지만 자꾸 게임하는 나를 발견한다.

더 심한 학생들도 있다. 아예 교실에 앉아서 수업 받는 자체가 흥미 없다. 자꾸 운동장 쪽에 눈이 돌아간다. 괜히 몸이 들썩인다. 나가서 뛰고 싶다. 그러다가 수업시간에 잠이 든다.

MBC '공부가 머니?' TV 프로그램을 우연히 시청했다. 중1 모범생 쌍둥이형제가 나왔다. 일란성 쌍둥이임에도 형은 수학을 좋아하고 잘하고, 동생은 영어를 잘한다. 신이 인간에게 준 선물은 이렇게 다 다르다. 100인 100색이다.

사회인이 되어서도 마찬가지다. 대학을 졸업하고 대기업 취업에 성공했다. 기획서 작성 등 창의성 있는 글쓰기 등은 잘한다. 문제는 대면보고나 회의 등 상사와 대화과정, 타 부서와의 미팅 등 협업에서의 불편함이다. 권위적이고 터무니없는 비판을 받으면 거북하다. 참지 못하고 폭발하는 경우도 있다. 3년을 다녔다. 점점 회사 가기가 싫어진다. 스트레스가 쌓인다. 내 말을 가장 안 듣는 사람도 내가 되고, 나와의 약속을 최고로 안 지키는 사람도 내가 된다. 머리에서는 이러면 안 되는데 하면서도 몸과 마음이 따르지 못한다. 결국 퇴사한다. 왜일까?

내가 진짜로 원하는 것이 따로 있기 때문이다. 태어날 때부터 내 몸에 새겨진 그 무엇이 아니기 때문이다. 남들이 부러워하는 선망의 삶이라도 내 몸과 영혼에 맞지 않으면 길을 잃고 헤맨다. 태어날 때부터 내 몸에 새겨진 것? 신체적 정신적 생물학적 특성이 사람마다 다 다르다. 나와 똑같은 사람은 없다. 나는 유일하다. 몸이 느끼는 본능적 기쁨과 즐거움 또한 다 다르다. 무의식적이다. 나는 그 일이 피곤한데 친구는 그 일만 하면 에너지가 넘친다.

이는 두뇌회로 차이다. 강점과 약점은 자기만의 유전체로 타고 나는 것이다. 내가 무의식적으로 좋아서 반복하는 판단과 행동은 뇌 신경세포들이 연동해 만들어진 일종의 패턴이다. 이 패턴이 고착되어 나이 들면 새로운 패턴이 나타날 가능성이 약해진다. 뉴런-시냅스-뉴런의 연결은 3살까지 대략 15,000여 개의 접합으로 1,000억 개 뉴런을 이어준다. 이를 정점으로 시냅스는 급속히 연결을 해체하기 시작한다. 15세쯤이면 절반 이상이 끊어지고 나머지가 연결을 유지하며 남아 가장 빈번하게 소통하는 뇌 회로가 바로 '나'다.[2] 이후 습관을 형성하는 뇌의 가소성은 뒤에서 다시 설명한다.

이렇듯 인간은, 아니 모든 생물은 태어날 때부터 각자에게 강점이 주어진다. 약점도 주어진다. DNA가 다 다르다. 하버드대 '가드너' 교수의 '다중지능이론'이 이를 증명한다. 그는 연구결과를 바탕으로 언어, 논리수학, 신체운동, 음악, 공간, 자연, 자기성찰, 인간친화 등 8개 지능[3]을 제시했다. 모두가 우수한 '전능한' 사람은 없다.

트롯열풍, TV '사랑의 콜센터'를 시청한다. '이찬원'이 아이돌 온앤오프의 '효진'과 듀엣으로 다른 팀과 겨룬다. 이선희의 '아름다운 강산'을 부른다. 노래 후반부 효진이 브레이크댄스로 시청자를 사로잡는다. 당연히 이찬원의 춤도 이어질 것으로 기대했다. 그는 춤 없이 노래만으로 이어가 웃음을 자아낸다. 그래도 결과는 100점이다. 사회자가 브레이크댄스를 안 한 이유를 물었다. "춤을 배우려 6시간 연습했는데도 안 돼서 생략했다." 이찬원의 답이다. 그는 TV조선 미스터트롯 3위의 실력자다. 노래와 춤이 같은 분야 같은데도 이렇게 다르다. 그에게 노래는 강점이지만 춤은 약점인 것이다.

더 나아가 정신지체 등 발달장애 아동이라 할지라도 8개 지능 모두가 지체된 것은 아니다. 실제로 정신지체라도 음악에 재능을 보여주는 사례는 이병헌, 박정민 주연 〈그것만이 내 세상〉이라는 영화 속 이야기만이 아니다. 가수 이상우의 발달장애 아

들이 트럼펫으로 대학에 입학했고, 지금은 졸업하여 오케스트라 단원으로 활동하고 있다.[4]

필자가 가끔 보는 유튜브가 있다. 23살의 한국계 청년 '코디 리'의 영상이다. 그는 미국 유명 오디션 프로그램 '아메리카 갓 탤런트America's got talent'의 14번째 시즌에서 최종 우승을 차지한다. 언론은 기적을 노래했다고 극찬했다. 왜? 그는 선천적으로 앞을 볼 수 없는 데다 자폐증까지 있다. 대화는 단답형으로만 겨우 가능하다. 그런 그가 피아노를 치며 천상의 아름다운 목소리로 노래 부른다. 소름이 돋았다. 감동을 선사한다. 이게 어떻게 가능했을까?

유재석, 김구라, 최불암, 윤여정 등은 TV에 꾸준히 나오는 연예인들이다. 언제나 밝고 에너지가 넘친다. 반면, 활동을 중단하고 음식점 등 다른 일을 하거나, 공황장애로 자살하는 연예인도 있다. 노력만으로 타고난 강점을 이길 수 없기 때문이다. 그 일을 잘한다. 열심히 한다. 그런데 뭔가 불안하다. 자꾸 짜증이 난다. 잘될 때도 있지만 조그만 실수에 조바심이 나고 괜히 두렵다. 거꾸로 유재석 등은 그 일을 하면 늘 신나고, 늘 활기차고, 늘 몰입하고, 늘 열정적이고, 지속적으로 영감이 떠오른다.

TV오락프로그램 '어쩌다 FC−뭉쳐야 찬다'는 어땠는가? 한때 이름을 날린 국가대표 운동선수로 축구팀을 꾸려 다른 팀과 경기를 했다. 허재(농구), 양준혁(야구), 이만기(씨름), 이봉주(마라톤), 박태환(수영) 등 대한민국 전설의 대표 운동선수들이다. (지금은 〈뭉쳐야 찬다2〉로 개편하여 방송 중) 축구는 이에 미치지 못했다.

강호동(씨름), 서장훈(농구)은 운동선수에서 연예프로그램의 주역으로까지 변신했다. 각각 타고난 강점이 다르기 때문이다. 신체운동도 세부적으로 들어가면 또 각각 다르다. 강호동, 서장훈처럼 몇 가지 강점을 동시에 가질 수도 있다.

'로버트 그린'은 『마스터리의 법칙』에서 "우리 인간은 세상에 태어남과 동시에 씨앗 하나가 심어진다. 그 씨앗은 바로 당신만의 독특한 고유성이다. 우리 인생의 과업은 그 씨앗을 키워 꽃을 피우는 것, 즉 일을 통해 자신만의 고유성을 표현하는 것이다. 그 씨앗은 '당신을 흥미롭게 하는 것', '열정을 갖게 하는 것', '당신이 진정 좋아하는 것', '당신을 남과 다르게 만드는 그것'이다."라고 썼다.

나도 강점이 있다. 그게 나만의 자산이다. 누구나 하늘이 주신 보물을 다 가지고 있다. 성공한 사람은 누구인가? 자신의 강점을 찾아 그 강점을 중심으로 제반사항들을 재배치했을 뿐이다. 나의 강점은?

강점이란 무엇인가?

이야기 전개를 위해 '강점'의 정의가 필요하다. 강점의 사전적 정의는 '남보다 우세하거나 더 뛰어난 점'이다. 남보다 우세하거나 더 뛰어나려면 어떻게 해야 하나? 남과 다르게 그 일을 잘해야 한다. 또는 그 상황을 잘 처리해야 한다. 한마디로 '잘함'이다.

잘하기만 하면 강점이 될까? 잘하기는 하는데 그 일이 재미없고 지루하고 귀찮거나 짜증나면 어떻게 될까? 열정적으로 그 일을 할 수가 없다. 열심히 할수록 피곤하고 스트레스를 받는다. '남보다 우세하거나 더 뛰어난 점'이 지속될 수 없다. 그래서 한 가지 더 요구되는 게 그 일을 하면 즐겁고 재밌어야 한다. 즉 '좋아함'이 따라와야 한다.

'잘함'과 '좋아함'이 합해지면 더하기(+)가 아니라 곱하기(×) 효과가 나온다. 잘하면서 재미까지 있으니 시간가는 줄 모르고 몰입한다. 스트레스 제로다. 열정이 폭발한다. 당연히 성과도 눈덩이처럼 커진다. 성취감에 삶의 만족과 행복감이 더 높다. 창의력이 더 발휘되며 선순환되어 강점이 점점 강해진다.

여기서 의문이 생긴다. 그럼 타고난 강점만 있으면 아무런 노력 없이 재밌고 활력 있는 행복한 삶을 살 수 있을까? 진정한 강점은 어떻게 완성될까? 자기발견 프로그램 '스트렝스 파인더 Strengths Finder'를 공동 개발한 '마커스 버킹엄'은 『나를 가슴 뛰게 하는 에너지 강점』에서 '강점＝재능＋지식·기술'이라고 공식을 내놓는다. 강점은 타고난 재능과 지식·기술의 조합이다. 잘함 ×좋아함의 재능을 발견하고, 거기에 지식과 기술이라는 노력과 투자, 연습과 학습, 훈련이 더해져야 강점으로 튀어 오른다.

그럼 지식과 기술이란 구체적으로 어떤 것일까?

첫째는 '사실에 입각한 지식'의 개발이다. 강점을 발휘하는데 외국인과 자주 소통해야 한다면 외국어 지식을 쌓아야 한다. 영업마케팅 분야이면 해당제품이나 서비스의 특징을 공부해야 한다. 당연하다.

둘째, '경험에서 묻어나는 지식'이다. 이 경험적 지식은 학교나 책을 통해 쌓는 지식이 아니다. 일을 하면서 내 스스로 깨우치고 습득해야 하는 거다. 이 경험적 지식에는 두 가지가 있다. 몸에 경험이 축적되어 나오는 '실제적인 지식'과 가치관·자기인식과 같은 '개념적인 지식'이다.

실제적인 지식은 일하는 과정에서 경험이 쌓이면서 스스로 어떤 것을 추가하거나, 바꾸거나, 축소, 또는 아예 없앨 줄 아는 지식이다. 미국 메이저리그의 류현진 선수는 다른 투수와 다르게, 직구와 변화구 세 종류를 배합하여 던진다. 타자들은 네 가지 중에 하나를 예측하여 공을 쳐내야 한다. 경우의 수가 많아지니 타자들은 혼란스럽다. 류현진 선수는 리그 경험을 통해 스스로 개발한 것이다. 이게 실제적 지식이다.

반면, 개념적인 지식은 내 생각과 행동의 판단 기준인 나의 '가치관', 내 자신이 어떤 사람인지를 스스로 깨우쳐 아는 '자기인식'이다. 나의 정신적 마음가짐이다. 이 또한 경험이 쌓이면서 내 스스로 깨우치는 거다. Part 4에서 알아볼 나의 사명, 비전목표와 연계된다. 이러한 지식과 기술이 뒷받침되어야 강점이 더욱 빛난다.

강점이 대폭발을 일으키는 지점은 타고난 재능에 지식과 기술이 결합되어 임계점에 이르렀을 때다. 수년 전 손흥민 아버지가 손흥민을 훈련시키는 모습을 TV 방송에서 우연히 보았다. "내가 매년 10월 말부터 12월 초까지 운동장에 소금을 100포 이상씩 뿌렸습니다. 소금이 있으면 겨울에 눈이 와도 빨리 녹고 여름엔 푸석푸석해져서 넘어져도 다치지 않습니다. 훈련을 365 일 거른 날이 없습니다." 손흥민 아버지의 멘트다. 세계 최고의 골에 주어지는 FIFA 푸스카스상을 수상한 그의 70m 드리블에 의한 숏 기술은 재능으로만 이루어진 게 아니다.

또 하나는 그의 영어실력이다. 축구는 팀워크 스포츠다. 쉬는 날은 영어 선생님을 두고 영어회화에 열중했다. 영국 프리미어 리그 득점왕은 그냥 된 게 아니다. 소통에 의한 팀워크가 필수인 단체스포츠에서의 공통언어를 빨리 습득한 것이다. 타고난 재능에 새로운 지식과 기술을 얻고자 하는 욕구가 없는 강점은 진정한 강점으로 발전할 수 없다.

나의 강점을 찾지 못하면 AI 노예로 전락한다

"앞으로 명문대 졸업장은 10년도 유효하지 않을 거예요" 몇 년 전 염재호 전 고려대 총장의 말이다. 아직까지는 정해진 굳건한 시스템으로 사회가 유지 발전되어 왔다. 학벌과 스펙으로 조직에 몸담고, 평생 안정적인 삶을 사는 게 표준이었다. 정해진 길, 만들어진 길을 가야만 하는 것으로 로드맵이 획일화되었다. 사회도 학교도 부모도 그 길만이 최선임이 일반화되어 있었다.

내가 좋아하고 잘하는, 내가 하고 싶은 일을 하며 살기에는 기회가 부족했다. '일과 직업=좋아함+잘함=수입'의 등식 성립이 안 되는 분야가 많았다. 나의 강점을 숨기고 모두가 비슷한 유형의 길을 갔다.

이젠 아니다. 스마트폰에 의한 디지털 플랫폼 경제, AI의 4차 산업혁명시대다. 인류문명의 대전환이 일어나고 있다. 4차 산업혁명세상에서 나의 강점을 발휘하며 살아야 하는 이유? 두 가지다.

첫째, 내 안에서 잠자는 강점을 깨우지 못하면 지금 나의 일과 삶은 더 저렴하고 처리속도가 훨씬 빠른 AI기계로 대체된다. 나만의 강점이 아닌 보편적이고 획일화된 일은 이제 AI가 다 한다.

신한생명은 인공지능 보험계약심사 시스템 'AI 원더라이터 Wonderwriter'를 오픈했다. 약 2,100여 개의 질병에 따른 다양한 심사 기준을 수립해 만든 정교한 AI 모델이다. 아직까지는 심사자 전문직원이 직접 처리해야 했다. 계약 대기시간이 길었다. 피보험자의 질병과 사고 등이 걸러지지 않고 계약이 성립되는 경우도 생긴다. 이후 보험금 분쟁으로 이어진다. 이제 아니다. 정교한 심사가 이루어진다. 계약 대기시간도 줄어든다. 고객편의성과 심사품질 모두가 향상된다.[5]

금융권과 기업에서 AI에 의한 로봇 프로세스 자동화 RPA Robotic Process Automation는 기본이다. No 1이 아니다. Only 1이 되어야 한다. 그렇지 않으면 AI에 속박되어 인공지능이 시키는 일만 하는 노예로 전락한다.

Only 1의 강점은 그 일에 영감을 주고, 다양한 분야와 연결하고 통합하며 AI가 모방할 수 없는 나만의 새로움을 창출한다. 인공지능을 활용하는 AI의 주인이 된다. 나만의 위대한 나로 살 수 있다.

둘째 이유는 나의 강점을 발휘하며 살 수 있는 인류 생태계가 조성되었다는 점이다. 스마트폰을 손에 쥔 인류가 유튜브, 인스타그램, 페북, 메타버스 등 디지털 플랫폼을 통해 실시간으로 초연결 되었다. 우리나라도 인구의 95%가 스마트폰을 쥐고 산다. 획일 보편성이 사라졌다. 다양성의 사회다. 대중의 다양한 욕구와 취향, 가치에 따라 파편화되어 끼리끼리 실시간 쌍방향 소통한다. 시장과 일, 산업이 세분화 다양화된다.

유튜브 채널을 보자. 책, 독서, 메타버스 등 세상트렌드, 자기계발, 조직경영, 역사, 먹방, 요리, 노래, 연주, 춤, 개그, 게임, 육아, 장난감, 뷰티 등 화장, 사진, 게임, 그림, 일상의 모습, 소리로 청각을 자극하는 콘텐츠까지 너무 다양하다.

인기 유튜버들의 특성은 간단하다. 자신만의 강점을 표출하는 거다. 좋아하고 잘하니까 그 분야를 좋아하는 대중의 마음을 사게 된다. 경계도 없고 자본도 거의 들지 않는다. 남녀노소 누구나 할 수 있다. 실제로 4세 아이부터 70대 할머니까지 인기 유튜버들의 연령이 다양하다. 인기 유튜버들의 수입도 수억에서 수십억까지 고액이다. '오징어 게임'을 재현한 미국 유튜버는 2021년 11월에 영상을 올려 2개월 만에 640억 원의 수입을 올렸다.

화가는 어떤가? 서울옥션, 케이옥션 등 미술품경매 플랫폼을 통해 자신의 작품을 판매한다. 『트렌드 코리아 2022』에 따르면 2021년 상반기 주요 미술품경매 거래액이 1,438억 원으로 전년 동기 대비 3배 증가했다고 한다.

노래와 춤이 강점이면 메타버스에 올라타면 된다. 미국 힙합가수 '트래비스 스콧'은 아바타 가상콘서트 45분 공연으로 220억 원의 수익을 냈다.[6] 오프라인 45분 공연에서는 상상조차 할 수 없는 수익이다.

최근에는 블록체인기반 대체불가능토큰 NFT Non-Fungible Token로 나만의 강점을 활용한 수익창출이 가능한 세상으로 바뀌고 있다. 온라인 거래의 신뢰를 담보하는 원본콘텐츠의 소유권증명, 거래자의 신원증명, 품질과 유통의 투명성증명서다. 창작자 경제시대가 열렸다. 음악, 미술, 예술, 게임, 글, 영상, 레시피(요리) 등등에 강점이 있으면 누구나 창작품을 '오픈씨OpenSea' 등 NFT거래소에서 거래할 수 있다.

이전에는 나의 강점을 발휘하려면 시스템권력자의 눈에 들어야 했다. 그게 안 되면 나를 세상에 보여줄 기회가 별로 없었다. 지금은 SNS 등 관련 디지털 플랫폼에 그냥 올리면 된다. 나만의 독특한 실력만 있으면 된다. 나만의 그 독특한 분야에 열광하는 세상 사람들과 연결된다.

2

위대한 나?
어떻게 찾지?

내 속에 잠자는 위대한 거인을 깨워라

학생들이 수업시간에 잔다. 학교 교육 관련 TV프로그램에서 자주 보는 광경이다. 학교공부가 재미없다. 성적도 낙제 수준이다. 그러다가 결국 중퇴한다. 이 학생은 과연 좋아하고 잘하는 것이 없을까? 향후 삶은 어떻게 될까?

'캣츠', '오페라의 유령'은 세계에서 가장 성공한 뮤지컬이다. 이 뮤지컬의 안무가 '질리언 린'이 2018년 92세를 일기로 별세했다. 역사상 최고 흥행한 뮤지컬 작품을 만들어낸 그녀다. 그 일이 즐겁고 재밌다. 건강하게 장수하며 행복한 삶을 살았다.

그녀의 초등학교 학업성적은 어땠을까? 낙제 수준이다. 글씨도 잘 쓸 줄 몰랐다. 수업 분위기까지 흐려놔 다른 학생들에게 방해가 됐다. 고민 끝에 질리언의 엄마는 상담사를 찾아갔다. 여기서 그녀가 무용의 끼가 넘침을 발견한다. 무용학원을 다닌다. "그때의 황홀감은 말로 다할 수 없어요. 난 가만히 앉아 있지 못해요. 몸을 움직여야 생각이 떠올라요"[7] 그녀의 말이다. 그녀가 그냥 문제아로 학교에 남아 있었다면?

이탈리아의 세계적 테너가수 '안드레아 보첼리'는 어떤가? 그는 피사대학교 법학과 출신이다. 법학박사로 변호사를 했다. 그러나 영혼은 이게 아니라고 자꾸 소리를 친다. 음악에 대한 본능을 숨길 수 없었다. 변호사를 그만두고 재즈바에서 피아노를 치며, 레슨비를 벌어 성악레슨을 받는다. 시각장애인임에도 오페라무대에 직접 선다. 팝페라 장르까지 개척했다. 세 차례 내한 공연으로 우리에게도 친숙하다. 2016년 내한 공연 인터뷰에서 "나의 목소리는 하늘이 주신 선물입니다."라는 그의 말이 아직도 귓가를 맴돈다. 그가 그냥 변호사로 남았더라면 세계적인 팝페라가수 '안드레아 보첼리'는 없었다.

나의 강점은 무엇인가?

나는 무엇을 잘하나? 무엇을 좋아하나?

어떤 일을 하려면 괜히 설레고 의욕이 넘치는가?

어떤 일을 남보다 유난히 빨리 배우거나 처리하고, 그 일을 하면 재밌고 즐거워 시간 가는 것을 모르고 몰입하나?

어떤 일을 한 후에 기쁨과 충만함, 성취감을 느끼는가?

거꾸로 무엇을 못하고 싫어하나?

문제는 대부분이 자신의 강점을 잘 모른다는 데 있다. 왜일까? 이유는 네 가지다.

첫째, 나 스스로에겐 내가 너무 익숙해서 그게 강점인 줄 모른다. '남들도 다 그런 거 아냐' 하며 스스로 무시해서다. 현실에 안주하며 나에 대한 탐구기능을 꺼버린다.

둘째, 어릴 때부터 자의 반 타의 반으로 세상이 만든 틀에 나를 맞추다보니 내 강점에 보이지 않은 족쇄가 채워졌기 때문이다. 모두 똑같이 정형화된 공통의 학교에 다닌다. 정해진 길로만 간다. 새로운 것을 하지 않는다. 주저한다. 내면의 목소리가 간간이 들림에도 무시하고, 그냥 직장에 취업하여 당연시하며 살아간다.

셋째, 나보다는 타인과 세상에 초점을 맞추어 비교하며 치열하게 산다. 지식과 이성만이 경쟁을 이겨낼 무기라고 각인되었다. 내면에 깊이 숨은 나만의 무의식적인 감성에 대한 가치를 잘 모른다.

넷째, 스마트폰 등 4차 산업혁명 디지털 세상의 소음이 나와 늘 함께하며 나를 홀린다. 나를 뒤돌아볼 시간이 없다. 내 영혼의 목소리가 들리지 않는다.

"내 속엔 내가 너무 많아~" 〈가시나무〉라는 노래 가사의 일부분이다. 내속에는 나도 모르는 내가 숨어 있다. 진정한 나로, 행복한 삶을 살려면 잠자는 위대한 나를 깨워 끄집어내야 한다. 대부분이 평생 그냥 살다가 세상을 떠난다. 진정한 자기로 사는 기쁨과 행복을 느끼지 못한 삶을 산다.

내 속에 잠자는 위대한 거인을 어떻게 깨울까? 거인이 좋아하는 냄새를 피우거나 소리를 들려줘야 한다. 아니면 반대로 아주 싫어하는 것과 부딪치게 한다. 그러면 이 거인은 반응한다. 깨어나 격하게 환영하거나 반항하며 도망간다. 무의식적으로 내 몸과 마음이 반응한다.

그러려면 첫째, 일상의 익숙함 속에 나를 세심히 살펴보아야 한다. 일상을 뒤돌아보며 일기를 쓴다. 그러면서 일상 속의 나를 다시 찬찬히 들여다본다.

둘째, 일상경험에서 벗어나본다. 일부로 나를 낯섦에 노출시킨다. 새로움에 올라타 본다. 다른 길로 걸어간다. 다른 교통편을 이용한다. 다른 곳에 간다. 다양한 다른 사람들을 만난다. 다른 시간, 다른 공간, 다른 사람, 다른 상황 등 다른 사건에 대한 새로운 경험을 많이 한다. 그러면서 나의 몸과 마음의 반응을 살핀다. 내가 직접 해보거나 경험하지 않고는 내 안에 어떤 능력이 숨어 있는지 알 수가 없다.

여자 당구선수 '스롱 피아비'는 캄보디아 출신이다. 국제 결혼하여 낯선 한국 생활로 힘들어할 때 남편을 따라 당구장에 갔다. 남편 권유로 처음 큐대를 잡아본다. 그녀 속에 잠자던 위대한 거인이 기지개를 켜며 깨어났다. 국내대회를 휩쓸며 세계랭킹 2위에 올랐다. 그날 남편과 당구장에 함께 가지 않았더라면, 그날 구경만 하고 큐대를 잡아보지 않았더라면 그녀는 다문화가정의 평범한 주부로 살아갈 것이다.

우연히 TV를 보다가 미스터트롯 가수 '영탁' 이야기를 들었다.

그는 광고기획자를 꿈꾸던 22살 대학생이었다. 학생인데 술을 좋아한다. 술값을 벌기위해 새로운 아르바이트를 선택했다. 상금이 걸린 가요제 출전이다. 제1회 영남가요제에 나갔다. 대상을 수상한다. 그날 그는 SNS에 이렇게 썼다. '나는 광고 일을 할 사람이 아니다. 노래를 해야겠다.' 자신의 강점을 알게 된다.

이렇듯 일상경험이든 낯선 경험이든 몸소 부딪치는 직접경험이 최상이다. 말도 타보고, 그림도 그려보고, 노래도 불러보고, 농구도 해보고, 공도 차보고, 당구도 쳐보고, 책도 읽어보고, 글도 써보고, 토론도 해보고, 연설·웅변도 해보고, 산에도 올라보고, 배도 타보고, 음식도 만들어 보고… 등등 '할까? 말까?' 고민될 땐 무조건 해본다. '갈까? 말까?' 할 땐 무조건 간다. 연락이 오는 모임은 반드시 나간다. 대상이 누구인지를 가리지 않는다. 낯섦 속에 나를 내놓는다. 할 수 있는 모든 것을 다 해본다.

부모는 자녀들에게 낯선 경험을 하게 한다. '피카소'와 함께 20세기 대표화가로 칭해지는 '앙리 마티스'를 보자. 그는 사물의 고유색깔 등 당시의 고정관념, 기존 룰에서 벗어나 자신만의 창조적이고 독창적인 새로운 색깔, 선, 생각을 표현하여 '야수파'의 창시자가 된다. 그는 어떻게 화가가 되었을까? 20대 초반 법대생일 때 맹장염 수술로 입원, 병상에서 지루해하는 그에게 엄마가 물감통과 그림도구를 선물했다. 그때부터 그림 그리기 재능의 마법이 시작되며 잠자던 거인이 기지개를 켜며 깨어난다. 엄마가 그림도구를 사주지 않았다면? 야수파 앙리 마티스는 없었을 것이다.

국내외 자유여행은 직접경험의 꽃이다. 낯선 여기저기를 대중교통으로 다닌다. 낯선 것을 보고, 낯선 음식을 먹고, 낯선 소리를 들으며 낯선 사람들을 만난다. 다양한 사람들과 다양한 이야기를 하며 사람경험을 많이 한다. 낯선 다양한 상황을 겪으며 나의 반응을 관찰한다.

영미권에서 전통적으로 이어지고 있는 '갭이어Gap year'에 주목해보자. 고등학교를 마치고 우리는 바로 대학에 가거나 재수를 택한다. 자기를 돌아보고 진정한 나를 찾을 시간이 없다. 나의 길인지 아닌지 살필 시간도 없이 숨 가쁘게 앞만 보고 뛴다. 갭이어는 말 그대로 6개월이나 1년 동안 학업을 중단한다. 대신 그 기간에 국내외 여행을 하거나 봉사활동, 인턴, 창업 등 직접경험을 한다. 내가 좋아하고, 하고 싶은 것을 해본다. 그러면서 나를 찾는다. 미국 고교 졸업생 중 4만 명이 갭이어를 택한다.[8]

또 하나는 SNS를 통해 다양한 역할연기를 해보는 거다. 각각의 계정에서 여러 역할을 실연해본다. 매체별로 나를 다르게 표출시켜본다. 인스타그램에서는 한 사람이 두 개 이상의 계정을 동시에 운영하는 게 일반화되었다. 계정마다 정체성이 다르다. 제1계정에서는 아이의 사진을 올리며 육아전문계정으로, 제2계정에선 페미니스트로서의 자아를 드러내고, 제3계정에선 그림을 소개하며 예술가 정체성으로 활동한다. 메타버스에서는 아바타로 '또 다른 나'를 표출해 본다. 제페토에서, 로블록스 등에서 각각 성격이 다른 부캐 캐릭터로 올라타 본다.

필자는 블로그, 페이스북, 밴드, 인스타그램, 제페토, 카카오 스토리에 글이나 사진, 동영상을 올린다. 각각의 SNS마다 게시하는 테마가 다르다. 블로그에는 책 서평과 소통을 주제로 한 글을 주로 올리며 작가와 소통전문가로 사명을 실천하는 마당이다. 인스타그램에는 손주들과의 놀이를 테마로 할아버지로 변신한다. 페이스북에는 그날의 일상경험에서 느낀 생각을 1~2개 주제의 글로 쓰며 페친들에게 생각꺼리를 제공한다. 밴드는 종류가 다양하다. 가족(4개), 동문(3개), 동창(3개), 책(2개), 독서모임(2개), 인문학, 종교, 농촌농부, 동아리(배드민턴, 산악, 골프 등) 밴드에서 활동한다. 밴드마다 닉네임이 다양하고, 게시하는 내용 또한 아주 다르다. 밴드 성격이 비슷하더라도 글의 내용이나 문구, 사진의 종류 등이 달라진다.

이 과정에서 나의 느낌을 관찰한다. 어느 취향의 커뮤니티를 자주 방문하여 소통하는지? 미술, 음악, 운동, 등산, 종교, 역사, 책과 독서, 영화, 게임, 자동차 등등 어떤 분야인지를 본다. 이 과정에서 어떤 아바타, 어떤 성격의 SNS, 어떤 테마가 좋은지, 어떤 글이 잘 써지며 좋은지, 어떤 댓글에 반응하는 내가 즐겁고 행복해하는지를 살핀다. 또한 다양한 다른 사람의 글과 사진, 동영상에 무의식적으로 반응하는 나를 보면 내가 보인다. 유의점이 있다. 남들에게 잘 보이려고 허세를 부리거나, '좋아요'나 댓글의 개수·내용에 집착하거나 미련을 가지면 안 된다. 이게 무너지면 나의 강점과 약점이 왜곡된다. 다만, 이 또한 '나만의 나'를 찾는 계기로 활용할 수는 있다.

문제는 직접경험의 시간적 공간적 한계다. 이를 초월하여 다양한 간접경험을 할 수 있는 도구가 없을까? 바로 책, 독서다. 게임, 영화·연극·뮤지컬·박물관이나 미술관 관람 등이다.

이야기 속의 주인공 또는 등장인물의 처지나 다양한 상황에 나도 함께 빠져본다. '헤르만 헤세'의 『데미안』을 읽는다. 주인공 '싱클레어'가 행실이 나쁜 '프란츠 크로머'에게 사과를 도둑질했다는 거짓 허풍을 떤다. 이를 빌미로 '프란츠 크로머'의 협박과 폭력에 고초를 겪는다. 무의식적으로 나도 함께 시달린다. 그러다가 중간에 이렇게 중얼거렸다. "나는 훔치지 않았어! 그냥 내가 거짓으로 꾸며낸 이야기야."라며 그에게 사실대로 말하는 나를 느꼈다. 무의식적이다. '싱클레어'가 계속 진실을 숨기는 게 싫었다. 아니 이해가 되지 않았다. 이게 나의 반응이다. 이게 바로 나다.

게임, 영화나 연극관람도 마찬가지다. 영화 〈미션 임파서블: 폴아웃〉을 본다. 눈 덮인 산악 상공에서 '톰 크루즈'가 '헨리 카빌'이 탄 헬리콥터와 추격전을 벌인다. 내 손에도 조종키가 쥐어지고 내 몸도 함께 오르락내리락한다.

영상으로 찬바람이 몰아치는 눈 덮인 시베리아 벌판을 홀로 걷는 장면을 본다. 나도 모르게 내 몸도 오싹해지며 추위를 느낀다. 간접경험이지만 내 몸과 마음은 가상의 주인공이 된다.

게임을 하는 나도 같다. 내가 '슈퍼마리오'가 된다. 쿠파에게 잡혀간 공주를 구하기 위해 전사가 된다. 적들을 무찌른다. 가상의 움직임이 실체적 현실로 인식된다.

이게 어떻게 가능한가? 책이나 영화를 볼 때, 게임에 집중할 때 시각과 언어, 인지 활동이 뇌 신경망과 연결되기 때문이다. 촉감에 관한 은유적인 표현을 읽고, 보고, 들을 때는 촉각을 담당하는 영역의 신경망인 감각피질이 활성화된다. 움직임에 관한 글을 읽거나 보고 들을 때는 운동뉴런이 활성화되기 때문이다.[9]

마찬가지로 역사박물관이나 전쟁박물관에서도 그 시대, 그 상황 속으로 나를 들여보낸다. 감정이입을 통해 그때 그곳 사람들의 느낌과 상상, 생각 속으로 나도 빨려든다. 이때 나의 본능적인 무의식적 반응을 살핀다.

우리들은 내가 아는 것보다 훨씬 많은 능력과 자원을 무의식 속에 가지고 있다. 불행하게도 그것을 알지 못해 행복하고 만족스러운 삶을 살지 못한다. 심리학의 대가 '밀턴 에릭슨'의 말이다.

시간은 한정되어 있다. 다른 사람들의 삶을 사느라고 시간을 낭비하지 말라. 도그마에 갇혀 살지 마라. 그것은 다른 사람의 생각대로 사는 것일 뿐이다. 남들이 내는 소음에 내면의 목소리를 잠재우지 마라. 중요한 것은 나의 마음과 직관에 따르는 용기를 내는 것이다. 애플 창업자 '스티브 잡스'의 부르짖음이다. 위대한 나를 깨워라.

나를 관찰하여 기록하고, 남에게 물어라

나의 강점을 알려면 위의 일상 속 또는 낯섦의 직접, 간접경험을 하면서 나의 무의식적이고 본능적인 반응을 관찰해야 한다. 체험하는 나와 관찰하는 나, 내가 둘이 되어야 한다. 반응은 4가지다.

① **좋아함** 그 일 또는 그 상황이 좋고 즐겁고 재밌다.

② **잘함** 그 일을 잘하거나 그 상황을 잘 처리한다.

③ **싫어함** 그 일, 그 상황이 싫거나 귀찮고 짜증난다.

④ **잘하지 못함** 그 일을 잘하지 못하거나 그 상황을 잘 처리하지 못함이다.

그런데 이게 겹친다. 4가지다.

(A) **좋아함 × 잘함** ①과 ②모두 해당된다.

(B) **싫어함 × 잘하지 못함** ③과 ④ 모두 해당된다.

(C) **좋아함＋잘하지 못함** ①과 ④에 해당한다.

(D) **싫어함＋잘함** ②와 ③에 해당된다.

나의 강점은? 바로 (A)다. 좋아하면서 잘하는 일이다. '내' 거다. 내 영혼이 원하는 것이다. 신이 나에게만 준 에너지다. 자연스럽고 편안하다. 하기 전에는 괜히 설레고 의욕이 넘친다. 남보다 유난히 빨리 배우거나 처리한다. 하면서는 재밌고 즐거워 몰입한다. 한 후에 기쁨과 충만함, 성취감을 느낀다. 그래서 '좋아함'과 '잘함'이 만나면 곱하기 효과가 나온다.

나의 약점은? 나머지 (B)(C)(D)이다. 싫어하거나 잘하지 못하는 건 모두 약점이다.

(B) 싫어함 × 잘하지 못함은 그 일 자체가 성립되지 못한다. 당연히 그 일을 할 수가 없다.

(C) 좋아함 + 잘하지 못함은 그 일을 오랫동안 지속이 어렵다. 잘하지 못하니 성과가 나질 않는다. 좋아해서 그 일을 계속하면 좀 더 잘하게는 되겠지만 한계가 있다. 취미생활로는 가능하다. 필자는 흥이 많아 노래 부르기를 좋아한다. 그러나 잘 부르지는 못한다.

(D) 싫어함 + 잘함은 그 일을 하면 할수록 스트레스가 심해진다. 잘하지만 그 일 또는 그 상황이 싫다. 행복에서 멀어진다. 영화 〈히트맨〉에서 무술과 사격에 능통한 전설의 국정원 특급 암살요원 '권상우'가 그 예다. 무술과 사격은 잘하지만 싫다. 결국 국정원을 탈출하여 자신의 꿈이고 잘하면서도 좋아하는 웹툰 작가가 된다.

경험에 대한 나의 반응을 기록 정리하는 방법에는 6가지가 있다.

첫째, 수첩 등에 바로 기록하기

둘째, 일기 쓰기

셋째, 스몰 스텝small step

넷째, 과거기억 소환하기

다섯째, 관심사 정리하기

여섯째, 타인에게 묻기다. 차례대로 알아보자.

- 바로 기록하기

일상에서 접하는 직·간접적인 다양한 상황과 자극에 나는 반응한다. 내 몸과 마음의 무의식적인 느낌이다. 본능적이다. 그 반응이 진짜 나인 것이다. 문제는 순간순간 지나가므로 이를 인식하지 못하거나 잊어버린다.

직·간접적인 순간상황에 대한 나의 본능적인 (A)(B)(C)(D)느낌을 느낄 때마다 바로 기록한다.

포켓용 수첩을 늘 휴대한다. 또는 스마트폰의 '에버노트 Evernote'나 '네이버 메모' 등의 메모나 노트 앱을 활용한다. 강점을 살피기 위해서는 기록이 구체적이어야 한다.

되도록 6하 원칙으로 쓴다. 언제? 어디서? 누구와? 누구를 위해서? 무엇을? 왜?(목적) 어떻게?(방식/규모)로 적는다.

(예시)
[언제] 6/5 저녁 8시.
[어디서, 누구와] 『모든 것은 독서모임에서 시작되었다』 출판기념 북토크에 줌으로 참석, 5명의 공동저자들과 온라인 만남.
[무엇을, 왜, 어떻게] 독서모임 전후의 변화가 나와 비슷한지 궁금함. 검증을 위해 설렘으로 참여하여 질문시간에 질의함. 독서모임 후 가장 큰 변화는? 예상치 못한 다양한 생각과 경험을 접함 → 사고의 확장 → 새로운 해답을 찾았다는 답변이 많음. 나의 실제 경험과 동일하여 기뻤음

- 일기 쓰기

즉시 메모하기가 어려우면 매일 '5가지 일기쓰기'를 추천한다. 즉시 메모를 이행 중이라면 메모를 보며 일기에 구체적으로 옮겨 적는 것도 하나의 방법이다. 일기에는 그날의 (A)(B)(C)(D) 외에 하나를 더 추가해서 쓴다. 내일 할 일에 대한 느낌(E)을 쓰는 것이다. 그 예정된 일에 대한 나의 느낌도 당연히 (A)(B)(C)(D)에 해당될 것이다.

다음날에는 그 느낌 (E)가 실제로 예상된 (A)(B)(C)(D) 그 느낌 그대로 나타났는가? 아니면 다른 느낌을 받았는가도 주의 깊게 살펴본다.

만약 (A)(B)(C)(D)(E) 유형 중 하나라도 없는 날은 그 유형은 빈칸으로 남기고, 대신 한 유형에 2가지 이상의 경험이 있었으면 모두 기록한다.

한 주를 마무리하고 새로운 한 주를 준비하는 일요일 저녁에 1주일 동안의 바로기록과 일기를 살펴보며, 다음 주 낯섦의 새로운 경험을 구상하고 계획해본다. 한 달을 정리하고 또 다른 한 달을 계획하는 말일에도 지난 1개월의 일기장과 수첩 등의 메모장을 읽어본다. 1개월에 쌓이면 (A)(B)(C)(D)가 유형별로 나뉘어 보인다. 이렇게 3~6개월이 모인 나의 느낌기록을 살펴보다 보면 내가 보이기 시작한다. 나의 강점과 약점이 구분된다.

- 스몰 스텝small step

경험에 대한 나의 반응을 살피는 또 하나의 방법이 '스몰 스텝

small step'이다. UCLA 의대 교수 '로버트 마우어' 박사는 그의 저서 『아주 작은 반복의 힘』에서 '스몰 스텝 전략'을 주장한다. 뇌의 본질을 바탕으로 큰 목표를 달성하는 유일한 방법은 아주 작은 일의 반복임을 강조한다. 목표를 이루는 방법론이다. 이를 뒤집어 '박요철' 작가는 '마음이 끌리는 아주 작은 시도'를 통해 성취감과 진정한 나를 발견하는 내용을 『스몰 스텝』에 담았다.

필자는 이를 나의 강점과 약점을 찾는 방법으로 채택한다. 그냥 내가 마음이 끌리는 아주 작은 일들을 '매일 반복하며 체크'하는 거다. 낯섦에 일부로 노출시키기 위해 새로운 일도 도전해본다. 일상에서 틈새시간을 활용하여 매일 여러 가지를 시도해본다.

예를 들면 출퇴근 전철에서 독서, 틈틈이 만 보 걷기, 아침에 일어나서 저녁 잠자기 전 스트레칭 및 체조, 푸시업 25번 3회, 스쿼트 25번 3회, 일기쓰기, 영어회화 1개 외우기, 음악듣기, 노래 한 곡 부르기, 한 사람에게 안부전화하기, 회의에서 무조건 발언하기, 학교에서 질문하기 등 작은 걸음을 매일 한다.

노트에 좌에서 우로는 날짜를 적고, 위에서 아래로는 스몰 스텝 항목을 적는다. 매일 날짜별로 실천여부를 체크한다. 새로운 경험의 욕구가 생기면 항목에 추가한다. 시간이 흐르면서 항목별로 반복되는 흐름이 다르게 나타난다. 몸과 마음이 무의식적으로 좋아하는 항목은 계속 남아있다. 시도는 해보지만 몸과 마음이 거부하는 것은 계속 실행되지 않아 삭제된다.

이는 습관화를 통한 목표달성이나 자기계발수단이 아니다. 강제적인 도전도 아니다. 그냥 내가 자연스럽게 본능적으로 끌리는 스몰 스텝을 보는 거다. 내가 좋아서 매일 지속적으로 하게 되는 작은 일들, 내가 좋아하는 게 보인다. 내가 싫어하는 일도 눈에 띄게 된다. 진짜 나를 찾게 한다. 아직까진 현재의 경험이다.

- 과거 기억 소환하기

과거의 나를 소환하는 거다. 과거 속에서 나를 다시 뒤돌아보며 살핀다. 기억을 더듬어 시기별로 떠오르는 생각을 적어보는 방법이다. 그러려면 나 자신과의 만남시간을 늘려야 한다. 며칠간 시선을 나에게만 두어야 한다.

학창시절(초, 중, 고, 대), 성인이 된 후(직장, 여행 등) 최근까지 재미나고 신나고 즐겁고 기뻤던 일(좋아함), 그 일을 잘하거나 그 상황을 잘 처리하여 성공(잘함)한 기억을 시기별로 구분하여 써본다. 반대로 귀찮거나 짜증나는 일이나 사건(싫어함), 내가 잘하지 못해 실패한 경험(잘하지 못함)도 추적하여 본다. 이는 결국 어떤 사건이나 경험 또는 사람과 연관되어 떠오를 것이다. 대학생의 경우는 어렸을 때, 초, 중학생, 고등학생, 최근의 경험을 기억해낸다.

위 경험이나 사건을 기억해 내는 꿀팁을 준다면 이런 것들이다.

(1) 초·중·고·대학별로 내가 좋아했던 과목이나 활동은 무엇이었나? 거꾸로 가장 싫어했던 과목이나 활동은?

(2) 지금의 내가 되도록 도와준 사람은 누구인가? 그 사람의 말과 행동이 내게 어떻게 영향을 주었나?

(3) 내 인생에 결정적인 순간은 언제, 무엇 때문이었나?

(4) 내 인생에서 자랑스럽게 생각하는 나의 업적이나 성과는 무엇인가?
   자랑스럽게 생각하는 이유는?

(5) 시기별로 기억하고 싶지 않은 최악의 사건이나 경험은? 그 이유는?

과거 기억을 적은 방법은? A4 용지나 노트 중간에 선을 긋는
데서 시작한다. 중간선 위로는 (A) ①과 ②(좋아함 × 잘함) 경험이
나 사건을 적는다. 거꾸로 중간선 아래에는 (B) ③과 ④(싫어함 ×
잘하지 못함)를 작성한다. 밑쪽에 기록될수록 최악의 경험이다. 위
쪽에 적힐수록 내가 더 좋아하면서도 잘한 일들이다. 시기별 순
서를 좌에서 우로, 좋아함과 잘함의 크기에 따라 위와 아래 높낮
이를 달리하여 기록한다.

앞서 SWOT분석에 의한 필자와 세상의 연결융합사례를 언급
했다. 그 당시 위 (3), (4)의 성공사례에 집중했다. 고졸 학력으로
제대를 앞둔 군인으로서 4개월 공부로 국가공무원시험 합격, 공
무원교육원 교육과정 1등, 문서기안 및 기획서 작성을 잘한다는
칭찬, 공직에 근무하면서 나만의 창의적 발상으로 새로 시행하
여 정착된 제도, 주경야독으로 법학학사와 경영정보학 석사학위
취득 등의 과거기억 소환으로 강점을 정리했다.

과거 경험 소환 내용과 3~6개월 메모, 일기의 느낌기록, 스
몰 스텝의 지속 항목을 겹쳐서 읽어본다. 중복되는 테마나 문
구, 생각 등 비슷한 유형이 보일 것이다.

- 관심사 정리

관심사도 나의 강점을 가리키는 방향타다. 소리 없는 내면의 목소리다. 난 어디에 관심이 많은가? 노트(메모장, 일기, 과거소환지, 스몰 스텝 중에 하나)를 꺼내 솔직하게 써본다. 나의 관심이 바로 나의 본능이다. 하나하나 알아보자.

(1) SNS 이력을 살펴본다. 카톡, 문자메시지, 블로그, 페이스북, 밴드, 인스타그램, 카카오스토리, 메타버스 등에 내가 올린 글, 사진, 영상이나 댓글 단 내용을 본다. 매일 방문하는 커뮤니티도 보인다. 겹쳐지는 테마가 걸러진다. 이 과정에서 내 관심사가 보인다.

(2) TV를 본다. 나도 모르게 자주 보는 프로그램이 있다. 다큐멘터리, 예능, 드라마, 음악, 스포츠, 음식, 뉴스, 토론, 강연 등 나의 리모컨이 멈추는 채널이 있다. 뉴스를 보더러도 어느 채널을 주로 보는지, 스포츠도 축구, 야구, 배구, 농구 중에 어느 종목에 집중하는지가 다르다.

(3) 유튜브와 영화도 마찬가지다. 내가 구독하거나 자주 보는 유튜브 채널이 나의 관심사다. 영화도 자기 취향이 있다. 판타지, 스릴러, 전쟁, SF science fiction, 무협, 액션, 사극, 범죄수사극, 코미디, 멜로 로맨스, 미 서부영화, 가족영화 등 장르별 끌리는 영화가 따로 있다.

(4) 내가 읽는 책도 뒤돌아보자. 나의 독서목록을 보거나 책장을 살펴본다. 소설과 시, 자기계발, 경제·경영, 인문 등에서 나의 편중된 독서이력이 보일 것이다. 소설도 어느 작가의 책을 좋아하는지가 보인다.

(5) 인터넷 뉴스를 보더라도 자주 내 눈이 멈추는 기사는 어떤 종류인가? 정치, 경제, 사회, 문화, 스포츠, 사설 등 주로 보는 분야가 있다. 꼭 읽어보는 칼럼은? 종합일간지, 경제신문, IT, 스포츠·연예 등에서

나는 어떤 분야에 많이 머무르나?

⑹ 뭔가 궁금해서 인터넷 검색창에 자주 검색하는 분야도 다 다르다. 음악, 새, 야생화, 도서명, 국내외 야구나 축구게임 결과, 지명, 도서관 등등 어느 분야가 많은가? 내가 호기심을 갖고 알려고 하는 게 바로 나의 관심사다.

⑺ 온 오프라인에서 자주 만나는 사람, 동호회나 취미생활도 같은 맥락이다. 내가 꾸준히 만나는 사람을 살펴본다. 왜 그들을 자꾸 만나는가? 4차원적인 생각과 대화에 끌려서인가? 나와 동일 유형이어서 아니면 나와는 전혀 다른 사고를 하는 사람이어서? 자꾸 기다려지고 빠지지 않고 참석하는 동호회는 어떤 유형인가? 독서, 자동차, 반려동물, 운동(골프, 자전거, 등산, 배드민턴, 암벽등반 등), 음악, 춤 등 나만의 흥미를 자극하는 그 무엇이 무엇인가?

(1)~(7)까지를 생각하며 노트정리가 끝났다. 공통분모를 찾아 생각의 지도, 마인드맵을 그려본다. 『모두의 독서』에 보면 중앙일보 '박소영' 스포츠기자가 기자가 되기 전에 그린 마인드맵이 소개된다. '내가 즐거워하는 것들'이라는 주제로 그린 것이다. 종이 한가운데에 기자 이름 '소영'이 표시되고, 주위에 4가지 관심사가 동그란 원안에 써져 있다. 스포츠, 글, 스토리, 여행이다. 이 4가지 관심사별로 생각이 꼬리에 꼬리를 물며 이어진다.

현재 경험의 메모, 일기쓰기, 스몰 스텝, 과거의 소환, 관심사 정리 등이 끝났다. 아직까지는 내 스스로 나를 찾는 거였다.

- 타인에게 묻기

그렇다면 나와 함께한 타인은 나를 어떻게 보았을까? 내 스스로의 관찰 결과와 같을까? 그래서 끝으로 '타인에게 묻기'다. '내가 나를 모르는데 너는 나를 알겠느냐?' 하는 의문이 들 수 있다. 그러나 정반대다. 나는 나에게 늘 젖어있어 나에게 객관적이지 못하다. 나를 늘 지켜본 남은 나를 더 객관적으로 인식한다.

그 타인은? 나와 함께한 시간이 긴 사람이어야 한다. 그러면서 서로 친한 사이이면 더욱 좋다. 왜냐면 함께 각종 여러 상황에 부딪히면서 나의 무의식적 반응을 많이 보아온 사람이기 때문이다. 친구, 직장동료, 가족 등이 해당된다. 사업, 일 때문에 만난 사람 등은 피한다. 즉, 내가 의식적으로 나의 반응을 숨기거나 왜곡하게 만드는 사람은 제외시킨다. 진정한 나를 알 수 없거나 다르게 인식하고 있을 수 있기 때문이다. 필요하면 무기명으로 조사하는 방법도 있다.

질문은 간단해야 한다. "네가 보기에 내가 잘하거나 좋아하는 것은 뭐 같으니?" 거꾸로 "내가 잘 못하거나 싫어하는 것은?"이다. 답이 돌아올 때 그렇게 생각하는 이유나 상황설명이 없으면 그 이유를 다시 물어야 한다. 거기에 더해 나의 성격 중 좋은 점과 나쁜 점도 함께 묻는다. 공통점을 발견하려면 최소 2~3명 이상에게 물어봐야 한다. 답은 기록한다.

필자가 현직에 있을 때 '리버스 멘토링reverse mentoring'을 도입했다. 상사가 멘티가 되고 직원이 멘토가 되는 거다. 분기별로 상사인 부서장을 멘토한다. 직원들은 부서장의 긍정적인 점과 부정적인 점을 멘토지 양식에 무기명으로 작성하여 대표 멘토에게 제출한다. 대표 멘토는 멘토지를 수합, 정리하여 멘티인 부서장과 기관장에게 전달한다. 장점은 더 살려 이어가야 한다. 단점은 보완계획서를 제출하고 고치려는 노력을 해야 하며, 다음 멘토링 결과에서 보완되는 모습이 보여져야 한다.

28명으로부터 멘토링을 받았다. 수합한 멘토지를 받고 당황했다. 전혀 생각하지 못한 긍정적, 부정적 의견이 올라왔다. 내가 생각하는 나와 실제의 나는 다를 수 있음을 깨달았다. 남이 나를 더 정확하게 본다.

강점 후보를 다시 검증하라

경험의 즉시 메모 등 6가지 기록결과를 펼쳐본다. 겹쳐지는 공통분모가 보이는가? 그 공통분모가 나의 강점 [(A) ①과 ②(좋아함×잘함)] 후보다. 강점 후보가 선별되면 반드시 거쳐야 하는 단계가 있다. 검증이다. 검증은 3단계를 거친다.

1단계, 선별된 좋아하면서도 잘하는 일이 나의 강점이 아니라 혹시 '학습과 훈련에 의해 얻어진 능력은 아닌지'를 뒤돌아보아야 한다.

2단계, '① 좋아함'에서는 좋은 이유를 찾아야 한다. 왜? 좋아하는지의 근원을 구체적으로 살펴야 한다.

3단계, '② 잘함'에서는 잘해서 성공한 과정을 살펴봐야 한다.

'좋아함과 잘함'이 지식·기술에 의해 습득된 능력인지를 구별한 다음, '좋아함'의 근원과 '잘함'의 과정에서 진정한 나의 강점이 찾아진다.[10]

상세하게 들어가 보자.

1단계, 앞서 지식과 기술이 더해져야 진정한 강점으로 튀어오른다고 했다. '재능'은 '학습과 훈련에 의한 쌓여진 지식과 기술능력'과는 다른 것이다. 더구나 새로운 지식·기술을 얻고자하는 욕구가 없는 재능은 진정한 강점이 아니다. 따라서 강점은 학습 훈련에 의해 쌓여진 '지식과 기술능력'이 섞여있다. 그래서더 헷갈린다.

어떻게 구별할까? 기술능력은 단지 그것을 할 수 있는지, 없는지로 결정한다. 반면 재능은 남보다 뛰어나게 빈번하고 계속적으로 잘 해낼 수 있는가이다. 또한 기술능력은 변한다. 노력과 훈련의 정도에 따라 다르게 나타난다. 타고난 재능 기질은 변하지 않는다.

이를 구분해야 하는 절대적 이유는 지식과 기술을 배워 그 능력이 출중해도, 그 분야에 타고난 재능(좋아함과 잘함)이 부족하면강점이 될 수 없기 때문이다. 장기간 노력에 의한 '지식과 기술의 능력'은 타고난 재능의 강점이 아니다. 따라서 오랜 기간 노력으로 어느 정도 탁월해졌지만 최고수준에 오르지 못하면 이는강점이 아니다.

2단계, 1단계에서 타고난 재능으로 확실히 판명되면 그 다음엔 왜 좋은지, 왜 좋다고 생각하는지의 이유를 반복적으로 자신에게 질문해야 한다. '음악이 좋다.'면 '왜 좋다고 느끼는지?'를 살펴야 한다.

좋아하는 이유의 근원을 알려면 6가지 질문에 답해야 한다.

① 누구와? 누구를 위해서 음악을 하면 즐거운가?(who)

② 언제? 하면 행복한가?(when)

③ 어디서? 하면 신나는가?(where)

④ 어떤 무엇(클래식, 재즈, 팝, 힙합, 트로트, 전통가요 등 and 연주, 노래, 작곡 등)을 해야 재밌는가?(what)

⑤ 왜? 음악을 하면 몰입되고 행복한가? 나는 왜 음악을 하는가? 내가 음악을 하는 목적·의미·가치는 무엇인가?(why)

⑥ 어떤 방식, 얼마만한 규모, 어느 정도 시간을 해야 재밌어 시간이 금방 지나가고 기쁘고 성취감을 느끼는가?(how)를 적는다.

3단계, 끝으로 '잘함'의 과정에 대해 알아본다. 잘해서 성공한 일의 과정에는 5가지 질문이 기다린다.

① 왜? 그 일을 했는가?

② 어떤 과정으로 진행되었는가?

③ 협력자가 있었는가? 어떤 협조를 왜 받았는가?

④ 성공으로 바뀌게 된 결정적인 원인은?

⑤ 성공을 이룬 나만의 특성은 무엇인가?

특히, '② 어떤 과정으로 진행되었는가?'를 구체적으로 적어보아야 한다. 그 일을 잘해서 성공하는 세세한 과정 속에서 나의 강점이 보이기 때문이다.

스트렝스 파인더Strengths Finder 프로파일을 작성해보자

이제 나의 강점이 손에 잡히는가? 나의 강점에 대한 정의가 어렵다면 '마커스 버킹엄·도널드 클리프턴'의 『위대한 나의 발견 ★강점 혁명』을 참고하면 된다. 갤럽이 200만 명을 인터뷰하여 34개 유형의 인간 재능을 선별했다. 이를 통해 나의 강점을 발견하는 프로그램인 스트렝스 파인더Strengths Finder가 이 책의 핵심이다.

그 유형을 여기서는 테마라고 칭한다. 그 테마는 개발자(개발), 개인화(개별화), 경쟁(승부), 공감, 공평(공정성), 관계자(절친), 긍정성, 매력(사교성), 맥락(회고), 명령(주도력), 미래지향, 복구자(복구), 분석가(분석), 사고(지적사고), 성취자(성취), 신념, 신중함(심사숙고), 연결성, 의사소통(커뮤니케이션), 자기확신, 적응력, 전략, 조정자(정리), 조화(화합), 중요성(존재감), 질서(체계), 착상(발상), 책임, 초점(집중), 최상주의(최상화), 탐구심(수집), 포괄성(포용), 학습자(배움), 행동주의(행동)-( )는 2021년 개정판 테마 명칭-다.

이해를 돕기 위해 테마 내용을 간략히 소개한다. 위에서 알아본 경험에 대한 나의 반응을 관찰하고 기록하기 등의 내 결과를 인식하며 읽어보자.

- 개발자Developer : 사람들의 잠재력을 잘 본다. 사람들의 성장신호를 보며 그들을 도우려고 사람들을 대한다. 여기서 나는 힘과 만족을 얻는다.

- 개인화Individualization : 사람들의 각각 개인별 고유특성에 매료된다. 개인별 강점과 약점을 잘 알아 이에 맞는 소통을 하도록 돕는다.

- 경쟁Competition : 비교를 통한 경쟁을 좋아한다. 비교 측정하여 이겨야 한다. 즐기기 위한 경쟁이나 참여는 의미가 없고 이기기 위해 경쟁한다.

- 공감Empathy : 상대방의 감정을 느껴 공유한다. 공감과 이해의 소통방법을 타인에게도 알려주어 긍정적 삶을 살도록 도와준다.

- 공평Fairness : 균형이 중요하다. 상황에 관계없이 똑같이 대해야 한다. 규칙이 분명하고 평등한 환경을 선호한다.

- 관계자Relator : 새로운 사람보다 이미 알고 있는 사람들에게서 더 매력을 느낀다. 관계가 형성되면 상대를 신뢰하고 이를 보다 깊게 하려 의도적으로 노력한다.

- 긍정성Positivity : 칭찬하고, 웃고, 주어진 환경에서 긍정적인 면을 잘 찾는다. 모든 것을 더 흥미롭고 활기차게 만드는 방법들을 고안한다.

- 매력Woo : 낯선 새로운 사람에게 다가가 소통과 대화를 즐긴다. 그러면서 그들이 나를 좋아하게 만든다.

- 맥락Context : 모든 게 이어져 연관된다. 과거를 보며 현재를 이해하고

미래를 예측한다. 긴급 시에도 과거를 볼 시간적 여유가 요구된다.

- 명령Command: 상대에게 자신의 의견을 강요한다. 사람들에게 목적달 성에 동참하게 해야 편하다. 대립은 진실을 알리는 과정에 불과하다.

- 미래지향Futuristic: 나의 눈에 미래가 상세하게 보인다. 그 미래의 그 림이 새로움의 창의력에 영감을 준다.

- 복구자Restorative: 문제를 파악하고 해결(원상복귀)하는 일에 기쁨을 느낀다. 복잡하고 어렵고 생소한 문제에 흥미를 느낀다.

- 분석가Analytical: 이론은 이치에 맞아야 한다. 객관적 자료로 일정한 패턴과 연관을 발견하고, 이것들이 서로 어떤 영향을 주는지 알고 싶다.

- 사고Intellection: 생각하기를 좋아한다. 명상, 자기와의 대화 등 혼자만 의 시간을 즐긴다.

- 성취자Achiever: 하루라도 구체적인 무언가를 성취해내지 못하면 만 족을 느끼지 못한다. 타인에게 피로를 잊고 늘 일할 수 있는 에너지를 준다.

- 신념Belief: 언제나 변하지 않는 기본적인 가치가 있다. 가족지향, 이 타적, 영적이기까지 하다. 자신의 가치에 맞는 일을 한다. 이 가치들 이 삶의 의미와 행복을 준다.

- 신중함Deliberative: 일정한 자제력을 가지고 접근한다. 마음을 잘 열지 않는다. 위험을 확인하고 그 영향력을 재어본 후 한 걸음씩 심사숙고 해서 나간다.

- 연결성Connectedness: 우리는 지구상의 생명으로부터 모두 서로 연결 되어 있다. 이것에 해를 입혀서는 안 된다. 이 책임의식은 나를 겸손

하고 사려 깊은, 배려하는, 수용적 사람으로 만든다.

- 의사소통Communication: 설명, 묘사, 사회보기, 연설하기, 글쓰기를 좋아한다. 메마른 생각에 이미지와 실례, 은유를 곁들여 활력을 준다.

- 자기확신Self-Assurance: 스스로의 강점을 믿고 자신이 해낼 수 있다고 자신한다. 자기능력과 판단에 믿음을 갖고 자신의 시각이 특유하고 독특하다는 것을 안다. 나만의 결론을 내리고, 결정해서, 행동한다. 이를 두려워하지 않는다. 다른 사람의 주장이 아무리 설득력 있어도 쉽게 영향 받지 않는다.

- 적응력Adaptability: 계획에서 잠시 멀어지더라도 바로 이 순간에 필요한 일들을 기꺼이 한다. 상황에 따라 여러 가지 일을 동시에 신경을 써야 할 때도 생산성을 잃지 않고 유연하다.

- 전략Strategic: 혼돈에서 벗어나 앞으로 나가는 최선의 길을 찾는다. 각각의 길이 어디에 이르는지 보이기 때문이다. 세상 전방에 대한 특별한 시각이다.

- 조정자Arranger: 많은 변수들이 얽힌 복잡한 상황에서도, 예기치 않은 일에 직면해서도 새로운 방법과 협력방법을 생각해내고, 가장 효과적인 순서로 배열하여 일을 풀어낸다.

- 조화Harmony: 갈등과 충돌에서 얻을 것이 없으므로 서로의 공통분모를 찾아 화합한다.

- 중요성Significance: 다른 사람들에게 매우 중요하게 보이고 싶어 한다. 인정받기를 원한다. 전문적이고 성공적인 사람들과 어울리고 싶어 한다. 평범함에서 벗어나 두각을 나타나게 계속 밀어붙인다.

- 질서Discipline: 예측 가능해야 한다. 질서정연하고 계획되어야 한다.

어떤 일이든 정확하게 하려고 한다.

- 착상Ideation : 아이디어맨이다. 아이디어는 낯익은 문제에 대한 새로운 시각. 모두가 알고 있는 세계를 뒤집어 전혀 새로운 시선을 갖는다.

- 책임Responsibility : 내가 말한 것에 끝까지 책임을 진다. 심적인 의무감을 느낀다. 약속을 지키지 못하면 보상할 방법을 찾는다.

- 초점Focus : "나는 어디로 가고 있는가?"를 스스로에게 묻는다. 분명한 목적지가 있다. 그 목적은 구체성, 측정 가능성, 정해진 일정이 있다. 이 초점이 나를 효율적으로 만든다.

- 최상주의자Maximizer : 나의 것이든 남의 것이든 강점에 이끌린다. 강점을 발견한 이상 이것을 갈고 닦아 최상을 만든다. 부족한 점을 한탄하기보다는 타고난 강점을 적극 활용한다.

- 탐구심Input : 뭐든 수집하고 검색한다. 수많은 것들로부터 흥미로움을 찾아내는 지성을 가지고 있다.

- 포괄성Inclusiveness : "원을 넓혀라" 모든 사람들을 포용해서 우리는 하나라는 느낌을 갖게 해주고 싶어 한다. 수용적인 사람이다. 우리 모두가 근본적으로 똑같다는 신념에 근거한다. 누구도 무시당해서는 안 된다.

- 학습자Learner : 배우기를 좋아한다. 내용이나 결과보다는 배움의 과정이 특히 흥미롭다.

- 행동주의Activator : 일단 결정하면 행동해야 한다. 다른 사람들이 아직은 아니라고 걱정해도 멈추지 않는다. 행동의 결과를 보고 배우면서 다음 행동의 단계로 전진한다.

어느 테마에서 내 눈이 멈추는가? 위 34개 테마 중에서 5개를 꼽으라면? 이 프로그램을 소개한 이 책은 갤럽에서 개발한 웹사이트에 접속하게 해준다. 34개 테마 중에 나에게 가장 가까운 상위 5개 대표 테마를 알려준다.

이를 통해 현재 경험의 메모, 일기쓰기, 스몰 스텝, 과거의 소환, 관심사 정리, 타인에게 묻기 등에서 겹쳐지는 공통분모가 '학습과 훈련에 의해 얻어진 능력은 아닌지'를 뒤돌아본 후, '① 좋아함'에서는 좋고 재밌고 즐거운 이유를, '② 잘함'에서는 잘해서 성공한 과정을 살펴서 나온 결과와 대조해보자. 비슷한가? 필자는 거의 일치했다. 분석가(분석), 초점(집중), 미래지향, 의사소통(커뮤니케이션), 매력(사교성)이 필자의 대표 테마로 나타났다.

다중지능 및 기질 성격검사를 해보자

위대한 나를 탐색하는 또 하나의 방법이 표준화된 성격검사 기법이다. 나의 타고난 기질을 찾아준다. 다중지능검사, 에니어그램Enneagram, 에고그램Ego-Gram, MBTIMyers-Briggs Type Indicator, DISCDominance, influence, Steadiness, Conscientiousness 한국직업능력개발원 커리어넷 심리검사, 사상체질 검사, 사주명리학 사주팔자 검사 등이 그것이다. 인터넷을 통해 각 10~20여 분이면 다중지능 및 기질 성격유형을 파악할 수 있다.

이때 유의할 점이 있다. 검사는 나 혼자 스스로 설문에 답하는 형식이다. 누구에게 보여주기 위함이 아니다. 그냥 솔직하게 나에게 답하면 된다. "난 이런 내가 싫어~ 난 이런 사람이 좋아~"하며 되고픈 나를 찍으면 절대 안 된다. 오류가 생긴다. 엉뚱한 나를 나로 알면 망한다. 나를 합리화하기 위한 조사가 아니다. 내가 나를 객관적으로 보고 체크한다. '진짜 나'와 '되고 싶은 나'를 철저히 구분해야 한다. 하나하나 알아보자.

- 다중지능검사

다중지능검사는 앞에서 언급한 8개 지능을 순서대로 알려준다. 필자는 1순위 자기성찰지능, 2순위 인간친화지능, 3순위 언어지능, 4순위 논리수학지능으로 나온다. 1~4순위까지는 해당 지능의 특징, 장점, 직업군까지 알려준다. 이하 5~8순위는 그냥 차례별로 지능명칭만 나열한다. 예상대로 신체운동과 음악지능은 최하위다.

- 자기성찰지능의 예 -

• **특징**
  1. 특정한 활동에 대한 좋고, 싫음이 분명하며 그것을 잘 표현한다.
  2. 감정 전달에 뛰어나다.
  3. 스스로의 강점과 약점을 명확히 인식한다.
  4. 자신의 능력을 확신한다.
  5. 적절한 목표를 설정한다.
  6. 야심을 가지고 일한다.

- 에니어그램

에니어그램은 타고난 기질을 1~9타입으로 분류한다. 측정도구에 기재된 것을 그대로 옮겨본다.

• 타입 1. 완벽주의자(개혁가): 원칙적이고 목표가 분명하며 자신을 잘 통제하고 완벽주의 기질이다.

• 타입 2. 돕고자 하는 사람(조력가): 사람을 잘 돌보고 그들과 교류를 잘하는 유형으로 관대하고 자신의 감정을 잘 드러내며, 사람들을 즐겁게 해 주고 소유욕이 강하다.

• 타입 3. 성취하는 사람(선동가): 적응을 잘하고 뛰어다니며, 자신의 이미지에 관심이 많은 성공 지향적이며 실용적인 유형이다.

• 타입 4. 개인주의자(예술가): 민감하고 안으로 움츠러드는 유형으로 표현력이 있고 극적이며, 자신의 내면에 빠져 변덕스럽다.

• 타입 5. 탐구자(사색가): 지각력이 있고 창의적이며 혼자 떨어져 있기를 좋아하고 자신의 마음을 잘 드러내지 않는 성격이다.

• 타입 6. 충실하는 사람(충성가): 충실하고 안전을 추구하는 유형으로 책임감과 의심과 불안이 많고 사람들에게 호감을 준다.

- 타입 7. 열정적인 사람(만능가): 즉흥적이고 늘 바쁘며 재미를 추구하는 유형이다.
- 타입 8. 도전하는 사람(지도자): 힘이 있으며 남을 지배하는 유형으로 자신감 있고, 결단력 있으며, 고집스럽고 사람들과 맞서기를 좋아한다.
- 타입 9. 평화주의자(조정가): 느긋하며 남들 앞에 나서지 않으려는 타입으로 수용적, 남에게 위안을 줌, 잘 동의함, 자신에게 만족한다.

필자는 타입 7. 8이 결과로 나왔다.

- 에고그램

에고그램Ego-Gram은 자아 상태를 기반으로 한 심리검사 툴이다. 자아 상태를 부모Parent의 자아상태 P, 성인Adult의 자아상태 A, 아이Child의 자아상태 C의 3가지로 나눈다. 이를 다시 기능적 관점으로 구분한다. P를 비판적Critical인 CP(비판적인 부모마음)와 양육적Nurturing인 NP(양육적인 부모마음)로 나누고, C를 자유로운Free FC(자유로운 아이마음)와 순응Adapted하는 AC(순응하는 아이마음)로 나눈다. 이 CP, NP, A, FC, AC 5개 자아 상태의 배분을 파악하여 고-중-저 그래프로 나타낸 것이 에고 그램이다.

CP(비판적인 부모마음)는 잘잘못을 지적하며 공과 사, 선과 악의 구분이 명확하고 자신의 지도력과 가치관으로 개인이나 조직을 이끌어 나가는 장점이 있다. 반면 상대를 위압적으로 제압하려하고, 권위적이고 엄격하여 상대의 가치를 받아들이지 않는 독불장군이기도 하다.

NP(양육적인 부모마음)는 관계 지향적으로, 남의 어려움을 자신의 일처럼 돌보고 배려하고 마음이 온화하며 상대를 지지하고 격려한다. 그러나 상대를 지나치게 보호하고 개입하여 자주성을 해치는 경향이 있으며, 너무 동정적이어서 남의 부탁을 거절하지 못해 공사구분이 안 되는 결점이 있다.

A(성인마음)는 사실에 근거한 판단과 분석적이고 냉철한, 계획에 입각한 행동을 한다. 이성적이고 논리적인 사고로 일을 처리한다. 반면 사실해결에만 집중하여 기계적으로 일을 수행하는 냉정한 태도로 인해 타인 공감 능력이 떨어지는 단점이 있다.

FC(자유로운 아이마음)는 감정과 행동을 자유롭게 표출하여 상대에게 즐거움을 준다. 뿐만 아니라 생각을 행동으로 곧바로 옮기는 창조적인 아이디어를 제공하는 장점도 있다. 반면 충동적이고 자기도취적이어서 섬세한 일처리를 기대하기 어려우며, 감정이 절제되지 않아 실수하거나 경솔하게 행동하는 단점도 있다.

AC(순응하는 아이마음)는 순응적이고 협조적일 뿐만 아니라 의사결정에 있어서 신중하고 조심성 있는 태도를 보인다. 그러나 상대의 눈치를 지나치게 보고 자신의 감정을 억제한다. 자기비하와 열등감으로 억압된 감정이 어느 순간 분노나 반항으로 폭발할 수 있으며, 우유부단하여 자기주장이 약한 단점이 있다.

필자는 NP와 A가 동일하게 21점으로 가장 높았다. FC는 12점으로 가장 낮았다.

- MBTI

이번엔 최근 2030세대들 사이에서 신드롬을 일으킨 MBTI Myers-Briggs Type Indicator 성격유형지표로 들어가 보자.

이 검사는 ① 정신적 에너지 방향성: 외향형Extraversion/내향형Introversion, ② 정보수집 등의 인식 기능: 감각형Sension/직관형Intuition, ③ 수집정보를 바탕으로 판단하는 기능: 사고형Thinking/감정형Feeling, ④인식과 판단 기능이 실생활에서 적용되어 나타난 생활양식: 판단형Judging/인식형Perceiving 등 4대 선호지표를 기반으로 성격정보를 산출한다.

각 개인의 성격은 위 4대 지표 가운데 각각 어느 한쪽(예: EI지표 중 E 또는 I)을 취한 4개의 알파벳 조합으로 구성된다. 이에 따라 성격유형은 모두 16개(ISTJ 세상의 소금형, ISFJ 임금 뒷편의 권력형, INFJ 예언자형, INTJ 과학자형, ISTP 백과사전형, ISFP 성인군자형, INFP 잔다르크형, INTP 아이디어뱅크형, ESTP 수완 좋은 활동가형, ESFP 사교적인 유형, ENFP 스파크형, ENTP 발명가형, ESTJ 사업가형, ESFJ 친선도모형, ENFJ 언변능숙형, ENTJ 지도자형)가 구성된다.

이 4대 선호지표는 교육이나 환경의 영향을 받기 이전에 잠재되어 있는 선천적 심리경향을 말하며, 나 자신의 기질과 성향에 따라 각각 네 가지의 한쪽 성향을 띠게 된다.

필자는 ESFJ 친선도모형으로 나왔다.

- DISC

DISC 사회적 행동유형은 어떤가? 미국 콜롬비아대학의 심리학자 '윌리암 M 마스톤' 교수는 인간의 행동경향을 연구하여 사람들의 행동경향을 주도형Dominance, 사교형influence, 안정형 Steadiness, 신중형Conscientiousness으로 구분했다.

세세한 것에는 개의치 않고 공격적이며 일방적인 지시만 있는 대신 목표달성의 의지와 결단이 뛰어난 주도형(D), 항상 떠들썩하며 진지함은 없지만 낯선 사람과 금방 친해지고 낙관적이며 창의적인 사교형(I), 우유부단하고 답답한 스타일이지만 다정하면서 남을 배려하고 화합과 조화를 중시하는 안정형(S), 융통성이 없고 팩트와 매뉴얼에 치중하다보니 항상 바쁘고 정리만 하다가 정작 숲을 못 보지만 완벽하고 정확한 업무완성도를 보이는 신중형(C)이 있다.

검사결과는 DISC별 점수를 그래프로 보여준다. 감독자형, 분위기메이커형, 팀플레이어형, 논리적사고형 등 40개 유형으로 나뉜다.

필자는 'SI 유형인 조언자형'으로 나타났다.

- 진로정보망 커리어 넷

끝으로 한국직업능력개발원 '진로정보망 커리어 넷'에 들어가 보자. 초등학생, 중학생, 고등학생, 대학생 및 일반인으로 구분되어 나의 위치에 맞춘 진로심리검사를 할 수 있다. 대학생과 일반인의 경우 진로개발준비도 검사, 주요능력 효능감 검사, 이공계전공적합도 검사, 직업가치관 검사 등 4개 검사를 진행한다.

강점 찾기는 '주요능력 효능감 검사'로 진행한다. 49개 문항을 체크한다. 신체·운동능력, 공간·지각능력, 음악능력, 창의력, 언어능력, 수리·논리능력, 자기성찰능력, 대인관계능력, 자연 친화능력 등 9개 주요능력을 백분위 %로 보여준다.

필자는 검사결과 자기성찰능력 96%, 언어능력 95%, 창의력 90%, 대인관계능력 89%로 나왔다. 능력의 정의도 보여준다. 자기성찰능력은 자신의 생각과 감정을 알며, 자신을 돌아보고 감정을 조절할 수 있는 능력이다. 언어능력은 말과 글로써 자신의 생각과 감정을 표현하며, 다른 사람의 말과 글을 잘 이해할 수 있는 능력이다. 창의력은 새롭고 독특한 방식으로 문제를 해결하는 능력이라고 정의한다.

이를 바탕으로 '적성유형별 검색'을 하면 각 유형별로 해당 능력을 필요로 하는 직업군까지 알려준다. 필자의 경우 자기성찰능력 등 상위 3가지를 각각 클릭하면 2가지가 겹치는 직업군이 '작가 관련직'과 '인문계 교육 관련직'이 중첩되어 표시된다.

- 사상체질 테스트와 사주명리학 사주팔자 검사

아직까지 조사법은 과학적 데이터에 근거한 서양심리학적 접근이었다. 여기에 참고적으로 한의학 이론의 사상체질과 하늘·땅 우주 음양의 이치 등에 의한 사주명리학의 동양적 접근을 더 해보자.

사상체질四象體質은 태양인, 태음인, 소양인, 소음인 등 타고난 4가지 체질을 말한다. 나의 신체 외형적 특징을 보고도 판단하지만 설문 테스트로도 판별한다. 체질별로 신체장기의 크기 등에 따른 강점과 약점, 이에 따른 좋은 음식과 나쁜 음식 등 신체적 특징을 알 수 있다. 따라서 한의학에서는 각각 체질적 차이에 맞춰 질병치료방법을 다르게 적용한다.

더 중요한 것은 4개 체질별로 다르게 타고난 성격과 감정적 특징이다. 마음의 욕심, 타고난 성향과 재주가 다 다르다. 이성적이냐 감성적이냐, 현실적이냐 이상적이냐, 발산적이냐 수렴적이냐, 외양적이냐 내향적이냐가 다르다. 이성은 현실과 짝을 이루고, 감성은 이상과 함께한다. 발산은 외양과 합치하며, 수렴은 내향과 가깝다.

태양인은 발산형이고 외향적이면서, 이성과 현실에 충실하다. 방위로 보면 남쪽이다. 사계절로는 여름형이다. 행동하는 리더의 유형이다. 그러다보니 때로는 안하무인의 경향도 보인다.

소양인은 외향·발산적이고, 이상과 감성에 충실하다. 동쪽 방향이다. 계절로 보면 봄이다. 늘 즐기면서 희망적인 성격이다. 창의력이 뛰어나다. 단점으로는 끈기가 부족하여 싫증과 체념을 한다.

소음인은 이성적이고 현실적이면서도, 내향적이어서 수렴하는 성격이다. 서쪽이다. 가을형이다. 자존심이 강하고 원칙적인 성격이다. 꼼꼼하고 정확하다 보니 마음이 편안하지 않다.

태음인은 이상적이고 감성에 치우치면서도, 수렴하는 내향적 성격이다. 방향이 북이다. 계절로는 겨울이다. 정이 많고 헌신적인 자애로운 엄마형이다. 보수적이어서 변화를 싫어하고 게으르다.

또 하나가 사주명리학四柱命理學이다. 사주팔자다. 많이 들어본 단어다. 설 명절 특집으로 KBS '아침마당'에서 정신의학과 전문의 '양창순' 박사의 강의를 우연히 보게 됐다. 제목이 '명리학과 정신의학의 만남'이다. 『명리심리학』의 저자이도 한 그녀는 '심리학'과 '정신의학'으로 환자들을 상담 치료하는 과정에서 '사주명리학' 접목의 필요성을 몸소 느꼈다고 한다.

정신의학만으로 사람을 이해하고 삶의 문제에 대한 해답을 찾는 데 한계를 느껴, 명리학과 주역을 추가로 학습하여 '주역과 정신의학'을 접목한 논문으로 두 번째 박사학위를 받은 특이한 이력의 소유자다.

그날 강의에서 사주명리학 = 동양의 성격학 = 정신 의학 = 서양의 성격학이라는 주장을 편다. 실제로 '정신의학'과 '사주명리학'의 공통분모로 환자들을 치료하면 도움이 된다고 한다.

사주는 내가 태어난 연·월·일·시年月日時가 4개 기둥이다. 이 사주마다 간지[11]가 각각 두 자씩임으로 이를 팔자라고 한다. 이 8개 글자의 음양陰陽과 오행五行의 조화여부를 판단하여 운명의 길흉吉凶을 점친다.

그럼 성격과 운명과는 어떤 관련이 있나? 평소 직면한 상황을 나의 기질과 성격대로 풀어간다. 그 결과가 모여 나의 삶을, 운명을 만드니까 곧 성격이 운명인 것이다. '정보-생각-말과 행동-습관-인격-운명'의 연결고리에서 '직면한 상황'이 '정보'이고, '기질과 성격'은 '생각'에 해당한다.

생각은? '감성과 이성'이다. 감성은 외부자극 등 정보에 대해 오관(눈, 귀, 코, 혀, 피부)으로 느끼는 무의식적인 반응이다. 이성은 이 반응을 논리적으로 추론하고, 계산하고, 이해하고, 최선을 기대하고, 이를 스스로 설명하고, 그 느낌과 욕구에 대한 이유를 성찰하고 반성하는 것이다.

예를 들면, 봄꽃과 마주쳤다. 눈으로 보고 코로 향기를 맡으며, '아~ 아름답고 향기롭다~'며 무의식적으로 느낀다. 감성이다. 이후 이성이 쫓아온다. '작년보다 더 예쁘네. 왜 그럴까? 내가 변했나? 꽃이 더 예뻐졌나? 하나 꺾어서 가져갈까? 아니야. 꽃들도 생명이 있는데 아플 거야. 또 다른 사람들도 함께 봐야지….'

이렇게 기질과 성격의 결과가 말과 행동으로 나타난다. 이게 계속되면 습관이 되어 나의 운명을 만든다. 내가 태어난 때의 기운으로 내 기질을 파악하는 명리학은 철학을 넘어 또 하나의 과학인 셈이다.

양창순 박사는 『명리심리학』에서 내가 태어난 '사주'는 바꿀 수 없는 불변이지만 '팔자'는 고칠 수 있다"고 주장한다. 나의 기질과 성향 중에 강점은 더 개발하고 약점은 보완하면서, 내 안에 숨겨진 위대한 나를 최대한 활용하도록 긍정적인 방향으로 변화시켜주는 학문이 바로 명리학이라고 말한다. 인터넷으로 사주를 보면 나의 성격, 나의 사상체질까지도 알려준다.

'위대한 나'는 결국 내가 찾는 것이다

"나는 그곳으로 가는 문까지만 보여줄 수 있다. 그 문을 통과하는 것은 바로 너 자신이다." 영화 '매트릭스'에 나오는 대사다.[12] 잠자는 위대한 나를 깨우는 건 결국 나다. 세상 틀에 맞추려고 자의 반 타의 반으로 내게 채워진 족쇄를 푸는 것도 결국은 나의 몫이다.

그러나 자기 자신을 아는 것이 쉽지 않다. '너 자신을 알라'는 말이 이를 대변한다. "나는 무엇이 되고 싶은가? 나는 무엇을 잘하는가. 무엇을 좋아하는가?" 그 답은 오롯이 내가 찾아야 한다.

위에서 언급된 위대한 나를 찾는 여정을 지나려면 '미친 사람'이란 말을 들을 각오를 해야 한다. 사회의 표준화된 고정관념을 깨야 한다. 일반화된 체제에 순응하지 않는 괴짜가 되어야 한다. 남을 의식하지 말고 내 몸과 마음이 움직이는 대로 위대한 나를 찾는 과정을 밟아야 한다.

그렇지 않으면 왜곡된 또 다른 나를 앞세움으로써 '위대한 나'가 아닌 반쪽의 나로 살아야 한다. 나만의 자산 100을 활용하면 즐겁고 건강하게 살면서 10,000이라는 성과를 내는 행복한 삶을 산다. 그런데 그 강점인 자산 100을 뒤로하고 10이나 30정도뿐인 자산을 나로 알고 평생을 산다면 얼마나 억울한가? 단 한 번뿐인 인생인데. 그러면 죽을 때 반드시 후회한다.

1,000명의 죽음을 지켜본 일본 호스피스 전문의 '오츠 슈이치'가 죽음을 앞둔 환자들이 토로한 이야기를 적은『죽을 때 후

회하는 스물다섯 가지』가 이를 대변한다. 차례로 적은 스물다섯 가지 중 두 번째 후회가 '진짜 하고 싶은 일을 했더라면'이다. '꿈을 꾸고 그 꿈을 이루려고 노력했더라면'이 여섯 번째 후회 목록에 올라와 있다.

자본주의 세상은 재물을 관리하고 늘리는 재財테크에 관심이 집중된다. 그러나 진정한 재財테크는 재才테크다. 나만의 재능을 찾고, 거기에 맞는 훈련과 학습을 더하면, 그 분야의 최고의 성과가 나오니 재물은 자연스럽게 늘어난다. 나만의 재능을 찾아 그 재능을 활성화시키는 재才테크를 하면 재財테크는 저절로 이루어진다. 넷플릭스 최고 히트작 〈오징어 게임〉의 참가자 후보에 들지 않는다.

위대한 나를 찾기 위해 총 15가지의 관찰 메모 또는 조사·검사를 해봤다. 경험의 메모, 일기, 스몰 스텝, 과거기억 소환, 관심사 정리, 타인에게 묻기 등에서 겹쳐지는 나의 공통분모가 보인다. 거기에 스트렝스파인더 프로파일로 5개 대표테마가 더해졌다. 8개 다중지능에서 상위 4개 지능이 밝혀졌다. 에니어그램, 에고그램, MBTI, DISC, 한국직업능력개발원 진로정보망 커리어 넷, 사상체질, 사주명리학 등의 검사로 뉘앙스 차이는 좀 있지만 나의 기질과 성격유형을 알았다.

이제 위대한 나만의 나를 찾는 마법이 마무리된다. 위 15개의 점들을 연결해본다. 점들이 이어지고 선이 만들어지면서 내 강점의 그림을 완성해본다. 엑셀프로그램을 활용하거나, 8절지 종이에 수기로 적어본다. 좌에서 우로는 15개의 기록이나 검사 항목을 적는다. 위에서 아래로는 항목별 결과를 1, 2, 3, 4~ 순서대로 입력하거나 쓴다. 우주로부터 내게만 주어진 강점의 조합이 통합된다.

필자의 스트렝스파인더 프로파일, 다중지능 및 기질 성격검사 결과만을 놓고 보자.

- **스트렝스파인더 프로파일** 분석가·초점(집중)·미래지향·의사소통(커뮤니케이션)·매력(사교성)

- **다중지능** 자기성찰지능·인간친화지능·언어지능·논리수학지능

- **에니어그램** 열정적인 사람(만능가)·도전하는 사람(지도자)

- **에고그램** NP(양육적인 부모마음)·A(성인마음),

- **MBTI** ESFJ 친선도모형,

- **DISC** SI 조언자형,

- **진로정보망 커리어넷 자기이해 심리검사** 자기성찰능력·언어능력·창의력·대인관계능력,

- **사상체질** 소양인이다.

강점의 조합이 보이는가?

공통분모 세 가지가 보인다. 〈의사소통, 인간친화지능, 언어지능, 양육적인 부모마음, 친선도모형, 언어능력, 대인관계능력〉 등이 겹친다. 강점 하나, '타인과의 소통능력'이다. 강점 둘, 또 비슷하게 겹치는 게 〈분석가, 논리수학지능, 열정적인

사람(만능가), 창의력〉 등의 '창의적이고 논리적인 사고'다. 강점 셋, 〈자기성찰지능, 자기성찰능력〉의 '자기성찰력'이다.

이를 경험의 메모, 일기, 스몰 스텝, 과거 기억 소환, 관심사 정리, 타인에게 묻기 등의 공통분모와 연결해본다. 나의 강점이 보인다.

이제는 진짜 원하는 일을 하며 인생이 즐거워지는 일만 남았다. 신이 내게 준 선물을 활용할 발판이 만들어졌다. 남이 그려 놓은 지도가 아닌 나만의 비밀지도를 찾았다. 매일 설레며 나의 보물섬으로 가야 한다. 그렇지 않으면 4차 산업혁명 세상 속에서 AI에 지배받는 식민지주민의 삶으로 전락한다.

3

위대한 나에게
집중하라

무조건 나의 강점을 키워라

"인생에서 진짜 비극은? 천재적인 재능을 타고나지 못한 것이 아니라 이미 가지고 있는 강점을 제대로 활용하지 못하는 것이다." '벤저민 프랭클린'의 말이다. 위대한 나를 깨웠다. 강점을 찾았다. 강점을 키우고 활용해야 한다. 그런데 혼란스럽다. 내 강점에 대한 직업전망이 별로다.

'화가'를 예로 들어보자. 예술적 감각과 손재능이 있다. 그림을 그리면 흥미롭고 행복하다. 누가 알려주지 않아도 나만의 독특한 새로운 그림을 그려낸다. 타고난 재능이 그림 그리기다. 화가가 제격이다.

문제는 취미로는 괜찮은데 직업으로서는? 유명화가가 아니고서는 작품으로 수익을 창출하기가 쉽지 않다. 대개 프리랜서로 일하므로 생활이 불안정하다. 부모의 반대로 미술 관련학과 대학을 포기한다. 차선책으로 건축학과로 진학한다. 잘한 것일까?

내가 좋아하고 잘하는 내 강점의 가치를 고정관념으로 판단하면 안 된다. 고정관념은 사람들의 기본적인 생각일 뿐 과학적 진실에 못 미친다. 특히, 기하급수적으로 바뀌는 4차 산업혁명 시대에 고정관념은 사회변화와 가치변화를 쫓아갈 수 없다.

AI가 지배하는 4차 산업혁명세상, AI가 못 하는 것이 강점이라 했다. 사람의 감정이나 무의식적 욕구에 의한 예술적 감각은 AI가 흉내 내는 데 한계가 있다. 더욱이 건축설계는 AI도 한다.

더 큰 기회는 앞서 언급한 대로 다양한 디지털 플랫폼을 통해 세분화된 취미와 가치를 가진 전 세계 지구인들의 초연결 소통이다. 미술을 기반으로 다양한 분야와 연결 융합하여 새로운 창조적 활동이 가능한 세상이다. 예술적 감각과 가치를 추구하는 세계인들과 실시간 연결·소통된다. 대면 전시회로 국내 300명과 소통했다면, 지금은 전 세계 300만 명과 온라인 플랫폼을 통해 나만의 미술세계를 알리며 쌍방향 실시간 소통할 수 있다. 각종 미술경매 플랫폼을 통해 작품도 판다. 최근에는 NFT로 개인 간 거래까지 된다. 첫 거래뿐만 아니라 거래 단계마다 일정지분의 이익이 지속적으로 작가에게 자동 입금된다. 수익창출에 문제가 없다.

내가 좋아하고, 잘하는 일을 하며 사는 게 나답게 사는 거다. 나만의 강점을 뒤에서 언급할 '하늘의 명령이고 나만의 사명인 삶의 목적'과 연결시키면 그 가치와 의미는 그 무엇과도 바꿀 수 없다. 언제나 강점분야에서 뛰어라. 백수의 왕인 사자도 사막

한가운데에선 속수무책이라 했다. 부모 등 다른 사람들의 삶에 맞추느라 약점을 강점으로 바꾸려고 노력하지 마라. 바뀔 수 없다. 그 시간에 강점을 더욱 강하게 키워라.

강점을 어떻게 키우고 활용할 것인가? 네 가지를 강조한다.
첫째, 강점강화를 위한 지식과 기술을 키우는 노력과 훈련강도를 높여라.
둘째, 다른 분야와의 연결 통합을 강화하라.
셋째, 더 많은 경험과 실험을 해라.
넷째, AI와 협업하며 디지털 트랜스포메이션하라.

첫째, 강점강화를 위한 지식과 기술을 키우는 노력과 훈련강도를 높여라. 앞서 손흥민 축구선수를 예로 들었다. 강점의 정의를 다시 들춰보자. '강점=재능+지식·기술'이라 했다. 지식과 기술은? ① 그 재능을 발휘하기 위해서 필요한 '사실에 입각한 지식'+② 일하면서 '몸에 경험이 묻어 나오는 실제적인 지식'+③ '가치관·자기인식과 같은 개념적인 지식'을 체계화한 기술들이 강점을 더욱 빛나게 한다고 했다. 강점은 상승작용을 한다.
여기서 두 가지 질문이 뒤따른다.
하나, '지식·기술의 범위를 어디까지 할 것인가?'
둘, 지식·기술을 강화하기 위한 '노력과 훈련의 강도強度가 재능 크기에 따라 강점효과에 미치는 영향은 어떻게 다를까?'가 궁금하다.
우선 범위를 보자. 심리학 분야에 재능을 가진 심리학자를 예로 들어본다. 심리학을 연구한다.(학자) 학생을 가르친다.(교수) 심리·정신관련 책을 쓴다.(작가) 언론에 글을 기고한다.(칼럼니스트) 외부공개강연을 한다.(강사) 유튜브를 한다.(유튜버) 심리치료를 한다.(의사) TV다큐를 진행한다.(진행자)[13] 어떤가? 자신의 전문적 강점을 활용하고 활성화하려면, 더 나아가 Part 4의 주제인 세상에 선한 영향을 주며 공동선에 다가가는 나의 사명을 실천하려면 다양한 인지능력과 또 다른 지식·기술 등이 뒷받침되어야 한다. 교수, 작가, 유튜버, 의사, 진행자 등의 역할은 학자로서의 인지능력과 지식·기술과는 다소 다른 것이다.

그럼 위에서 언급된 화가는 어떤 지식과 기술이 필요할까? 한국직업능력개발원 '커리어넷'의 화가에 대한 필요지식 내용이다. 예술적 지식은 물론 철학과 신학, 역사, 사회와 인류 등에 대한 지식이 있어야 한다. 상상력과 창의력을 기르기 위해 문학작품, 영화, 디자인 등 다양한 문화예술장르에 대한 관심과 지식도 필요하다. 적극적인 탐구 자세와 장기간 연습을 견딜 수 있는 인내력과 끈기, 선택적 집중력도 요구된다.

지식·기술의 범위는 심리학자의 예에서 보듯이, 그 강점을 활용하여 나의 사명을 실천해가는 실제적인 모든 사회활동분야가 포함된다. 또 하나는 화가의 예시처럼, 강점을 발휘하는 데 필요한 눈에 보이지 않는 지식과 핵심역량이 범위에 해당된다.

내 강점분야 지식·기술의 범위는 어디까지인가? 어디까지 할 것인가? 나 스스로 찾아 정해야 한다.

다음은 '노력과 훈련의 강도'와 '재능 크기'가 '강점효과'에 미치는 영향을 살펴보자. 노력과 훈련의 강도를 1~10으로, 재능의 크기도 1~10으로 보았을 때의 변화이다.

재능이 10인 경우, 노력과 훈련 강도 10이면 10 × 10 = 100의 최대치 효과가 나타난다. 재능 5인 경우, 노력과 훈련 강도 10이면 5 × 10 = 50의 성과가 나온다. 재능이 모자라면 같은 강도의 노력과 훈련을 하더라도 성과는 반으로 줄어든다.

재능이 0인 경우, 노력과 훈련을 최대치 10으로 해도 성과는 0이다. 위에서 언급한 오리의 달리기 훈련과 같은 이치다. 약점은 강점으로 바꿀 수 없다. 반대로 재능이 뛰어날수록 노력과 훈련은 더하면 더하기가 아닌 곱하기의 강점효과가 나온다. '노력과 훈련의 강도 × 재능의 크기 ≒ 성과'라는 등식이 만들어진다.

둘째, 다른 분야와 연결 통합을 강화하라. 화가가 이처럼 다양한 필요지식이 요구되나? 그림그리기 재능이 있으니 떠오르는 영감에 따라 작품성 있는 고유한 그림을 그려내면 되지 뭐… 할 것이다.

이종교배가 창의성을 낳는다. 전혀 다른 고유한 역량과 개체들이 서로 융합하면 또 다른 고유한 창조물이 탄생한다. 다양한 분야의 다양한 관념과 가치를 연결융합하면 새로운 작품이 태어난다. 융합 자체가 창조의 과정이다.

또한 심리학자의 예처럼 다양한 분야로의 역할모델전환도 같은 이치다. 다른 분야와의 연결과 통합이다. 4차 산업혁명세상에서 살아남는 길은 강점분야에서 창의적 인간이 되는 것이다.

급속히 개편되는 직업지도의 비즈니스 모델에 맞춰 피보팅해야한다.

내가 강점의 자리에서 일하고, 천직을 선택하면, 그 일이 재밌고 즐겁고 설레서 무의식적 몰입에 빠진다. 몰입하면 서로 관련이 없어 보이는 곳에서 연결고리를 찾아 자신의 강점분야에서 통합성과 조화를 만들어 나만의 새로운 독창적인 창조를 해낸다.

결국 창의성은 연결하는 능력이다. 참조 없는 창조는 없다. 이 연결은 연결개체의 질과 양에 따라 새로움과 독창성이 갈린다. 질적으로 더 멀리 떨어져 있는 엉뚱한 정보들이 합쳐 연결되어야 더 새로운 창조물이 나온다. 양적으로는 더 많은 개수와 그 개체가 더 다양할수록 연결 통합하면 더 유용하고 새로운 아이디어가 탄생한다.

더 좋은 질에, 더 많은 종류의, 더 많은 양의 빅데이터에서 더 독특한 독창적인 유일무이한 새로움이 나오는 건 상식이다. 이는 르네상스부터 현재에 이르기까지 위인들의 업적과 그 과정에서 발견되는 공통적인 결과가 이를 증명한다.

이렇게 강점인 자신의 전문분야를 중심으로 교양을 포함한 다른 분야를 연결시키고 분석하여 공통분모를 찾아 통합시켜야 한다. 베스트best의 시대는 갔다. 유니크unique해야 살아남는다. 이는 AI 4차 산업혁명시대 직업지도가 요동치더라도 자기만의 강점으로 행복한 삶을 지속할 수 있는 포인트다.

셋째, 더 많은 경험과 실험을 해라. 타고난 재능을 진정한 강점으로 만들어주는 지식과 기술을 키우는 실천적 방법은 무엇일까? 세계 부자 순위 1, 2위를 다투는 아마존 창업자 '제프 베조스'가 그 답을 준다. 바로 실험이다. 그는 한번 마음먹으면 꼭 실험해보는 경영자로 유명하다. 시간을 많이 쏟는 것보다는 얼마나 많은 시도를 해보았는지가 성공의 핵심이다. 1만 시간의 법칙보다는 1만 실험의 법칙이다. 개인이나 조직공동체나 같다.

그는 1년에 한 번 주주들에게 서한을 보낸다. "아마존이 특히 강점을 가진 분야 중 하나는 실패입니다. 아마존은 세계에서 가장 실패하기 좋은 직장이죠. 실패와 발명은 불가분의 쌍둥이입니다. 발명을 위해선 실험을 해야 하고, 성공을 미리 알고 있다면 그건 실험이 아닙니다." 그가 직접 쓴 연례 주주서한의 일부 내용이다.[14]

기하급수적으로 변하는 4차 산업혁명시대, 실험은 아마존만의 이야기가 아니다. 실험은 실리콘밸리의 구글 등 기하급수 기업의 핵심역량이다. 일단 내어놓은 다음 개선하라. 제품을 만들면 우선 세상에 내어 반응을 살펴라. 그런 다음 디자인과 기능을 개선하고 다시 지켜봐라. 어떤 제품은 그대로 시들해진다. 그땐 매몰비용을 잊어버려라 한다. 구글의 '에릭 슈미트' 전 회장이 구글의 일하는 방식을 소개한 『구글은 어떻게 일하는가』에서 강조한 내용이다. 구글의 전문성과 창의력을 가진 인재들에게 "안 된다"는 말은 죽음이다. 부정적인 반응이 많으면 이들은 이탈하기 시작한다.

개인도 마찬가지다. 분야별로 여러 가지 시도와 실험으로 그 지식과 기술이 가진 내 재능과의 연계성을 검증해야 한다. 이를 통해 강점의 상승력을 살펴야 한다. 나의 가정이 검증되기 전에는 결과를 알 수가 없다. A지점에서는 D지점이 보이지 않는다. B지점이나 C지점으로 가봐야 한다. B지점에서도 보이지 않던 D지점이 C지점에 가면 보인다. 이론보다는 실행이다. 자기주도 학습과 수많은 실험만이 지식과 기술을 향상시켜 나의 타고난 재능에 불을 지핀다. 세계 시가총액 5위 안에 아마존이나 구글이 늘 포진하는 것은 다 이유가 있다. 나도 나의 강점분야에서 세계 5위 안에 드는 최강자가 될 수 있다.

문제는 실험의 횟수다. '마시멜로 챌린지'가 그 사례다. MBA 학생들이나 변호사처럼 논리적이고 경험이 많은 사람일수록 처음 시도하는 일에 계획을 세우며 머뭇거리다가 주어진 시간에 1~2회 시도로 끝난다. 계획대로 탑을 쌓았지만 끝에서 무너지고 만다. 다시 시도할 시간이 없다.

반면 유치원생들은 다르다. 그냥 실행에 들어간다. 다 쌓았는데 낮은 것 같으면 허물고 다시 쌓고, 높게 쌓다가 무너지면 다시 쌓는다. 결국 한정된 시간에 탑을 가장 높게 쌓는 건 변호사나 MBA 학생이 아니라 유치원생들이다. 다양하게 시도하며 지속적으로 수정하는 과정에서 성공적인 결과를 낳는다.

기하급수적으로 변하는 세상이다. 급격한 환경변화에 처음 시도하는 실험이 많아질 수밖에 없다. 나의 강점 우물에 크고 작은, 얕고 깊은 다양한 다른 우물을 연결하고 통합하여 서로 물길이 흐르도록 해야 한다. 연결해 보고 아니면 다른 곳을 연결해야 한다. 시간은 한정되어 있고 그 주기는 점점 짧아진다. '누가 덜 틀리는가?'의 시대는 갔다. '누가 새로움을 만들었는가?'가 답이다. 그 새로움이 한 번에 여러 마리 새를 잡는 시대다.

넷째, AI와 협업하며 디지털 트랜스포메이션하라. AI와 디지털로 실시간 초연결된 AI와 디지털플랫폼 시대, AI활용과 디지털 트랜스포메이션은 필수다. 생존의 문제다. 정도의 차이가 있겠지만 어느 분야나 디지털 전환이 가능하다. 또한 AI는 경쟁대상이 아니라 협력의 상대다. AI와 협업하여 나의 강점을 세상과 연결해야 한다.

바둑기사 '이세돌' 9단은 AI를 이긴 유일한 인간이다. 제4국 대결에서 이세돌의 78번 수가 알파고를 무너뜨렸다. 신의 한 수였다고 세상이 찬사를 보냈다. 그러나 구글 딥마인드 알파고와 세기의 대결은 결국 4:1 인간 패배로 끝난다. 그는 이제 AI를 이길 수 없다며 은퇴했다. 최선의 선택이었을까? 만약 AI를 두려워하지 않고, 그의 강점을 바탕으로 AI를 배우며 AI와 협업하였다면? 이세돌 9단은 AI 등에 올라타 진정한 바둑의 신이 되었을 수도 있다.

나의 강점을 펼칠 세상이 약 5천만 명에서 53억 명(세계 스마트폰 인구)으로 100배 확장됐다. 유튜브, 트위터 등 디지털 플랫폼이 없었다면 전 세계 팝시장을 주름잡는 방탄소년단 BTS가 가능했을까? 강점이 더욱 더 활성화되는 선순환에 디지털은 없어서는 안 될 중요한 포인트다. 위 사례의 심리학자, 화가 등 모든 직업군이 다 적용된다.

나의 강점을 어떻게 AI와 협업할 것인가? 어디까지 어떻게 디지털 트랜스포메이션할 것인가? 그 답 또한 내가 찾아야 한다.

약점은 보완하거나 그 약점이 강점 되는 분야에 활용하라

'말콤 글래드웰'은 그의 저서 『아웃라이어』에서 '1만 시간의 법칙'을 말한다. 콜로라도대 앤더슨 교수의 연구를 인용하며 최소한 1만 시간 정도의 훈련이면 그 분야의 전문가가 될 수 있다는 것이다. 타고난 약점에도 이 법칙이 통할까? 1만 시간을 투자해도 약점을 강점으로 전환시킬 수는 없다. 타고난 약점을 강점으로 바꿀 수 없다.

농구 황제 마이클 조던, 중간에 야구에 입문한 적이 있다. 미국 프로야구 '시카고 화이트삭스'의 마이너리그에 입단하여 화제를 모았다. 그러나 다시 NBA 시카고 불스로 돌아와 농구선수로 은퇴했다. 100m 달리기 세계기록보유자인 우사인 볼트는 어떤가? 세계에서 가장 빠른 사나이인 그가 축구에 도전장을 냈다. 호주 프로축구팀 센트럴코스트 매리너스에 입단하여 친선경기에 출전하여 두 골을 넣어 관심을 모았다. 그러나 그게 끝이었다.

앞서 오리가 달리기에 집중하다가 물갈퀴가 너덜너덜해져서 강점의 하나인 수영도 못 하게 되는 동물학교 이야기를 했다.

'어쩌다 FC 뭉쳐야 찬다'의 축구 원년 멤버 모두가 야구, 농구, 배구, 테니스, 체조, 수영 등의 역대 대한민국 국가대표 최고의 선수들로 구성되어 있었다. 안정환 감독의 지도로 연습과 훈련, 실제경기를 거듭해 가지만 축구에서는 한계가 있다. 그래서 오락프로그램이다. 동일한 체육 분야인데도 취약점을 강점으로 전환시킬 수 없다. 앞서 언급한 '노력과 훈련 × 재능의 정도 ≒ 성과'라는 등식이 증명된다.

이제 바꿔야 한다. 규격화 대량생산의 몰개성화 산업자본주의 사회에서는 약점보완이 나를 세상의 표준에 가깝도록 만들었다. 이제 표준은 AI가 다 한다. 강점을 더욱 강하게 하는 나만의 위대한 나를 만들어가야 한다.

그럼 나의 약점을 어찌할까?
첫째, 협업으로 커버한다.
둘째, 강점을 발휘하는 데 걸림돌이 되는 약점이 있다면 그 부분만을 보완한다.
셋째, 약점으로 보이지만 이 약점이 강점이 될 수도 있으니 그 활용분야를 찾아본다.

첫째, 협업에 의한 약점 커버다. 내가 강점을 발휘하는 일에 A, B, C, D 4개 역량이 요구된다. 10점 만점에 나의 A역량이 10점이고 D 역량 수준은 8이다. 문제는 B와 C가 2~3에 불과하다. B와 C 역량이 높은 사람과 파트너십의 협력관계를 유지하면 해결된다. '협업과 융합의 소통력'이 필수역량인 세상이다. 키우는 방법은 Part 3과 Part 5에서 알아본다.

둘째, 강점을 발휘하는 데 걸림돌이 되는 약점이 있다면 그 부분만을 보완한다. 협업이 구조적으로 어려운 직업이나 상황일 때는 스스로 해결할 수밖에 없다. 문제는 약점을 강화시키는 데 한계가 있다는 거다. 보완하는 정도로만 시간을 투자한다. 약점을 개선하는 최상의 방법은 강점에 더 집중하는 것도 하나의 방법이다. 강점이 활성화되면서 약점도 연계되어 함께 나아지는 효과가 나오기 때문이다.

미국 프로농구NBA의 전설 '샤킬 오닐', 그는 골밑 슛이 강점이다. 문제는 자유투다. 다른 선수가 대신 던져줄 수도 없다. 최대의 약점이다. 상대선수들이 이를 이용했다. 그가 골밑 슛을 시도하면 고의로 파울을 했다. 그의 자유투 성공률은 절반에도 못 미쳤기 때문이다.

어떻게 했을까? 팀 코치는 자유투 연습을 지시했다. 공을 다르게 잡기, 포물선 그리기 숏 동작, 숏 직전 심호흡하기 등 다양한 방법으로 연습에 연습을 거듭했다. 그러나 성공률 향상은 없었다.

그는 팀을 옮겼다. 그 팀의 감독은 달랐다. 자유투연습은 하루에 한 시간만 시킨다. 대신 골밑 팀플레이를 집중 연습시킨다. 그는 어리둥절하여 질문한다. "왜요? 저는 이미 NBA에서 가장 뛰어난 센터인데요." 감독은 "자네는 NBA를 넘어 역사상 최고의 센터가 될 수 있기 때문이야. 그런데 아직은 아냐."라고 강조

한다. 그는 강점인 골밑 경기력 향상에만 집중했다. 자유투연습은 고작 한 시간만 했다.[15)

결과는 놀라웠다. 그는 3년 연속 개인득점상을 받았다. 결승전 최우수선수MVP에도 3년 연속 올랐다. 더 놀라운 건 자유투 성공률이 20%나 향상되었다는 사실이다. 하루 중 한 시간 투자로 강점을 방해하는 약점을 보완했다. 약점을 고쳐 기회를 찾으려는 것은 어리석은 짓이다. 약점은 보완관리만이 가능할 뿐이다. 강점이 활성화되면 약점도 연계되어 함께 나아지는 효과가 나온다.

셋째, 약점으로 보이지만 이 약점이 강점이 될 수 있는 분야를 찾아본다. 미국 여자 프로레슬링 챔피언이었던 'AJ 멘데즈'의 사례를 보자. 그녀는 키가 작았다. 세상 물정도 모르고, 충동적이며, 못생기고, 선머슴 같고, 어리석고, 반항적이고, 괴짜에, 정신이 나간 애 같다는 꼬리표가 늘 붙어 다녔다. 객관적으로 보면 모두가 약점이다. 그러나 결국 이 모든 것들이 그녀에게는 최대 강점들이 됐다.

이렇게 약점으로 보이지만 그 약점이 강점이 될 수 있다. '황소고집' 같은 부정적 특성을 보자. 타고난 것이므로 받아들여야 한다. 약점처럼 보이지만 거기에 적합한 일이 있다. 예를 들면 '화가'다. 황소고집은 끈기와 인내심으로 연결된다. 화가는 적극적인 탐구 자세와 장기간 연습을 견딜 수 있는 인내력과 끈기를 가진 사람들에게 유리하다.[16)

'소심함'은 어떤가? 대담하지 못하고 조심성이 지나치게 많은 거다. 약점 같지만 소심함은 정확성, 민감성, 꼼꼼함으로 연결된다. 세심할수록 환영받는 분야는 의외로 많다. 회계사가 대표적이다. 나노미터 단위의 기초과학을 다루는 물리학자, 화학자 등 과학 분야도 있다. 세심할수록 민감할수록 가치가 상승하는 것들은 의외로 많다.

이와 같이 강점과 약점의 공통분모로 일과 직업에 대입해보면 약점이 강점으로 적용되는 분야가 의외로 많다.

나와 세상이 함께 발전하며 행복해진다

노벨화학상을 수상한 독일 화학자 '오토 발라흐'는 '발라흐 효과'라는 심리학 용어를 탄생시켰다. 이는 자신의 최고재능을 찾으면 강점이 충분히 발휘될 수 있어 놀라운 성과를 거둘 수 있다는 효과다.

발라흐가 중학생이던 때 부모는 그를 문학가로 키우고 싶었다. 학교 선생님의 평가는 달랐다. 융통성이 없고 창작력도 부족하단다. 그 후 발라흐는 그림에 뛰어들었다. 이 또한 미술의 기본인 구도와 색조 등에 대한 이해력이 약하여 예능 쪽으로는 재능이 없었다. 부모는 절망에 빠졌다.

그러나 화학시간에는 달랐다. 화학실험 준비에 남다른 꼼꼼함과 흥미를 보였다. 선생님은 화학공부를 권했다. 발라흐의 재능이 폭발한다. 22세에 박사학위를 받는다. 노벨상까지 수상한다.[17] 유기화학 전문가로 정유화학 산업 발전에 세계적인 커다란 족적을 남긴다. 장수하며 행복하게 살았다. 위대한 나만의 나를 발견한 결과다. 강점 분야에서 일하면 나뿐만 아니라 세상 발전에 기여한다.

나의 강점 발휘는 나와 세상 모두 행복해진다. 우리나라 직장인들의 직장만족도는 얼마나 될까? 중앙일보와 블라인드 공동 설문조사 결과 100점 만점에 41점이다. '지난 1년 내에 번 아웃 증후군을 경험한 적이 있다.'라는 '스트레스' 항목의 점수는 34점으로 나타났다.[18] 잡코리아에서 직장인 559명을 대상으로 설문조사결과 77.6%가 '직장에서 내 모습은 평상시와 다르다'라고 응답했다.[19] 직장에 들어서는 순간 가면을 쓴다는 거다. 미국의 경우도 비슷하다. 80% 이상이 자신이 꿈꾸던 직업에 종사하지 못하고 있다는 조사결과다.[20]

마음에 들지 않는 일을 억지로 한다는 것이다. 어느 분야든 한 번 발을 들여놓고 시간이 흐르면 빠져나오기가 쉽지 않다. 함정에 빠져 보이지 않은 굴레에 매인다. 내가 아닌 노예의 삶을 살게 된다. 자신의 강점을 활용하지 못하는 삶은 개인이나 국가나 모두 비극이다. 그 어떤 비범하고 특별한 삶이라도 내 몸에 맞지 않으면 소용없다. 세상이 인정하고 모두가 부러워하는 직장이라도 나와 맞지 않으면 버틸 수가 없다.

거꾸로 위대한 나를 찾으면? '아는 자는 좋아하는 자만 못하고, 좋아하는 자는 즐기는 자만 못하다.' 『논어』 옹야편에 나오는 공자 말씀이다. 강점이 발휘되면 좋아하면서도 잘하니까 일도 삶도 재밌고 즐겁다. 즐기게 된다. 나도 세상도 함께 행복해진다. 출근하는 게 신난다. 몰입으로 생산성이 높아진다. 영감을 받아 독창성이 발휘된다. 이는 결국 우리나라가 4차 산업혁명세상을 선도하는 선진국으로 발돋움하게 한다. 어떻게?

순서는 이렇다. 각 개인들의 강점이 생활화된다. 각자 재미있고 좋아하며 잘하는 일을 하게 된다. 성취감과 만족감으로 늘 기쁘고 즐겁다. 긍정적인 감정이 나를 더 너그럽게 만든다. 인성이 좋아지고 공감소통으로 다양한 다른 사람들과 협업한다. 세로토닌·엔트로핀·도파민 등 행복관련 신경물질과 호르몬이 활성화되고, 스트레스 호르몬인 코르티솔은 감소한다. 영감을 받아 창의력이 높아진다. 몰입으로 성과가 탁월해진다.

강점이 삶의 가치와 의미인 나의 사명과 연결된다. 강점이 더 활성화된다. 충실한 인생을 산다. 긍정에너지가 더욱더 충만된다. 몸과 마음이 건강해진다. 창의력이 더욱더 높아지며 강점이 더욱더 활성화된다. 나만의 위대한 나로, 나에 맞는 삶을 사니까 늘 행복하다.

이 과정이 선순환된다. 시너지효과가 난다. 우울증, 소외감, 스트레스가 줄어든다. 사회적 비용이 감소한다. 서로의 약점은 협업으로 보완된다. 나뿐만 아니라 가정, 직장, 국가사회가 조화를 이뤄 모두 함께 행복해진다. 개인, 국가사회가 생산적인 선순환 구조가 된다. 교양시민이 늘어나고 국가가 발전하며 긍정에너지·인성·창의력·협업력이 높아져 4차 산업혁명을 선도하는 최상의 선진국이 된다.

유엔보고서가 이를 간접 증명해준다. 이 보고서는 행복한 나라에 가면 나도 행복해짐을 말해준다. 개인의 행복은 그 사회의 행복수준에 맞춰 내려가거나 오른다. 100개국에서 캐나다로 이민 온 사람들, 70개국에서 영국으로 이민 온 타국인들의 행복점수가 캐나다와 영국 자국민들과 비슷한 수준으로 바뀐다.[21]

하버드대 '니컬러스 크리스타키스' 교수와 캘리포니아대 '제임스 파울러' 교수의 '3단계 영향 규칙'도 있다. 3단계 규칙은 행복은 물론 태도와 감정, 행동, 정치적 견해, 음주, 금연의 전파에도 적용된다. 그들은 『행복은 전염된다』에서 친구(1단계), 친구의 친구(2단계), 친구의 친구의 친구(3단계)에게서 나는 직접적 영향을 받는다고 한다. 나 또한 3단계 거리 내의 사람들에게 영향을 준다.

1단계에 있는 사람이 행복할 경우 내가 행복할 확률은 15% 더 높아지고, 2단계의 행복 확산 효과는 10%, 3단계는 6%, 4단계에서는 행복 확산 효과는 사라진다는 것이다.

나의 행복에너지가 3단계까지 영향을 준다면 이를 계량해 보자. 예를 들어 사회적 접촉 대상이 친구 10명, 직장동료 10명, 가족 10명이라면 직접접촉자가 30명이다. 이들이 서로 겹치지 않는다고 가정할 때 $30 \times 30 \times 30 = 27,000$명에게 정도의 차이는 있겠지만 긍정적 감정을 전파시킨다.

더 나아가 그들은 행복감정 전이의 지리적 거리관계도 연구했다. 연구결과(영국의학저널 BMJ 발표 2008. 12. 4)에 의하면 행복감을 느끼는 이웃이 바로 옆에 살면 34%, 행복감을 느끼는 친구가

1.6km(1마일) 안에 살면 25%, 행복감을 느끼는 형제자매가 동일 생활권역에 살면 14% 행복감이 높아진다는 것이다.[22]

이렇게 강점 활용이 일상화된 나의 삶은 나의 발전과 행복을 넘어, 세상의 발전과 세상 사람들에게도 행복을 가져오게 한다. 나의 긍정에너지는 나에게만 머물지 않는다. 가족과 친구 등 사회적 네트워크를 통해 세상에 전파된다. 모두가 행복해진다.

Part 3

세상은
어떤가?

4차 산업혁명, 그게 뭔데?

AI 디지털 플랫폼 세상이다

나는 지금 어떤 세상에 살고 있나? 손끝전쟁시대다. 손끝 하나로 경제·사회·문화 활동 대부분을 처리한다. AI 디지털 플랫폼 세상이다.

1년도 안 돼 '빌보드 200' 차트 1위에 또 다시 올랐다. 최초다. 비틀즈보다 빨랐다. 그 후 한국어 곡으로 '빌보드 싱글' 차트 1위에도 오른다. 처음이다. 2021년에는 빌보드 뮤직 어워즈에서 4관왕에 오르며 최다 수상 기록을 경신한다. 영어권 노랫말이 아닌 노래가 전 세계를 움직이는 미국 주류 팝 시장을 장악한 것이다. BTS 이야기다.

어떻게 가능했을까? 스마트폰이다. 유튜브 등 SNS 디지털플랫폼이다. 전 세계 사람들과 방탄소년단이 초연결 되었다. 그들이 고민하는 꿈과 우정, 사랑, 방황, 사회부조리 등의 한국어 노랫말이 전 세계 팬들의 다양한 언어로 번역되었다. 손끝 하나로 스마트폰을 통해 지구촌으로 옮겨진다.

2007년 스티브 잡스가 스마트폰을 세상에 내놓았다. 우리나라도 2010년 삼성이 갤럭시S를 선보이며 스마트폰 세상이 열렸다. 갑자기 내 손에 슈퍼컴퓨터와 인터넷이 연결됐다. 슈퍼컴퓨터는 국방부나 기상청에나 있었던 보물이다. 전 세계 사람들이 실시간으로 연결된다. 인류의 '생각'을 만드는 경로가 확 바뀐다. 세상이 기하급수적으로 변한다.

인간은 정보를 바탕으로 생각하고, 판단·선택한다. 이를 말과 행동으로 표출한다. 그 정보가 수평적으로 초연결되어 실시간으로 주고받는다. 3만 년 현생인류의 생각을 만드는 경로가 불과 10년 만에 확 바뀐 거다. 빠른 공통의 생각 또는 끼리끼리의 다양한 사고확산이 용이해졌다.

정보독점이 사라졌다. 지상파 TV 방송 시청점유율 10%가 깨졌다. 권력자가 생산 가공한 일방적 정보만 소비하던 대중이 손끝 하나로 정보를 생산하여 공급한다. 시스템권력이 사라졌다. 신문과 TV 등이 대중의 생각을 지배할 수 없게 됐다. 누구나 스마트폰으로 사진과 동영상, 음성 녹음, 글을 카톡·인스타그램·페북·유튜브·밴드·메타버스 등에 올릴 수 있다. 정보 전달 및 공유가 가능하다. 그것도 24시간 실시간으로. 위에서 아래로 하향수직 독점적 일방소통에서, 쌍방향 수평소통으로 바꿨다. 대중이, 소비자가 권력을 쥐었다.

인류의 삶이 디지털 플랫폼으로 옮겨졌다. 손바닥 안에 장터가 선다. 매장에 가지 않는다. 온라인 쇼핑몰에서 언제 어디서나 쇼핑한다. '2021년 발행된 한국인터넷 백서'에 따르면 20대의 인터넷쇼핑몰 이용률이 무려 94.7%다. 뉴욕증권거래소 상장된 쿠팡의 첫날 시가총액이 100조 원을 넘어 세상을 놀라게 했다. 이마트, 롯데, 신세계 등 국내유통 상위 10개 기업 시가총액을 다 합쳐도 1/3에 못 미친다.

당연히 오프라인 백화점과 대형쇼핑몰의 매출이 떨어진다. 적자점포가 생긴다. 미국에선 유통산업 상징인 126년 역사의 백화점 체인 '시어스'가 무너진다. 유럽에서도 100년이 넘은 백화점들이 파산신청을 한다. 우리나라도 마찬가지다. 필자 동네 양주시의 유통 대기업인 롯데마트가 폐점했다. 오프라인 대형쇼핑몰이 업태변경 등 구조조정을 검토한다. 유통업의 대변환을 예고한다.

스마트폰 앱은 만능이다. 버스나 지하철 등 대중교통의 실시간 이동 경로 확인, 공연티켓 예매, 내비게이션, 영화·음악 감상, 금융, 중고품거래 등 모든 경제·사회·문화생활을 가능하게 한다. 24시간 손끝 터치로 이루어지는 금융업무처리로 2021년 6개월 동안에만 5대 시중은행에서 총 2,628명이 조기 퇴직했다. 3040세대로 희망퇴직연령도 낮아졌다.[23)]

대신 점포가 없는 인터넷은행이 생긴다. 카카오뱅크는 개설된 지 6년쯤 됐다. 예·적금과 대출 등 일반은행업무를 다 한다. 국내 대표 은행인 KB국민은행은 설립된 지 60년이 되어간다. 전국적인 점포망이 있다. 이 두 은행의 시가총액은? 카카오뱅크가 훨씬 많았다. 최근 경영진의 먹튀논란으로 반 토막 났는데도 KB국민은행과 비슷하다.(2022. 3월 기준) 무엇을 의미하는가?

코로나 팬데믹으로 사무시스템이 스마트 워킹smart working으로 전환된다. 자료수집과 보고서 작성, 문서공유 및 자료관리, 비대면회의 등 실시간 의사결정까지 온라인으로 해결한다.

하루에도 수백 개의 앱이 새로 만들어지고 있다. 사물·생체인터넷과 연결된다. 설계·개발, 제조 및 유통·물류 등 제품 생산과정인 산업에도 적용된다. 집안 전등이나 가전제품을 제어하거나, 빌딩 냉난방 기계 및 전기설비의 운용관리도 가능하다. 손끝 하나로 모든 게 해결된다. 4차 산업혁명이다.

산업혁명? 생산수단과 생산방식의 급격한 변화다. 1~4차, 네 번째다. 산업방식이 바뀌면 어떻게 될까? 일자리가 변한다. 인간의 삶과 생존에 직접 영향을 미친다. 연쇄적으로 경제, 사회, 정치, 문화 등의 변동성으로 인간 생태계의 판이 혁명적으로 바뀐다. 소통수단도 달라진다. 산업혁명의 개념과 영향을 간략하게 알아보자.

수렵채집 원시시대에는 사람 자체가 동력이었다. 필요한 물건을 '사람'이 직접 만들었다. 정착농경을 하면서부터 소·말 등 '동물'을 이용한다. '말(언어)과 행동'으로만 소통한다.

18세기 '증기'가 발명된다. 사람과 동물이 만들던 동력을 기계가 대신한다. 방직 기계화 등 '기계생산' 방식이 도입된다. 증기 자동차·기관차가 동물(말, 馬)을 대신한다. [1차 산업혁명]이다.

가내 수공업이 기계로 바뀐다. 집에서 옷감을 짜던 사람들은 졸지에 실업자가 된다. 또는 공장에 나가 저임금의 장시간 근로에 내팽개친다. 교통수단인 마차의 퇴장으로 마부들도 일자리를 잃기 시작한다. 농업사회가 경공업사회로 바뀌어간다. 농민들이 도시 공장 노동자가 된다. 신흥자본가와 프롤레타리아 노동자계급이 형성된다. 신흥자본가는 새로운 정치세력으로 부상한다. 열악한 근로환경에 기계파괴운동(러다이트 운동)이 일어난다. 노동조합이 생긴다. 자본가에게 부와 권력이 편중된다. 생산수단을 국가나 사회가 소유해야 한다는 사회주의 사상이 확산된다.

인쇄기계 도입으로 소통수단은 인쇄물(책, 신문 등)로 확장된다. 지식과 정보가 대중화되기 시작한다. 귀족·왕족정치가 무너진다. 정치혁명으로 이어진다.

[2차 산업혁명]은 19~20세기 초반에 '전기' 발명으로 시작된다. 컨베이어 벨트에 따른 '대량생산' 방식이 도입된다. 미국 헨리 포드는 컨베이어 벨트 방식 대량생산의 표준을 만든다. 자동차 산업에 혁명을 불러온다. 자동차 대중화 시대를 연다. 포드 자동차 '모델 T'는 기존자동차 가격의 1/3 수준으로 공급된다.

1900년과 1913년 부활절 아침, 뉴욕 중심지 5번가의 사진풍경 비교가 혁명적이다. 1900년에는 말과 마차행렬 속에 단 1대의 자동차만 겨우 보인다. 13년 후 사진엔 마차가 1대도 없다.

대신 '모델 T' 자동차가 거리를 가득 메운다.

자동차 증가는 도로망 확충과 운송수단 확장으로 이어진다. 자원의 원활한 공급과 배송 등 물류혁신이 일어난다. 생활 기기들까지 소품종 소량생산에서 규격화 대량생산시대를 연다. 생산성 혁명은 근로자 임금향상으로 이어진다. 대량생산 대량소비로 물질적 풍요를 누린다.

하지만 공장근로자들은 단순 반복적 노동에 시달린다. 사람들도, 교육도 규격화 평준화된다. 전기발명은 발전기와 강철제조 기술발전으로 이어진다. 전기와 석유 등의 새로운 동력으로 경공업에서 중화학공업으로 전환된다. 자본주의 고도화로 독점자본주의 단계에 이른다. 소통수단이 전화기·라디오·TV로 쏠린다.

20세기 후반 '컴퓨터 및 인터넷web'에 의한 정보화혁명으로 [3차 산업혁명] 시대가 온다. 온라인시대가 열린다. 김대중 정부가 들어서면서 체신부가 정보통신부로 개편된다. IT_{Information Technology}산업이 획기적으로 발전한다. 수많은 IT기업들이 출현하며 한국은 세계 최고 수준의 IT강국이 된다. 디지털에 의한 '자율생산'이 도입된다.

사무자동화 등의 행정업무가 정보화된다. 주판 및 타자기가 사라진다. 타자수 등 단순사무직 일자리가 없어진다. 필자가 정보통신부 본부에서 근무하던 90년대 중반만 해도 사무실에 타자수가 있었다. LP판과 CD플레이어의 음악 권력은 인터넷 음원으로 넘어간다. 종이문서나 머릿속에 저장하던 자료들이 컴퓨터와 인터넷으로 들어가 데이터베이스가 구축된다. 탈공업화 및 서비스 산업이 발달한다. 컴퓨터와 유선인터넷PC, 문자와 음성 통화의 2G폰으로 소통수단이 대폭 넓어진다.

이 3차 산업혁명의 컴퓨터와 인터넷에다 스마트폰, 인공지능 AI, 블록체인, 메타버스가 더해진다. 컴퓨터에서만 연결되던 인터넷이 사물과 생체에도 연결된다. 사물인터넷 IoT Internet of Things, 생체인터넷 IoBInternet of Biometry이다. 스마트폰과도 연결되면서 스마트폰과 사물·생체인터넷을 통해 데이터가 폭발적으로 늘어난다. 빅데이터다. 빅데이터를 개별 스마트폰이나 서버에 보관 처리가 어려워진다. 이 빅데이터를 담을 클라우드Cloud가 필요하다. 데이터의 종류와 규모가 너무 커져 분석이 점점 어려워진다. 빅데이터 분석을 위해 인공지능 AI가 개발된다. 거기에 중앙집중식 서버나 클라우드 중심의 인터넷망을 벗어난 블록체인이 활성화된다. 가상현실의 메타버스까지 등장했다. 이렇게 21세기 초반인 지금 [4차 산업혁명]이 진행 중이다.

생산수단이 사물인터넷·생체인터넷, 클라우드, 빅데이터, AI, 스마트폰으로의 바뀌었다. 생산방식도 로봇 AI 완전자동화와 공간(온/오프라인)초월로 혁신된다. 기하급수적으로 진행 중이다. 생산통제·관리도 이전에는 사람만이 했다. 이제는 인공지능 AI가 가세한다.

소통수단은? 인쇄물(책, 신문 등), TV, 컴퓨터와 유선인터넷(PC)에서 스마트폰(무선인터넷)에 의한 '초연결 혁명'으로 진화했다. 전

지구촌이 시공간을 초월하여 실시간으로 쌍방향 소통한다.

　문제는 4차 산업혁명이 과거 산업혁명과 비교할 수 없을 정도로 더 혁명적이라는 것이다. 급속도로 인류 삶의 전반적인 변화를 가져오고 있다. 코로나 팬데믹은 비대면 디지털 전환을 앞당겼다. 어떻게 변했는가? 지금 이 순간에도 어떻게 바뀌어가고 있나? 그래서 '위대한 나의 강점과 세상을 어떻게 연결할 것인가?' 나만의 답을 찾아야 한다.

　아직 '4차 산업혁명'의 정의는 학자나 책마다 조금씩 다르다. 그러나 풀어보면 다 비슷한 맥락이다. 필자는 '가상세계의 디지털 기술이 현실세계의 물리적 기술과 융합하고, 생물학적 기술까지 더해져 세상이 혁명적으로 초연결·초지능화·초생명화 되는 것'으로 정의한다. 경제·사회·정치 등 세상이 초연결, 초지능화, 초생명화 되면 어떻게 될까?

디지털 기술이 4차 산업혁명을 이끈다

　먼저 '디지털 기술'을 간략히 살펴보자. 사물인터넷IoT · 생체인터넷IoB, 빅데이터, 클라우드, AI, 스마트폰의 초연결과 초지능화다. 이를 뒷받침하는 5G 통신망, 그리고 새로운 블록체인 기술이다. 개념위주로 쉽게 풀어본다.

첫째, 사물인터넷 loT다. 인터넷은 컴퓨터PC나 스마트폰에서나 가능했다. 이젠 사물에 센서 부착으로 실시간 데이터를 주고받는다. AI 프로그램으로 사물이 알아서 판단한다. 모든 사물이 인터넷과 연결된다. 공장설비에 부착되면 스마트팩토리, 가전제품에 연결되면 스마트홈이다.

사람의 몸에 삽입하거나 착용하면 생체인터넷이다. 손목시계형의 스마트워치나 눈에 삽입하는 스마트 콘택트렌즈가 그 예다. 혈당, 심박동, 혈압, 혈중 산소포화도, 체온, 수면상태 등등의 생체정보를 스스로 측정한다.

5G 상용화로 loT를 넘어 모든 것이 인터넷으로 연결되는 loEInternet of Everything 시대로 접어들고 있다.

둘째, 빅데이터는 사물·생체인터넷, PC, 스마트폰 등으로 주고받아 수집된 자료들이다. 인터넷 검색내용, SNS에서 오고 간 문자·사진·영상과 이에 대한 댓글 등 대화내용, 온라인 쇼핑내역, 카드·간편결제 내용, 교통정보, 건강·신체정보 등등이 모두 빅데이터다. 정량 데이터뿐만 아니라 비계량 이미지, 영상 등의 정성定性적 데이터도 빅데이터로 활용된다.

빅데이터 자체가 돈이고 권력이다. 이 정보창고인 빅데이터에서 개인별, 성별, 세대별, 지역별, 산업별 트렌드를 분석하여 맞춤형서비스가 개발된다. 애플, 아마존, MS, 구글, 페이스북, 텐센트 등 전 세계 시가총액 최상위 기업들 대부분이 빅데이터를 보유한 플랫폼기업인 이유다.

셋째, 클라우드다. 구름이란 뜻이다. 수증기가 응결되어 생긴 물방울이 모인 게 구름이다. 데이터 정보가 모이는 곳이 클라우드다. 전에는 자료를 개인별 컴퓨터PC나 USBUniversal Serial Bus(이동식 기억장치), 기업별·기관별 서버에 각각 보관했다.

스마트폰에 사물·생체인터넷까지 실시간 초연결되어 데이터가 폭발적으로 늘어난다. 스마트폰이나 개인컴퓨터 등 기기나 플랫폼기업 서버에 보관하기엔 역부족이다. 한곳에 모아 관리 운용하는 게 효율적이다.

아마존, MS, 구글, 알리바바 등이 클라우드 사업에 뛰어들었다. 아마존은 주력이 온라인 유통이지만 'AWSAmazon Web Services' 클라우드 서비스도 시장점유율 1위다. MS는 우리가 흔히 접하는 PC 운영체제 '윈도우즈'나 사무용 소프트웨어 'MS오피스'가 주력사업이 아니다. 클라우드 서비스 '애저Azure'다. 시장점유율 2위다.

넷째, 인공지능 AI다. 빅데이터를 활용해야 한다. 데이터가 대규모이고, 종류도 다양, 실시간 변동성도 커져서 전통적인 컴퓨터 프로그램으로는 분석에 한계가 있다. 인공지능 AI가 등장한 이유다.

AI가 빅데이터를 분석하여 맞춤서비스를 제공한다. 스스로 학습하며 진화한다. 소프트웨어가 학습능력, 추론능력, 지각능력, 자연언어 이해능력, 이론증명 능력 등 인간의 지적능력을 가진 것이다. 소프트웨어가 스스로 데이터를 반복 학습하여 소프트웨어까지 개발한다. 데이터를 기반으로 각 정보 간 상대적 관계를 파악 이해하여 추론한다. 영상 상황을 이해하는 시각지능, 음성과 글자 등 자연어를 이해하고, 합성·요약·통역번역 등 언어·청각지능도 갖춘다. 컴퓨터가 인간의 지능적인 행동을 모방할 수 있도록 하는 거다.

우리가 처음 AI를 접한 것은 2016년 알파고와 이세돌의 바둑 대결이다. 알파고는 구글의 딥마인드가 개발한 AI 바둑 소프트웨어다. 이젠 AI가 소설을 쓰고, 스포츠신문 기사도 쓴다. 야구 심판도 보고, 작곡도 하고, 인사채용 면접도 한다.

'AI스피커'도 생활 속으로 들어왔다. 소파에 앉아 말로 이야기하면 다 알아서 한다. TV와 전등을 켜고 끄고, 날씨도 알려주고, 음악 감상에 유튜브 검색 및 실행까지 한다. 생필품도 주문하고 결제까지 도와준다.

동물도 미약하나마 지능은 가지고 있다. 인간이 동물과 다른 것은 의식이 있기 때문이다. 인간의 높은 지능은 발달된 의식과 함께 작동해왔다. 이제 의식은 없지만 지능이 인간보다 높은 비의식적 알고리즘인 인공지능이 현실화됐다.

다섯째, 모바일 스마트폰은 모두 휴대하고 있다. 인터넷이 연결된 슈퍼컴퓨터가 내 손안에 있다. 나와 하나가 됐다. 나의 생각을 만드는 경로가 바뀌었다. 언제 어디서나 나와 함께한다. 내 소리를 전달하고 분석한다. 내 생각을 읽고 말과 행동을 예측한다. 다양한 앱으로 새로운 인간 생태계를 만들어 간다. 각종 플랫폼을 통해 나를 세상과 초연결시킨다.

5G 상용화로 AI까지 내 손에 들어왔다. 수많은 정보들이 초연결되고 AI의 분석 학습으로 개인 맞춤형 서비스를 제공한다. 스마트홈·시티·팩토리와 자율주행차 등의 기기들을 통제 운용하는 허브역할을 한다. 말 그대로 진정한 '스마트'폰이 되어 간다.

위 다섯 가지 핵심디지털기술들은 어떻게 연결 융합되어 새로운 가치를 만들어 낼까? 우리의 삶과 같다.

'나는 어떻게 살아가나?'를 살펴보자. 매일 매일 판단과 선택을 하며 살아간다. 어떻게?

① 오감(시각, 후각, 미각, 청각, 촉각)으로 정보를 수집하고, ② 수집된 정보는 머리(뇌)에 저장되어 생각 분석한 후 그 결과를 바탕으로 예측하여, ③ 상황에 맞추어 말과 행동으로 가치를 창출한다. ④ 이러한 말과 행동의 결과는 본능(자동)적으로 ①②③을 최적화시켜 나간다. 이 과정이 선순환되며 살아가는 것이다.

디지털 기술도 마찬가지다. ① 데이터 수집 → ② 저장·분석·예측 → ③ 맞춤서비스·활용·가치창출 → ④ 연결·융합의 최적화가 이루어진다. 이 과정이 지속적 선순환된다.

좀 더 상세히 보자. 각종 사물(생체)인터넷과 스마트폰 등으로부터 ① 빅데이터가 수집되고, 그 데이터들은 ② 클라우드 등에 저장된다. 저장된 빅데이터는 각종 소프트웨어와 알고리즘 등 ② AI가 분석하고 예측한다. 분석 예측된 내용을 바탕으로 사람별·상황별 맞춤형 서비스를 제공함으로써 ③ 새로운 가치를 창출시킨다. 창출되어 활용된 결과는 다시 사물·생체인터넷 등 수집매체로 피드백 되어 인터넷과 연결된 모든 ④ 장치·기기를 개선·최적화시키며 선순환한다. 결국 핵심 플레이어는 빅데이터와 AI 인공지능이다.

나와 똑같다. 나도 공부, 독서, 여행, 일, 사람들과의 관계, SNS 등을 통해 축적된 빅데이터와 나의 분석 및 예측지능이 유기적으로 연결되어 삶의 가치를 창출해간다.

'위대한 나를 찾아라.'에서 언급한 나의 강점을 활성화하는 과정과 같다. 다양한 분야를 경험하며 연결시켜, 더 많은 빅데이터를 축적하고 이를 활용, 최적화함으로써 강점의 가치를 높여가는 거다.

그래서 4차 산업혁명의 핵심은 '현실세계 ① 오프라인의 빅데이터를 모아, 가상세계인 ② 온라인에서 초지능화 분석 및 예측으로, 현실세계에 ③ 맞춤·예측서비스를 제공하고, 이를 지속적으로 ④ 최적화함으로써 더 나은 세상을 만들어 가는 것이다. O2OOnline to Offline 온라인과 오프라인의 연결, 온라인과 오프라인의 융합이다. 초연결이다.

이를 공장 생산과정에 활용되면 '스마트팩토리'가 된다. 가정의 가전제품 등에 연결되어 제어되면 '스마트홈'이다. 도시의 도로·주차장·건축물 등등에 적용하면 '스마트시티', 농작물 재배 등 농업에 이용하면 '스마트팜', 기업 등 직장 사무실에 사용되면 '스마트워크', 의료 등 건강관련 시스템에 활용되면 '스마트헬스'가 된다.

여섯째, 4차 산업혁명의 핵심인 '온라인과 오프라인의 초연결 융합'의 전제조건이 있다. 통신망의 뒷받침이다. 5G5th generation mobile communications 상용화다.

음성통화만 했던 1G, 문자가 더해진 2G, 사진과 동영상 등 멀티미디어 정보까지 주고받을 수 있는 3G를 거쳐, 2011년 4G LTE시대가 열렸다. 진화될수록 전송속도와 반응속도가 빨라진다. 4G로 유튜브 등 1인 미디어가 활성화되었다.

5G는 어떻게 다를까?

① 초고속 전송속도다. 한 번에 지나갈 수 있는 데이터의 크기다. 대용량도 빠르게 업로드·다운로드 된다. ② 초저지연의 응답 속도다. 데이터가 오고, 가는 데 걸리는 시간이다. ①, ②로 자연스럽게 동시접속 기기수가 대폭 늘어나 ③ 초연결이 10배 이상 더 많은 기기로 확대된다.

5G의 전송속도는 4G LTE에 비해 20배 초고속이다. 20배? 2GB 영화 한 편을 내려 받는 데 16초 걸리던 것이 0.8초면 가능하다. 마음속으로 '하나', '둘' … '열여섯'을 세어본다. 이젠 '하나'를 세기 전에 끝난다.

응답 속도는 약 1/10 수준, 즉 10배 이상 빨리 반응한다. 무인자율주행자동차는 센서에서 수집된 데이터에 대한 반응속도가 교통사고 방지의 핵심이다. 자동제동장치 반응이 1초만 늦으면 시속 60㎞ 주행 차는 16.6미터를 지나친다. 많은 양의 데이터를 중앙 서버나 클라우드와 끊임없이 주고받아야 하는 자율주행자동차와 사물인터넷 등은 5G 상용화가 전제조건이다.

5G 상용화는 세상을 혁명적으로 바꾸고 있다. 무인자율주행차에 로봇과 드론, 증강현실 AR_{Augmented Reality}·가상현실 VR_{Virtual Reality}에 VR과 AR을 아우르는 혼합현실 MR_{Mixed Reality}에 메타버스_{Metaverse}까지 고도화되고 있다. 가능한 모든 기기가 인터넷으로 연결된다. 가정의 TV·냉장고·세탁기 등의 가전제품, 자동차, 공장설비, 빌딩설비, 도시시설 등 우리 삶과 연결된 생태계 가치사슬 전체가 센서에 의한 사물인터넷과 AI, 그리고 클라우드로 연결된다. 우리 경제 사회는 어떻게 변할까? 강점 활성화를 해야 하는 나의 삶에 어떤 영향을 미칠까?

일곱째, 4차 산업혁명 시대 디지털 핵심기술로 부상한 것이 '블록체인'이다. '비트코인' 등 가상화폐 열풍으로 이를 구현하는 블록체인이 덜 부각됐다. 손가락(가상화폐)이 달(블록체인)을 가리키는데 우리는 손가락만 보았다.

코로나 팬데믹은 비대면 온택트_{ontact} 디지털경제를 앞당겼다. 그런데 걸림돌이 있다. 거래의 핵심은 신뢰다. 3가지가 담보되어야 한다. 거래자의 신원증명, 상품 또는 서비스의 소유권 증명, 거래상품의 원산지 등 품질과 유통단계의 투명성 증명이다.

인터넷 디지털기반에서는 허위정보에 의한 사기, 위조 등에 취약하다. 일부 가능한 부분도 있지만 각각을 연결하여 인증하기 어려운 구조다. 이를 해소하는 게 블록체인이다.

이미 2018년 세계경제포럼(다보스 포럼)은 블록체인에 집중했다. '무라트 손메즈' 세계경제포럼 4차 산업혁명 센터장은 "블록체인은 지난 20여 년간 인터넷이 세상에 미친 영향보다 더 큰 변혁을 가져올 잠재력이 있다"며 블록체인 기술이 구현할 초연결·탈중앙화 파장을 강조했다. 블록체인은 글로벌 플랫폼이고 보안성이 강한데다, 정부나 중앙집권적 기관이 컨트롤 할 수 없다는데서 그 잠재력이 크다.

좀 쉽게 풀어보자. 기존의 인터넷은 각각의 컴퓨터(개인 PC, 노트북, 스마트폰 등)가 중앙집권적인 서버나 클라우드 등을 중심으로 연결되어 가동된다. 네이버, 카카오, 구글, 페이스북, 유튜브, 인스타그램, 아마존, 우버 등을 통한 검색·SNS·거래·게임 등의 정보는 해당 앱을 통해 그 기업 서버나 클라우드 플랫폼에 모두 모인다. 그 빅데이터를 분석·예측 활용하여 무궁무진한 새로운 사업모델을 만들어 낸다. 내 데이터의 주인은? 내가 아니다. 플랫폼기업이다.

돈·주식·채권 등 금융거래와 부동산 매매의 경우에도 은행, 증권거래소, 금융결제원이나 등기소와 같은 제3의 신뢰기관 인증을 통해 거래되고 그 정보는 그 곳에 모여든다. 모두 중앙 집중 형태다.

블록체인은? 분산형이다. 개인 등 각각이 생성·거래한 데이터는 참여자 각각의 컴퓨터 기기에 분산 저장된다. 알고리즘을 통해 즉, 인터넷 투표로 50% 이상 다수 참여자가 그 거래를 인정하면 블록이 만들어진다. 블록은 10분 주기로 생성된다. 이렇게 거래 기록이 블록을 만들어 참여자들이 신뢰성을 검증한 후, 이 블록이 이전 블록에 연결되면서 블록과 블록이 체인 형태로 연결된다. 핵심이 분산장부+인터넷 투표 기능이다. 블록체인은 기존 인터넷에 버금가는 새로운 웹 생태계를 창출한다. 어떻게?

기존 인터넷 방식의 중앙집중식이 아니므로 ① 보안성이 강하다. 인터넷망은 해킹으로 서버접근이 가능하다. 정보의 변형이나 삭제도 일어날 수 있다. 블록체인은 거래 정보를 다수 참여자가 공동소유하여 각각 분산 관리하니, 각각의 50%가 넘는 컴퓨터에 모두 침투하여 자료를 변형시키거나 정보를 빼가는 것은 불가능하다. 일부 컴퓨터가 해킹으로 정보가 변형 또는 삭제되어도 나머지 다수 참여자의 정보는 그대로 있어 언제나 안전하다.

안전하니 자연스럽게 ② 탈중개성이 생긴다. 정부기관이나 은행 등 신뢰기관 인증 없이 거래가 가능하다. 탈중앙화가 가속화된다.

모든 거래정보를 공동공개 관리하니 ③ 투명성이 높다. 거래기록이 투명하게 공개되니 이력추적, 본인인증, 결제 등 다양한 서비스가 자연스럽게 가능해지며 ④ 확장성이 커진다.

불록체인 활용도는 무궁무진하다. 이미 전 세계적인 가상화폐 거래, 전자신분증 등은 상용화되었다. 운전면허에서 금융거래, 의료, 공공서비스 등 모든 분야에서 인증서로 활용된다.

'루이비통' 등 명품 브랜드들도 블록체인에 올라탔다. 명품 업계의 최대 골칫덩이인 짝퉁 방지를 위함이다. 미 MIT 공과대학에서는 2017년 블록체인 졸업증명서를 발급했다. 포항공과대학 포스텍에서도 2020년에 국내 첫 블록체인 졸업장을 발행했다. 위변조 방지책이다.

한국조폐공사에서도 블록체인 플랫폼을 선보였다. 소비자들은 이 플랫폼을 통해 지방자치단체나 공공기관 등에서 발행하는 지역 화폐나 온라인 상품권을 거래할 수 있다.

블록체인 기반 모바일 운전면허증 시스템도 구축됐다. 운전면허증을 휴대할 필요가 없다. 2022. 1월부터 스마트폰에 발급받아 보관할 수 있다. 사용 이력은 나만 확인할 수 있도록 내 스마트폰에 저장된다. 중앙 서버에는 저장되지 않는다.

코로나 팬데믹으로 블록체인 기반의 '백신여권'도 주목받았다. 백신 접종을 완료했다. 질병관리청 Coov(쿠브) 앱으로 '본인인증증명서'와 '코로나 19 예방접종증명서'를 발급받는다. 블록체인 기반이다. 터치 하나로 사용언어를 변경하면 세계 각국에서 사용가능하다. 여권번호와도 연동된다.

이외에도 모바일 전자투표, 국가 간 원산지 증명, 부동산 등 상거래에서도 적용 가능하다. 정치·경제·사회 모든 영역에 블록체인 기술이 활용될 것이다. 아니 활용되고 있다.

이는 자연스럽게 디지털 플랫폼기업의 독과점 제어 기능을 할 것이다. 4차 산업혁명세상이 블록체인에 주목하는 이유다. 플랫폼기업이 수수료, 광고수입 등을 다 가져간다. 플랫폼기업으로 빅데이터가 집중되고, 이에 따라 AI에 의한 학습데이터도 독점하고 있다. 양극화, 불평등을 초래한다. 또한 블로그·페북·유튜브·인스타그램 등 SNS 플랫폼에 기록된 나의 글, 사진 등 콘텐츠는 내 것이 아니다. 게임아이템 등도 마찬가지다. 해당 플랫폼기업 서버나 클라우드에 저장되어 그 기업이 파산하면 없어진다.

블록체인 기반으로 SNS, 전자상거래, 게임, 동영상 서비스, 금융, 부동산 매매, 스마트 시티 등등이 활용된다면? 블록체인 참가자들에게 수익이 골고루 나눠진다. 안전하다. 내 게임아이템·글과 사진 등 콘텐츠는 영원히 내 것이다. 대대손손 후손들이 이어받는다. 블록체인 기반 전자상거래 'OpenBazaar', 블로그 기능의 '스팀 잇', 유튜브 형태의 'DTube'가 이미 활성화되고 있다.

그래서 웹Web 3.0시대다. 초창기 인터넷은 웹1.0이다. 일반 대중은 웹을 통해 신문이나 방송, 논문 등 웹에 오른 제한된 정보만을 일방적으로 받는 구조였다. 이후 지금처럼 스마트폰 등 각종 디바이스와 디지털 플랫폼 연결을 통해 나와 너 누구나 정보를 만들어 올리며 참여하고 공유·개방하는 쌍방향의 웹2.0시대가 열렸다. 그럼에도 대중은 운영주체가 아니다. 플랫폼이 모든 것을 통제한다. 모든 정보의 주인은 플랫폼기업이다.

웹3.0은? 대중이 운영주체다. 정보의 주인이 나다. 내가 콘텐츠 소유주다. 탈중앙화다. 여기가 끝이 아니다. '이더리움' 기반 NFT로 나만의 창작 콘텐츠를 갤러리 등 중개자 없이 개인 간 거래까지 한다.

이더리움? '비트코인'에 이어 두 번째로 시가총액이 큰 가상화폐다. 블록체인 기반으로 거래내역을 저장하는 것은 비트코인과 같다. 이더리움은 이에 더해 컴퓨터 프로그램 코드까지 저장할 수 있게 업그레이드하여 가치를 높였다. '디앱Dapp'이다.

애플에 기존 인터넷기반 애플리케이션 콘텐츠 장터 '앱스토어'
가 있다면, 블록체인 기반의 이더리움에는 디앱이 있는 것이다.
내가 개발한 게임 앱을 앱스토어에도 디앱에도 올릴 수 있다. 블
록체인에서는 게임아이템도 진정한 내 것이 된다. 고양이 육성
게임인 '크립토키티즈CryptoKitties'가 그 예다. 지금 이 순간에도
디앱에 앱들이 등재되고 있다. 디앱에 올라온 앱들은 탈중앙화
된 블록체인 기반이므로 영구히 보존된다. '댑레이더DappRader'에
들어가 보면 디앱 목록들이 뜬다.

디지털 기술 발전이 물리적 기술 혁명으로 이어진다

4차 산업혁명시대, 디지털 기술발전은 현실세계의 물리적 기
술로 융합·연결되어 우리 곁에 나타났다. 무인자율주행차, 로
봇, 드론, 증강현실AR·가상현실VR·혼합현실MR·메타버스, 3D
프린터, 신소재 등이 그것이다. 지금도 기하급수적 변혁을 지속
하고 있다.

물리적 기술 중 가장 관심을 끄는 기술은 자율주행자동차다.
운전을 AI 컴퓨터가 한다. 차량에 장착된 각종 센서에 의해 도
로 상황 등 관련 데이터들이 클라우드에 쌓이고, AI는 이를 분
석 예측하여 실시간으로 자동차로 보낸다. 차량은 각종 센서를
통해 실시간 도로 상황을 파악하고, 클라우드 정보로 학습된 AI

가 핸들을 돌리고 가속페달과 브레이크를 밟고 방향지시등을 켜고 끄며, 전진 후진 등을 스스로 한다. 바퀴달린 AI 로봇이다.

자율주행차가 고도화되면 완전무인자동차가 된다. 택시, 트럭, 버스에 운전기사가 없어진다. 어찌될까? 자동차 강국 독일에서는 2022년 중에 일반도로에서 완전자율주행 차량을 운행할 수 있게 될 전망이다. 운전자가 없는 무인차량 운행을 허가하는 법률 제정 작업을 진행하고 있다. 지금은 안전요원이 탑승한 자율주행 시험만 허용하고 있다.

서울 상암동 자율주행자동차 시범운행지구에서는 자율주행택시가 시범운행 중이다. 2022년 중으로 청계천변을 순환하는 무료 자율주행 버스도 운행한다. 2035년쯤이면 도로를 달리는 차량의 75%가 자율주행자동차가 될 거라는 전망이다.[24] 지역별로 차이가 있지만 개인택시 면허 가격이 1억 원이 넘는다. 지금 그 돈을 주고 새로이 개인택시를 시작하는 게 바른 선택일까?

4차 산업혁명에서 '로봇'은 빼놓을 수 없는 존재다. 인천공항에 가면 '에어스타'라는 안내 로봇이 있다. 안내와 에스코트까지 해 준다. 출국장 혼잡도, 탑승정보, 게이트 등 각종 공항 정보를 실시간으로 안내한다. 노인과 임신부, 장애인 등 교통약자를 위한 실내용 자율주행 전동차와 짐을 나르는 카트 로봇도 있다.

이제 로봇은 영화에만 나오는 존재가 아니다. 산업생산현장, 의료수술, 안내·판매·청소서비스 등등 우리 삶과 함께하고 있다. 제조공장 등 산업용 로봇으로 시작한 로봇은 코로나 팬데

믹 비대면으로 배송, 서빙, 푸드 등 외식 유통 분야까지 활성화
됐다. 바리스타 로봇, 셰프 로봇, 배달 로봇, 돌봄 로봇, 방역 로
봇, 경비 로봇 등은 이미 활동 중이다. 일자리지도를 새로 그려
가고 있다.

로봇은 결코 혼자 스스로 움직이지 않는다. 클라우드와 연결
되어 AI 알고리즘으로 말하고 행동한다. 아직은 초기 단계이지
만 선순환하며 스스로 최적화한다.

드론은 헬리콥터 날개를 가진 무인비행기다. 조종은 무선전파
로 한다. 카메라, 센서, 통신시스템 등이 탑재되어 있다.

코로나 팬데믹으로 비대면 드론 배달이 급증했다. 코로나로
등교를 못 하는 학생들에게 학교도서관의 책을 드론으로 배달한
다. 미국 버지니아주 소도시 크리스천스버그의 한 중학교에서
구글이 시행한 서비스다.

우리나라에서도 택배 및 우편배달 시범서비스, 볍씨 뿌리기와
농약 살포 등 영농, 고공 촬영, 공기질 측정, 조난자 구조, 산불
감시, 스마트 교통, 군사용 등 용도가 다양하다. 소형은 온오프
라인 쇼핑몰에서도 구입할 수 있다. 수년 후면 드론택시가 시범
운영될 것이다.

증강현실AR과 가상현실VR도 우리 곁에 왔다. 수년 전 '포켓몬
고'가 선풍적인 인기를 끌었다. 증강현실이다. 현실 배경에 3차
원의 가상 이미지나 정보를 겹쳐서 보여주는 기술이다. 내가 지

금 있는 현실공간에서 스마트폰을 통해 여기저기 출몰하는 포켓몬 캐릭터를 잡는 아주 초보적인 AR을 활용한 게임이었다.

가상현실은 나를 포함한 모든 환경이 100% 가상현실로 바뀌는 것이다. VR HMDHead Mounted Display(머리 착용 디스플레이)를 통해 가상공간임에도 실제 상황에 내가 함께하는 것처럼 느낀다. 의대생들은 해부용 시신이 없어도 수술 및 해부연습을 한다. 의료현장의 실제 수술에서도 VR을 통해 사전 모의 수술을 해봄으로써 수술 성공률을 높인다.

이제는 메타버스다. AR·VR을 합친 혼합현실MR을 통칭하는 확장현실XR 서비스다. 가상현실 기기나 증강현실 글라스 같은 장비를 착용하지 않아도 가상환경을 체험할 수 있다. 아바타를 활용해 가상현실 속에서 실제 현실과 같은 경제·사회·문화적 활동을 한다. 강연, 공연, 포럼, 교육, 의료, 마케팅, 산업, 항공, 군사 등 모든 분야에서 AR·VR·MR, 메타버스 활용도는 무궁무진하다.

3D 프린팅three dimensional printing은 말 그대로 3차원의 프린팅이다. 일반적인 프린트는 평면 종이에 프린팅 된다. 3D 프린팅은 입체물이 프린터기에서 나온다. 총기, 인공뼈, 의류, 차량 등등 소재만 가능하고 설계도만 있으면 누구나 만들 수 있다.

최근 TV를 보다가 '3D 프린터로 지은 집 사세요'라는 자막을 보고 놀랐다. 미국 뉴욕에서 3D 프린팅으로 시공된 주택이 부동산 시장에 등장했다는 뉴스다. 3D 프린팅으로 집도 짓는다는 뉴스는 간간히 접했다. 하지만 부동산 시장에 매물로도 나왔다는 이야기는 처음이다.

세계적인 유명 의류브랜드 자라Zara의 창업주 '아만시오 오르데가'는 "자라의 경쟁자는 '3D프린터'다. 앞으로 의류회사는 디자인만을 팔 것"이라 했다. 디자인을 인터넷에 올리면 소비자 또는 패션의류매장에서는 3D 프린팅으로 프린트하면 된다.

물론 3D 프린팅은 신소재 공급이 관건이다. 우리나라에서도 인공 가슴뼈를 3D 프린팅으로 만들어 수술에 적용했다. 인체에 무해하면서도 사람 뼈보다 단단하지만 더 가볍고 부러지지 않는 순수 티타늄을 활용한다.

화학과 첨단소재부품의 신소재는 위에서 언급한 자율주행차, 로봇, 드론, 3D 프린팅 등을 실현시키는 토대이다. 첨단 신소재는 사물·생체인터넷 등 각종 스마트 기기를 소형화시키고 컴퓨팅 기술 등 각종 하드웨어 기기의 성능을 획기적으로 개선시킨다.

쉬운 예로 반도체를 보자. 그간 반도체는 인간의 삶을 혁명적으로 변화시켰다. 컴퓨터·스마트폰 등 첨단장비와 전자제품 대부분의 성능향상의 핵심은 반도체이다.

자동차에는 스마트폰보다 수백 배 많은 반도체 부품이 쓰인다. 자동차는 '바퀴 달린 데이터센터'가 된다. 스마트폰은 평균 10~50개 반도체 부품이 쓰이지만, 자율주행차는 1,000~2,000개 이상 반도체 부품이 들어간다.[25] 5G로 각 사물과 연결되어 폭발적으로 늘어나는 데이터를 처리하기 위해서다.

태양광, 풍력발전 등의 신재생에너지 기술발전도 패널 등 관련 첨단소재의 발전 덕이다. 문제는 전기 저장이다. 폭염이나 한파가 계속되면 전기가 모자라 비상이 걸린다. 에너지 저장에 한계가 있기 때문이다. 배터리 기술 향상으로 전기저장량을 대폭 늘려야 한다. 이를 위해서는 신소재 개발이 절실하다. 아직까지는 신소재 개발에 긴 시간이 요구됐다.

그러나 4차 산업혁명의 디지털 기술 발전은 이를 기하급수적으로 단축시킬 것이다. 디지털 기술 자체 내에서의 융합·초연결·초지능화와 물리적 기술과의 융합·초연결·초지능화의 기하급수적 발달은 이를 가능하게 한다.

예를 들자면 다양한 신소재와 불록체인 기술의 연계 결합이다. 전 세계적으로 신뢰할 수 있는 소재 공급과 활용 기록을 블록체인으로 연결한 글로벌 데이터베이스 구축이 가능해진다.[26] 이 빅데이터는 AI로 분석하여 새로운 소재 개발을 촉진시킨다.

이러한 자율주행차, 로봇과 드론, 증강현실AR·가상현실VR·혼합현실XR·메타버스, 3D 프린터, 신소재 등의 물리적 기술 혁명은 우리 정치, 경제, 사회분야를 어떻게 변화시킬까? 우리 삶에 긍정적 효과를 줄까? 아니면 부정적 영향을 미칠까? 나에게 기회일까? 위협일까?

생물학적 기술혁명은 초생명화를 부른다

4차 산업혁명세상, 디지털 기술과 물리적 기술의 융합과 초연결은 생물학적 기술혁명으로 이어진다. 지속적으로 선순환된다. 아직까지의 1, 2, 3차 산업혁명은 인간 외부에 관한 혁명이었다. 4차 산업혁명은 다르다. 인간 신체와 마음 등 인간자체 혁명을 가져오고 있다. 초생명화다. 유전학, 유전공학, 합성생물학, 바이오Bio 프린팅, 신경기술 등이 그것이다. 지금도 기하급수적 변혁을 지속하고 있다.

먼저, '유전학'을 살펴보자. 흉악범죄가 일어났다. 물증은 머리카락 또는 담배꽁초뿐이다. 범인이 잡힌다. 유전자DNA검사 덕이다. 30년 넘는 미제사건이었던 화성연쇄살인범도 DNA로 용의자가 밝혀진다. TV드라마에서도 친자여부 확인을 위해 유전자 검사하는 장면이 나온다.

사람 등 모든 생물은 유전자로 구성되어 있다. 나와 너의 차이, 나와 다른 생명체와의 차이를 만들어내는 게 유전자다. 유전자는 부모로부터 물려받는다.

미국의 유명 여배우 '안젤리나 졸리'가 암에 걸리지 않았음에도 유방과 난소를 제거해서 화제가 되었다. 그녀의 어머니와 이모, 외할머니가 각각 유방암과 난소암 등으로 사망했고, 유전자 검사에서 유방암 난소암 유전자 변이가 확인되었기 때문이다.

유전자의 전체 염기 서열, 즉 유전자 전체를 합한 것이 유전체 또는 게놈genome이라 한다. 2003년 인류역사상 최대 사건이 발생한다. 바로 인간의 모든 유전자 정보를 담은 인간게놈 지도가 완성된 것이다. 인간 생명의 설계도를 그려낸 것이다. 게놈 지도를 판독하면 언제, 어떤 질병에 걸릴 확률이 높은지, 언제까지 살 수 있는지 추정할 수 있다. 문제는 비용이었다.

게놈 연구에 의한 유전학은 디지털 기술혁명에 힘입어 기하급수적으로 발전 중이다. 전 세계 병원, 제약회사, 연구소 등에 축적된 임상 샘플과 이를 통해 얻어지는 다양한 유전자 빅데이터가 디지털 기술로 연결 융합(① 데이터 수집 → ② 저장·분석·예측 → ③ 맞춤·활용·가치창출 → ④ 최적화·선순환)한다. 개인정보 보호 등 보안을 위해 블록체인 기술과 연계 결합한다. 신뢰할 수 있는 유전자 데이터를 전 세계가 블록체인으로 연결한 글로벌 데이터베이스 구축이 가능해진다.

2003년 당시 처음 게놈 지도가 밝혀졌을 때에는 수십억 원의 천문학적인 비용이 소요되었다. 하지만 최근 2~3년 사이에 디지털 기술의 혁신적 발전은 약 100만 원 정도면 개인별 유전정보를 분석할 수 있게 되었다.

정기건강검진을 위해 병원에 갔다. 접수대에서 개인별 질병 예측을 하는 '유전체분석서비스' 홍보물이 눈에 띄었다. 유전체 분석 검사항목으로 간암, 위암 등 16개 질병을 표시했다. 어차피 건강검진을 위해서 채혈하는 김에 5개 항목을 신청했다. 비용도 10만 원 남짓으로 저렴했다. 결과는 1주 후에 나왔다.

23앤드미andMe 미국 유전자 검사업체로부터 온라인으로 주문한 용기가 배달된다. 받아든 용기에 침을 뱉은 뒤 밀봉해서 회송한다. 6~8주 후 유방암이 발병할 수 있는 위험에 대한 분석이 담긴 보고서가 배달된다. 스마트폰 등 온라인을 통해 확인도 가능하다.[27] 그 결과를 통해 내가 걸릴 수 있는 질병 목록, 대머리에서 실명에 이르는 90여 가지 형질과 상태에 관한 유전적 인자들이 있는지도 알게 된다.[28]

현재의 기하급수적 기술혁신이라면 몇 년 이내에 몇 만 원 정도면 나의 게놈 지도를 손에 쥘 수 있다. 유전자 빅데이터와 디지털 기술의 연결융합 가속도로 유전자 특성에 맞춘 맞춤형 질병치료의 정확성이 높아진다. 암 등 질병으로 사람이 잘 죽지 않는다.

더 나아가 지구상의 150만 종 모든 동식물의 유전자지도를 10년 내 완성한다는 '지구 바이오게놈 프로젝트'가 전 세계 과학자들이 참여하는 가운데 이미 시작됐다.[29] 모든 동식물의 유전자 지도가 완성되면 인간에게 유용하게 활용할 수 있다. 인간에게 축복이다. 반대의 경우는? 재앙이다.

한 걸음 더 들어가 '유전공학'을 보자. 사람이나 생물의 유전자를 수정·편집하여 변경하는 것이다. 색종이를 가위질하여 새로운 다른 그림을 그리듯이 유전체를 가위질하여 유전자 지도를 바꾼다. 생명유전자 설계도를 수정하는 것이다.

그 사람에게 결함이 있는 유전자를 온전한 유전자로 바꿔준다. 유전자 효소를 강화하거나 약화시킴으로써 유전적 질병을 치료한다. 정상 유전자를 주입시켜 환자를 회복시킨다. 환자의 면역 세포를 분리해, 면역 세포가 암세포를 잘 공격하도록 변형시키거나 활성화하여 환자에게 다시 주입한다. 환자의 암세포에 대한 면역 기능을 강화시켜 암 치료도 가능해진다.

식물분야의 농업에서는 토감(열매: 토마토, 뿌리: 감자), 무추(뿌리: 무, 몸체줄기: 배추) 등과 같은 작물을 만들어 생산성을 높인다. 병충해와 기후에 보다 강한 작물을 만든다. 축산업에서는 성장이 일반 가축보다 빠르고 큰 슈퍼가축들이 나온다. 의약용으로 인간에게 필요한 단백질, 호르몬 등을 생산하는 가축도 만들어 낼 수 있다.

좀 더 들어가 현존하는 생물의 구성요소나 그 체계를 모방·변형하여 현재 존재하지 않는 새로운 생물을 만들어 내는 '합성생물학'을 알아보자. 말 그대로 합성 가공하여 새로운 생물을 만들어 내는 거다.

디지털 기술 혁신으로 인간게놈을 비롯한 수많은 생물체의 유전자가 규명되면서 유전자 관련 빅데이터도 기하급수적으로 증가한다. 빅데이터는 AI를 통해 분석 검증된다. 1995년 180만 염기쌍으로 구성된 미생물 총 유전체를 최초로 밝혀낸 이래, 불과 20여 년이 지난 현재 한 해에만 수천 종의 미생물 유전체가 밝혀지고 있다.[30]

이에 따라 유전자 합성 및 분석비용은 대폭 감소한다. 당연히 새로운 유전자를 디자인 → 합성 → 검증 → 수정하는 선순환주기가 혁신적으로 빨라진다. 새로운 생명 시스템을 구축하는 합성생물학 발전이 가속화된다. 그 결과 세계경제포럼에서는 '합성생물학'이 생명공학 및 융합산업 전반에 파급돼 4차 산업혁명 시대 바이오경제의 핵심 프레임이 될 것이라고 예고했다.

이미 미생물 등을 이용한 '바이오연료'가 만들어진다. 식품·화장품·의약 산업에 활용할 수 있는 다양한 고부가 가치의 화학물질 생성이 가능해진다. 식물·미생물·동물 등의 생물체와 음식쓰레기·축산폐기물 등을 합성 가공해 만든 '바이오연료'는 기존 화석연료보다 이산화탄소가 적게 배출되는 신재생에너지다. 대한항공 제트유로가 2017년 이 바이오연료 5%를 혼합한 연료로 14시간 동안 미국 시카고~인천을 비행한 바 있는데, 2022년에는 프랑스 파리~인천 정기편에 이 연료를 본격 사용한다.[31]

합성생물학과 관련하여 또 다른 이슈는 '바이오센서'와 '바이오칩'이다. 과학기술정보통신부 직할 출연 연구기관 나노종합기술원은 다양한 질병을 손쉽게 진단할 수 있는 모듈형 나노바이오센서·칩을 이미 개발했다.

생물학적 기술과 4차 산업혁명의 물리적 기술이 융합되어 최근 실용화되고 있는 게 '바이오Bio 프린팅'이다. 바이오 3D 프린팅으로 피부와 뼈는 물론 심근, 간, 망막, 혈관 등 구조적으로 더 복잡하고 치밀한 인공장기를 재생할 수 있다.

중앙대병원에서 3D 프린터로 만든 인공 흉곽을 뼈에 악성종양이 생긴 50대 환자에게 이식하는 데 성공했다는 뉴스를 접한

지가 수년 전이다. 바이오 3D프린팅은 환자 개인의 체형과 생물학적 특성에 맞춰 거의 유사하게 생성할 수 있다는 장점이 있다.

과학기술 특성화 대학인 '울산과학기술원'에서도 토끼의 연골세포와 생분해성 플라스틱 등을 섞어 3D 프린터로 귀 모양의 연골을 출력했다. 이를 생쥐에 이식한 결과 연골 조직은 두 달 뒤에도 정상적으로 기능했다. 주변 혈관이 귀 모양 연골 조직으로 뻗쳤다. 이는 귀 연골 조직 내부에 미세 통로를 만들어 영양물질과 산소가 공급될 수 있도록 설계했기 때문이다.

4차 산업혁명 '생물학적 기술'의 백미는 '신경기술'이다. 뇌 자체와 뇌와 연결된 척수 등 신경계에 변형을 주는 기술이다. 디지털 기술 혁신은 뇌 속의 화학 및 전자 신호를 측정, 분석, 독해, 시각화해준다.

사지가 마비된 사람들은 글도 못 쓰고 말도 못 하는 경우가 많다. 소통이 불가능하다. 이젠 아니다. 미국 스탠퍼드대를 포함한 연구팀이 생각을 문자로 바꿔주는 기술을 개발했다. 일반인이 스마트폰으로 문자메시지를 입력하는 속도로 문자 메시지 의사소통을 할 수 있다. 마음속으로 글자를 쓰면, 뇌에 심어놓은 센서가 이 신호를 받아 AI에 전해주고, AI는 이를 해석해 컴퓨터 화면에 글자를 띄워준다. [32]

이렇게 사람의 생각과 마음을 읽을 수 있다. 꿈과 기억을 녹화하거나 재생할 수 있다. 뇌의 관련 부위를 자극해 사랑, 분노, 두려움, 우울 등 복잡한 감정을 일으키거나 없앨 수 있다. 인간의 생화학적 구조를 조작하는 것이다. 몸과 마음을 재설계한다. 늙지 않고 영원히 죽지 않을 수도 있다.

생각의 힘만으로 컴퓨터를 켜고 끄고 클릭할 수도 있다. '마음을 읽는' 전기헬멧을 쓰면 가전제품을 원격 조정할 수도 있다. 침실에서 거실의 불을 끄려고 굳이 피곤한 몸을 일으켜 나갈 필요가 없다. 헬멧을 쓰고 상상하기만 하면 된다. 헬멧은 두피를 통해 뇌에서 나오는 전기신호를 읽고 작동된다.

우울증 환자도 치료한다. 환자의 뇌에 전극을 이식하고, 그 전극을 가슴에 이식한 소형컴퓨터와 연결시킨 후, 뇌에 이식된 전극이 컴퓨터 명령을 받으면 뇌에 전류를 내보내 우울증에 관여하는 뇌 영역을 마비시켜 우울증을 치료한다.[33]

신경기술은 생명의 본질을 결정짓는 것이다. 개인의 정체성을 흔든다. 4차 산업혁명의 그 어떤 기술보다 사회적, 국제적 협력과 합의가 요구되는 분야다.

그러나 이미 디지털 기술과 첨단 신소재의 혁신, 생물학적 기술 혁명은 신의 영역을 침범하는 데 이르렀다. '유발 하라리'는 『호모 데우스』에서 인간은 노화와 죽음을 극복함으로써 인류를 신으로 업그레이드하고 '호모 사피엔스'를 '호모 데우스'로 바꾸는 목표를 향해 나간다며 우려를 표했다.

유전학과 생물학의 혁명적 발전은 우리 정치, 경제, 사회를 어떻게 변화시킬까? 유전자, 호르몬체계, 뇌 구조까지 조작한 결과는 무엇일까? 유토피아일까? 디스토피아일까? 위대한 나의 삶에 어떤 영향을 미칠까? 우리는 무엇을 준비해야 할까?

2
4차 산업혁명이
세상을 어떻게 바꿔가고 있는가?

4차 산업혁명을 '가상세계의 디지털 기술과 현실세계의 물리적 기술이 융합하고, 생물학적 기술까지 더해져 세상이 혁명적으로 초연결·초지능화·초생명화 되는 것'이라고 정의했다.

세상이 초연결·초지능화·초생명화가 된다? 아직 그림이 그려지지 않는다. 4차 산업혁명이 나와 나의 가족, 그리고 우리 삶의 터전을 어떻게 바꿨고, 바꿔가고 있는지 나의 강점과 약점을 대입하며 알아보자.

4차 산업혁명에 의한 세상변화를 살펴보면 6가지로 구분할 수 있다.

① 스마트폰 등 각종 디바이스와 플랫폼의 초연결을 통한 〈공유경제·구독경제·가상현실·온택트사회〉

② AI 인공지능에 의한 제품과 서비스의 〈초지능화 사회〉

③ 유전공학, 합성생물학 및 신경기술 등에 의한 인간 자체의 변환을 가져오는 〈초생명화 사회〉

④ 위 ①②③에 의한 사람과 사람, 제품과 서비스, 대기업과 스타트업, 기술과 기술, 기계와 사람, 산업과 산업, 온라인과 오프라인, 가상과 현실의 〈융합·협업사회〉

⑤ 위 ①②③④에 따른 공개와 개방, P2P_{peer to peer} 개인과 개인의 직접 연결·거래와 커뮤니티 활성화, 팬덤·크라우드_{crowd} 군중의 출현, 블록체인 등에 의한 〈제도권의 주도권 상실과 탈중앙화 사회〉

⑥ 위 ①②③④⑤의 기하급수적 변화에 의한 〈파괴적 혁신 사회〉

로 요약할 수 있다. 차례대로 살펴보자.

초연결 플랫폼의
공유경제 · 구독경제 · 가상현실 · 온택트사회

스마트폰 등 각종 디바이스와 플랫폼의 초연결은 공유경제, 구독경제, 가상현실세상, 온택트사회를 만들었다.

첫째, 공유경제다. '우버'는 택시회사다. 그런데 택시가 없다. '에어비앤비'는 숙박전문회사다. 그러나 호텔 등 부동산이 없다. 설립된 지 10여 년 된 신생 기업들이다. 그런데 우버 시가총액은 코로나에도 불구하고 85조 원(2022. 3월 기준)이다. 현대자동차보다 약 2배 많다. 에어비앤비의 시가총액은 127조 원이다. 세계적인 점포망을 가진 힐튼은 50조 원이다. 이런 폭발적인 성장이 어떻게 가능했을까? 스마트폰 초연결이다. 플랫폼 공유경제이다.

우버엑스는 신고 등록된 택시가 아니다. 개인 차량으로 영업이 가능하다. 차량을 공유하는 거다. 탑승자는 자기가 선택한 비용으로 편리하고 안전하게 이동목적을 달성한다. 운전자는 자신의 차량을 활용하여 수입을 얻는다. 우버는 탑승자와 운전자를 연결해주는 플랫폼을 통해 수수료를 챙긴다. 삼자 모두 이익이다.

에어비앤비는? 개인 집을 숙소로 공유하는 거다. 집의 남는 공간을 에어비앤비 플랫폼에 등록하여 전 세계인을 대상으로 숙박수입을 얻는다. 여행객은 스스로 선택한 숙박비로, 자기가 원하는 숙소에서 숙박을 한다. 에어비앤비는 디지털 플랫폼을 통해 숙박자와 집 주인을 연결해주고 수수료를 얻는다. 이 역시 삼자 모두 혜택이 주어진다.

스마트폰과 앱(플랫폼)에 의한 실시간 초연결은 일상 속에 있다. '카카오T'는 어떤가? 앱만 깔면 일반택시, 고급(모범)택시, 대리운전, 주차장 이용, 내비게이션까지 모두 이용할 수 있다. 이용과 결제가 편리하고 효율적이다.

세상 모든 물건이 거래되는 곳이 있다. 중국의 '알리바바'다. 알리바바의 주력사업은 전자상거래다. 알리바바의 B2C(기업과 소비자 거래) 플랫폼인 '티몰'은 브랜드 상품위주로 입점되어 있다. 소매업 쇼핑몰이다. 소매인데 물건을 진열하여 파는 점포가 없다. 상품의 재고도 없다.

그럼에도 매출은 상상을 초월한다. 광군光棍(홀아비나 독신남, 또는 애인이 없는 사람을 뜻함)제, 매년 11월 11일 독신자를 위한 대대적 할인 행사를 한다. 광군제 10주년 행사에서 단 하루 매출액이 34조7000억 원에 달했다.

이 또한 스마트폰과 플랫폼이 초연결된 결과다. 제품을 매장에 진열 않고 판매원 배치도 없이 온라인 플랫폼을 통해 판매한다. 알리바바는 플랫폼을 통해 소비자와 제품업체를 초연결해주고 수수료 수입을 얻는다. 전 세계 시가총액 상위그룹에 포진한다.

세계 최대 콘텐츠 SNS기업인 '페이스북(메타)'은? 콘텐츠 업체임에도 콘텐츠를 생산하지 않는다. 약 30억 명의 가입자가 페이스북이라는 플랫폼에 자기 이야기를 올린다. 친구가 추천되거나 연결되어 소통한다.

페이스북의 사업모델은? 광고다. 플랫폼을 만들어 소통하게 하면서 중간 중간에 광고를 넣는다. 나의 글이나 댓글 등 빅데이터를 분석하여 내가 관심을 갖는 제품이나 서비스 광고를 노출시킨다. 부동산 공유경제 컨퍼런스에 다녀온 후 그 느낌을 페북에 올린다. 며칠 만에 위워크WeWork의 게시물이 뜬다. 난 당연히 그 광고를 열어본다. 내용이 새롭고 내게 가치를 전달해주니 '좋아요'를 누른다. 그럼 페북친구들 중에 공유경제에 관심이 있을 듯한 친구들에게 '민의식 님 외 〇〇명이 위워크를 좋아합니다.'라고 전파된다. 사용자가 30억 명이므로 광고효과가 크다. 이야기 나눌 플랫폼을 깔아주고 수입을 얻는다. 2004년 개설되었다. 지속적으로 전 세계 시가총액 10위 내에 포진하고 있다. 2021년 메타로 회사명을 바꿨다.

지금까지 거론한 글로벌 기업들의 특징이 무엇일까? 첫째, 기존시장을 파고들지 않는다. 플랫폼을 통해 새로운 시장을 창조한다. 둘째, 자기자산으로 사업하지 않는다. 플랫폼을 기반으로 외부자산과 자원을 활용한다. 외부자산을 공유하는 거다. 산업사회 사업모델과는 반대다.

좀 더 들어가 보자. 공유되고 초연결 되는 사용자는 점점 많아진다. 많아질수록 서비스의 한계비용이 줄어든다. 한계비용체감의 법칙이다. 그러다가 임계점을 넘으면 한계비용이 0이 된다. 플랫폼 소유자는 추가비용 없이 수익을 창출한다. 결국 플랫폼의 경쟁력은 사용자 수다.

초연결＝플랫폼경제＝공유경제＝한계비용제로사회는 같은 맥락이다. 불과 10여 년 만에 이루어진 거다. 모두가 이익이 되는 포지티브 섬positive-sum이다.

그 결과는 전 세계 시가총액 기업 순위 5위에서 나타난다. 플랫폼 기업이 4개(2022. 3월 기준. 애플, 마이크로소프트, 아마존, 구글)다. 모두 스마트폰과 플랫폼으로 실시간 연결되는 사업모델이다.

우리나라도 플랫폼 공유모델은 다양하다. 자동차뿐만 아니라 자전거, 장난감, 반려견, 사무실, 주거용 집, 주방, 미용실 등 무궁무진하다.

서울 지역 대학에 합격했다. 방을 구해야 한다. '직방' 앱에 들어간다. 지역 또는 지하철역명을 치면 지도와 함께 주변의 가격별 원룸, 오피스텔, 아파트, 빌라 등 주거용 집이 사진과 함께 뜬다. 말 그대로 직방으로 방을 구할 수 있다. 집주인 ─ 직방(플랫폼)-세입자가 초연결된다.

가족여행이나 출장을 가야 한다. 숙소나 파티장소를 미리 예약해야 한다. '야놀자' 앱을 열면 된다. 모텔, 호텔, 펜션, 빌라, 리조트, 파티룸 등을 원하는 가격에 다양한 유형을 보며 예약할 수 있다. 여행자-야놀자(플랫폼)-숙소 주인이 초연결된다.

늦은 밤 치킨과 맥주가 먹고 싶다. '배달의 민족' 앱을 열면 원스톱으로 해결된다. 식당-배달의 민족(플랫폼)＝라이더(배달 오토바이)-이용자가 초연결된다. 식당에서는 배달 홍보를 위한 인터넷사이트나 배달장비, 인력을 운영할 필요가 없다. '배달의 민족' 앱에 등재하면 된다.

'소유'보다는 '사용'의 공유경제 확산은 2030세대를 파고든다. '소유'보다는 '연결'과 '접속'의 네트워킹을 통한 '경험과 공유'에 익숙하다. 콘텐츠, 가치와 경험을 중시한다. 주목할 점이 2030세대의 경제활동 인구가 계속 늘어나고 있다는 거다. 인구통계에 따르면 2030년에는 경제인구의 50% 이상을 차지한다. 공유오피스, 셰어하우스, 문화공간공유가 폭발적으로 활성화되고 있다. 사무실이나 주거용 집, 세미나실·파티룸·연습실 등의 문화공간을 공동으로 사용하는 거다.

공유오피스를 알아보자. 4차 산업혁명시대에 대규모 사무공간이 필요 없다. 신생 벤처기업인 1~10인의 소규모 스타트업과 1인 기업, 그리고 프리랜서가 점점 늘어난다.

그러나 오피스 임대사무실 공급은 기존 산업사회 패러다임으로 대형면적 위주다. 소규모 사무공간도 인터넷, 사무비품 등 사무실 인프라를 별도로 꾸며야 한다. 가성비가 안 맞다. 2030 세대들은 업무공간이 개방되고 창조적인 카페 분위기 사무실을 원한다.

이에 전문업체들이 빌딩 전체, 또는 일부 층을 임대받아 공유오피스로 꾸민다. 임차인은 노트북 하나만 들고 가면 그곳이 자기 사무실이 된다. 와이파이 등 유무선 인터넷, 프린터기·팩스·스캔 기능의 복합기, 회의실 등 사무환경은 물론 커피 머신 등 카페 같은 휴게 공간, 편의시설 등을 공유하여 사용한다.

이미 미국계 공유오피스 업체인 '위워크WeWork'와 토종 공유오피스 업체인 '패스트파이브FASTFIVE'가 성업 중이다. 해당 앱에 들어가 위치를 선택하고 직원 수만 입력하면 다양한 사무공간과 사용료, 편의시설을 한눈에 볼 수 있다.

이제 업무공간은 단순한 일의 터전을 넘어 경험의 공간으로 발전한다. 전문가들은 5년 안에 전체 사무공간의 20%가 공유오피스로 바뀔 것으로 예상한다. 실제 뉴욕과 런던에서 위워크는 기업이 최대 임차인이다.

또한 공유오피스는 단순히 사무공간 공유를 넘어서 스타트업 창업과 기업 간 협업을 지원하는 커뮤니티로 진화하고 있다. 위워크는 커뮤니티 운영에 주력한다. 전 세계 멤버들과 소통·협력을 지원하고 다양한 이벤트로 채용과 협업을 위한 네트워킹 기회를 제공한다.

셰어하우스도 마찬가지다. 방은 개인공간으로 혼자 사용한다. 나머지 주방, 거실, 욕실, 세탁실 등은 공유다.

2030세대 사회 초년생 1인 가구로서의 가성비가 좋다. 목돈의 부담이 없다. 보증금이 보통 월세 2달치다. 원룸이나 오피스텔에 비해 월세도 저렴하다. 거기다가 젊은 세대의 감각에 맞는 주거환경을 갖췄다. 깨끗하고 세련된 인테리어, 풀 옵션 가구와 가전이 배치되어 있다. 독서·학습용 서재, 공부방을 갖춘 곳도 있다. 심지어 외부인도 이용할 수 있는 카페까지 마련해 사람들 간에 교류를 북돋는 환경을 제공하기도 한다.

가심비 또한 좋다. 취미나 직업, 성별, 비슷한 취향을 가진 사람끼리 모여 살 수 있어 함께 사는 즐거움을 준다. 거주용 집과 함께 사는 사람도 선택할 수 있다. 맞춤형이다. 창업이나 스타트업 관련자들이 모여 사는 곳, 반려동물과 함께 생활하는 곳, 미술 등 예술 동호인을 위한 곳, 여성 작가 지망생을 위한 전용, 여성만을 위한 전용 또는 외국인 전용 셰어하우스 등으로 특화되어 있다. 관심사가 같은 사람들끼리 커뮤니티 구성이 가능하면서 창업과 협업 커뮤니티로 진화 중이다.

도심 속의 건물 빈 공간 또는 지하실, 옥상 등도 2030세대들의 문화공간으로 떠오른다. 친구들과 생일축하 또는 송년파티를 하려 한다. 집은 그렇고 식당은 통째로 빌리지 않는 한 우리들만의 공간이 아니다. 자유롭지 않다. '스페이스 클라우드Space Cloud'에 접속한다. 파티룸의 세부사진, 지도와 주소, 시간당 사용료,

시설안내, 사용 시 주의사항, 이용자 후기 등을 확인하고 예약 또는 결제하면 된다. 파티의 콘셉트에 맞춰 서양풍 또는 한국식 분위기의 공간을 고를 수도 있고, 음식을 직접 조리할 수 있다.

아이돌을 꿈꾼다. 친구들과 시간을 맞춰 연습을 해야 한다. 지하공간 연습실에서 소음규제 없이 마음껏 원하는 시간만큼 연습이 가능하다. 그 외에도 크리에이터의 방송, 스타트업 등의 아이디어 회의 또는 워크숍, 대학생의 팀 스터디, 독서모임 등 복합문화공간도 펼쳐져 있다.

이용자 – 스페이스 클라우드(플랫폼) = 운영자 – 부동산 주인이 연결되는 구조다. 도심 속의 유휴공간을 가치 있는 커뮤니티와 네트워크 협력 공간으로 변환시킨다.

둘째, 구독경제 출현이다. 코로나 팬데믹으로 물리적 오프라인 공유경제가 주춤하는 사이 폭발적인 성장기에 접어들었다. 일정액을 내면 원하는 제품이나 서비스를 일정기간 동안 제공받는 거다. 소유 → 공유 → 구독으로 경제 패러다임이 진화중이다.

구독시장은 크게 세 가지 모델이 있다. 무제한형, 정기배송형, 렌탈형이다.[34]

무제한형은 월정료 등 정기이용료를 내고 영화, 음악, 전자책 등의 스트리밍 플랫폼을 이용하는 거다. 대표모델이 넷플릭스, 멜론, 밀리의 서재다.

정기배송형은 정기이용료를 지불한 후 식료품이나 생필품 등을 지정된 날짜에 지정된 장소로 배송 받는 서비스다. 쿠팡의 로

켓 배송이 그 예다. '로켓와우'를 통해 1만 2천여 종의 생필품을 정기 구독할 수 있다.

끝으로 렌탈형은 말 그대로 정해진 기간 동안 빌려 쓰는 서비스다. 디지털 플랫폼 경제 이전부터 정착된 시장이다. 정수기, 비데, 안마의자 등 가전제품이 그 예다. 최근에는 자동차를 렌탈하는 '현대 셀렉션'이 MZ세대 등에서 인기가 높다.

네이버와 카카오도 정기구독 서비스를 시작했다. 네이버는 '스마트스토어'에서, 카카오는 카카오톡을 활용한 '구독온ON'을 출시했다. 스마트스토어에서 정기구독을 클릭하여 배송주기·이용횟수·배송희망일 등을 선택, 신청하면 반복구매 생필품이나 주기적 교체가 요구되는 제품을 저렴하게 정기 구입할 수 있다.

카카오톡-카카오구독ON에서는 우유, 커피, 샴푸, 김치, 건강음료, 꽃다발 등 상품뿐만 아니라 청소, 세탁 등의 서비스도 할인가로 구독할 수 있다. 여기가 끝이 아니다. 공기청정기, 정수기 등 LG전자제품도 렌탈 정기구독이 가능하다.

구글, 애플, MS, 아마존 등의 글로벌 플랫폼 기업도 구독시장 전쟁을 벌인다. 애플은 애플 뮤직(음악 스트리밍 서비스), 애플아이클라우드(클라우드 서비스), 애플TV⁺(온라인 동영상 OTT서비스), 애플아케이드(게임) 등을 모두 통합한 '애플 원' 콘텐츠 구독서비스를 제공한다.

이에 맞서 구글은 새로운 스마트폰인 '픽셀6'를 출시하면서 광고 없이 영상을 볼 수 있는 유튜브 프리미엄, 200기가바이트의 구글 원(클라우드 서비스), 구글플레이패스(유료 게임·콘텐츠) 등을 함께 구독할 수 있는 '픽셀 패스'를 선보였다.

2023년이면 제품이나 서비스판매기업의 75%가 구독서비스를 제공할 것이라는 게 IT전문 시장조사 및 컨설팅기관 가트너Gartner의 전망이다.

셋째, 가상현실의 새로운 세상이 생겼다. 가상현실의 메타버스 플랫폼에서 내가 아바타가 되어 살아간다. 경제·사회·문화적 활동을 한다.

내가 집에 있음에도 BTS의 공연을 현장에서 보는 것과 똑같이 열광된 분위기로 관람할 수 있다. 또 다른 아바타인 내가 공연현장에 가 있는 것이다. 더 나아가 그 공연현장에서 실제 관람하고 있는 관객과의 실시간 상호작용도 가능하다. '포트나이트'에서 진행한 미국 '트래비스 스콧'의 아바타 콘서트에 1,230만 명이 동시 접속했다. 누적 관람자가 2,770만 명이다.

순천향대학교는 입학식을 메타버스로 거행했고, 건국대학교에서는 코로나로 대면 축제가 불가능해지자 봄 축제를 메타버스로 진행했다. 캠퍼스를 메타버스 속으로 옮겨 학생들은 가상현실에서 축제를 즐겼다. 한림대의료원은 메타버스 '게더타운'에 어린이화상병원을 개원했다.

더 나아가 최근 블록체인기반의 NFT가 가상현실 메타버스에 올라탔다. 새로운 경제생태계를 만들어간다. 가상부동산, 예술작품, 유통, 게임, 엔터테인먼트 등 전 산업의 신경제를 창출하고 있다.

디지털 아티스트 '비플'의 NFT 콜라주 작품이 2021년 3월 크리스트 경매에서 830억 원에 거래되어 세상이 놀랬다. 네이버 메타버스 플랫폼인 '제페토'에서는 아바타의 옷, 귀걸이, 모자 등 아이템이 거래된다. 크리에이터 '렌지'는 의상디자인으로 제페토에서 월 1,500만 원의 수익을 냈다. '로블록스'에서는 누구나 게임을 만들어 올려 수익을 창출할 수 있다. 2020년에만 억대 소득을 거둔 사람이 300명이 넘는다는 뉴스다.

넷째, 코로나 팬데믹은 4차 산업혁명의 비대면 언택트를 넘어 온택트ontact 사회로 진화시켰다. 전시회나 공연도 온라인으로 즐긴다. 세계적으로 수요가 급증한 플랫폼 줌Zoom 등이 뜬다. 조찬포럼, 독서모임 등이 온라인으로 전환됐다. 동시카메라와 동시화면을 사용하여 재택근무, 화상회의, 온라인 수업, 줌 독서모임 등 비대면 사회를 촉진한다. 최근에는 메타버스의 스페이셜, 게더타운 등도 활성화된다.

기타 아마존, 알리바바, 쿠팡 등 전자상거래, 무인점포, 무인카페, 롯데리아 등 패스트푸드점 무인주문기 등 언택트는 일상이 되었다.

제품과 서비스 등의 초지능화 사회

4차 산업혁명이 3차 산업혁명과 구별되는 대표적인 기술은?

스마트폰, 인공지능, 블록체인, 그리고 생물학적 생명기술이라
했다. 특히, AI는 단순 신기술 개념을 넘어선다. 4차 산업혁명
의 핵심동력이다. 증기는 1차, 전기가 2차, 인터넷이 3차 산업
혁명을 이끌었듯이, 인공지능이 4차 산업혁명을 이끈다. 산업구
조를 변화시키고 경제·사회·제도의 혁신을 유발한다. 초지능화
사회를 만들어간다.

이는 세 가지가 해결되었기에 가능해졌다. 첫째, 디지털 기술
의 기하급수적 발달로 학습 가능한 양질의 대규모 빅데이터가
모아진다. 둘째, 이를 저장하는 클라우드와 이 빅데이터를 학습
할 수 있는 고속 병렬처리의 고성능 컴퓨팅 자원이 뒷받침되었
다. 셋째, 위 과정을 통해 차별화된 AI 알고리즘 모델이 확보되
었기 때문이다.[35)]

초지능화 사회는 1:1 개인 맞춤서비스, 제품의 서비스화 전
환, 사물의 지능화, 서비스와 업무의 지능화로 나누어진다.

- 1:1 개인 맞춤서비스

어젯밤 뉴스가 궁금하다. 아침에 일어나자마자 스마트폰을 연
다. 확증편향 방지를 위해 진보지, 보수지, 중도지, 경제지, IT
과학지 등 각 언론사가 직접 편집한 11개 신문을 세팅해놓았다.
각 언론사별 4~5개의 헤드라인을 훑고 내려간다. 끝에 가면
'MY뉴스를 보시겠어요?'가 뜬다. 터치한다. 'MY뉴스'다. 나 개
인을 위한 맞춤형 뉴스다. 내가 궁금해하는 기사다.

비트코인 등 가상화폐와 메타버스 열풍이다. 세상을 모니터링

하고 있으니 블록체인과 메타버스에 관심이 많다. 필자 의견을 덧붙여 비트코인·이더리움과 메타버스 관련 글을 네이버 블로그, 밴드, 페북에 몇 차례 올렸다. 그 후 필자 'MY뉴스' 경제 분야에 비트코인과 이더리움 관련 기사가 계속 추천된다. IT과학 분야에서도 블록체인, 메타버스기사가 올라온다. 페북에서도 마찬가지다. 관련 콘텐츠와 홍보물이 중간 중간 뜬다.

필자는 매년 음력 정월대보름날에 40~70세 지역공동체 회장으로 경기도 양주에서 '정월대보름 달집태우기 행사'를 주관해왔다. 소원지를 써서 달집에 매달고, 풍등 날리기, 소원제 지내기, 경기도무형문화재 양주농악 공연을 즐기다가 보름달이 떠오를 때, 달집에 불을 붙여 농악과 함께 달집 주위를 돌며 소원을 비는 전통세시풍습이다. 1,000여 명이 넘는 가족단위 시민들이 전통문화를 체험하고 즐긴다.

문제는 날씨다. 정월보름달이 떠야 한다. 매년 며칠 전부터 보름달이 뜨는지, 몇 시경에 뜨는지를 검색하며 관심을 갖는다. 대보름 전전날 'MY뉴스'에 대보름 날씨 정보가 3개나 올랐다.

어떻게 이게 가능한가? 네이버 검색어, 이메일, 밴드, 블로그, 뉴스기사 및 댓글 클릭내용 등의 빅데이터를 AI모델로 분석했다. 그간 어떤 콘텐츠를 보았는지, 시간이 지나면서 달라진 관심사까지 분석해 자동으로 정보나 기사를 추천해 주는 것이다.

이런 일도 일어난다. 나는 주문을 하지 않았다. 그런데 내가 원하던 상품이 배달된다. 거기에 이런 문구가 붙어있다. '만약 이 상품을 원하시지 않으신다면 반송하세요!' 그런데 나는 반송하지 않고 상품대금을 결제한다. 왜? 내가 사려고 마음먹은 상품이니까.

어떻게 된 걸까? 최근 인터넷쇼핑몰에서 여러 종류의 '시계' 중에서 '삼성 갤럭시 워치 SM-0000'에 매료되어 수차례 상세 검색한 바 있다. 반복 학습하여 생성된 AI 알고리즘은 제품의 검색빈도와 깊이 등으로 볼 때 내가 해당 시계를 구매할 의향이 확실함을 스스로 판단한다. 인터넷쇼핑몰 배송시스템은 이 상품을 자동으로 물류시스템에 연결 등록된 고객주소지로 배송한다. 고객 스마트폰으로 배송내용이 자동으로 통지된다.

이렇게 4차 산업혁명은 상품과 서비스 개발의 프레임을 바꿨다. 이전 산업화시대에는 기술 우선 중심으로 상품과 서비스를 개발했다. 기술발전에 맞춰 제품을 생산한 후 마케팅으로 소비자를 찾았다. 고객의 니즈는 CRMCustomer Relationship Management(고객관계관리)[36] 시스템에 일부 의존했으나 1:1 개인 맞춤형 제품과 서비스에는 한계가 있었다.

이제는 개인별 각 소비자에 맞춘 1:1 제품과 서비스개발 시대다. 제품과 서비스의 지능화다. 기하급수적으로 고도화되고 있다. 빅데이터가 모아지고 이를 바탕으로 AI가 개인고객별 소비자에 맞는 제품과 서비스를 추천하거나 생산한다.

이렇게 AI는 ① 사물인터넷과 스마트폰 등을 통해 숫자, 문자, 이미지, 영상 등의 빅데이터가 모아지면 ② 그 데이터를 베이블링하여 구분과 선별, 결합·변형 등 가공한 후 ③ 가공데이터를 자기 스스로 반복 학습하여 AI모델을 생성한다. (여기서 반복

학습은 기계학습의 머신러닝(machine learning)[37]에서 다층구조 인공신경망을 기반으로 하는 딥 러닝(deep learning)[38]으로 진화했다.) ④ 위와 같이 생성된 AI모델은 1:1 상품추천과 맞춤서비스뿐만 아니라 의료, 안전, 국방, 에너지, 제조, 금융, 법률 등 모든 분야에 활용된다.

- 제품의 서비스화 전환

자동차가 지능화되고 있다. 제품이 서비스로 바뀌는 거다. 출근시간에 쫓긴다. 한파경보다. 자동차 시동을 먼저 걸어야 한다. AI 스피커에게 말한다. "기가지니~! 차 시동 걸어줘" 그리고 잠시 후 "차 히터 틀어줘" 하면 된다. 홈투카Home to Car 서비스다. 퇴근하면서는 자동차 AI 음성인식 시스템으로 집 안의 전등이나 에어컨 등을 작동시킬 수 있다. 카투홈Car to Home 서비스다. 아직은 초기 단계이나 현대기아자동차의 홈투카 카투홈 서비스는 이미 출시되었다.

주행 중에 운전석의 스크린을 손으로 조작하는 것은 위험하다. 음성으로 소통한다. 목적지 검색, 주차장, 맛집 등의 정보를 말로 주고받는다. 음성으로 음악을 재생하고, 카카오톡 메시지도 읽어준다.

자동차 스스로 문제를 진단하고 개선한다. 차량 전반을 모니터링하며 데이터화한다. 차량 구동에 문제가 발견되거나 개선이 요구되면 차량 전체 소프트웨어를 자동 무선통신으로 클라우드와 연결하여 업데이트한다. 차량 정비는 물론 주유, 주차, 소모품 관리 등의 편의성이 높아진다.

제품 자체가 소비자 관심을 받던 시대는 지나갔다. 경쟁제품에 비해 성능이 부족한 제품은 상품화 자체가 안 된다. 이제 고객은 물건을 사는 것이 아니라 서비스를 산다. 승용차를 사는 것은 '안전하고 편리한 이동' 서비스를 사는 거다. 더 나아가 '새로운 시간과 공간'을 사는 거로 바뀌고 있다. 에어컨을 사는 것은 '시원하고 쾌적함'이란 서비스를 사는 거다.

'AI, 이제는 플랫폼이다'란 주제로 열린 국제 컨퍼런스에 참석한 적이 있다. 이 자리에서 현대기아차 ICT 본부장은 현대차의 초연결지능형 자동차 전략을 발표했다. 그때 필자의 눈을 사로잡은 게 있었으니, 바로 현대기아차의 '자체 OS(운영체제) 개발' 운영계획이다.

이젠 자동차도 OS로 구동된다. 진행방향의 교통상황이나 공사 구간뿐만 아니라 뉴스, 음악, 날씨, 스포츠 등 대량 데이터를 클라우드와 연계해 탑승자에게 알려준다. 제네시스 등 일부 차종에 자체 OS를 적용하기 시작했다.

자동차가 이동수단이라는 기존의 프레임이 바뀌는 거다. 자동차가 플랫폼이 된다. 전 세계 도시를 달리는 현대기아차에 의해 수집된 정보는 클라우드 플랫폼에 저장된다. 이 빅데이터는 AI 모델을 통해 운전자 패턴 정보에 기반을 둔 개인화 서비스를 제공한다. 차량 운행상태도 정기적으로 모니터링 한다. 운전자에게 최적의 주행 패턴과 가까운 전기차 충전소 정보, 도로 유실 정보 등도 실시간 제공한다.

자동차에 의해 수집되는 정보는 무궁무진하다. 자동차 내부에서는 탑승인원, 이동거리, 출발지 및 목적지, 듣는 음악, AI 음성 소통내용(검색, 카카오톡 메시지 등), 홈투카 및 카투홈 내역 등의 데이터가 모아진다. 외부에서는 도로, 차선, 날씨, 전후좌우 차량, 교통량, 신호체계, 도로주변 건물 및 간판, 지역별 시기별 보행자 인원 수·의상·표정·연령대·성별 등등이 다 빅데이터로 모아질 것이다. 구글이나 네이버, 페이스북에 버금가는 빅데이터 플랫폼이 된다. 이제 자동차회사는 이동수단을 파는 데가 아니다.

빅데이터의 비즈니스모델은 무궁무진하다. 자본주의 권력이동 순서가 '지주 → 빌주 → 데주'라는 말이 생겼다. 땅 많은 사람에서 빌딩주인으로 바뀌었다가 이제는 데이터를 많이 가진 자가 자본의 권력을 쥔다. 데주가 될 자동차기업은 무엇을 팔까?

여기서 뒤따라오는 질문 "그럼 자율자동차는?" 5G 상용화, ㎝ 단위로 기록된 차선 정밀지도 완성, 자동차 플랫폼기능의 고도화가 이루어지면 자연스럽게 자율주행자동차 시대가 열린다. 택시는 스마트폰으로 이미 예약된 장소로, 자가용은 음성으로 입력된 곳으로 안전하게 나를 데려다준다. 고속도로를 달리는 화물차도 운전자가 없다. 무인자율화물차는 졸음운전의 위험이 없다.

자동차는 이동수단을 넘어선다. 새로운 공간과 시간을 창출한다. 자동차가 음악 감상실, 독서실, 수면실, 화상회의실은 물론 온라인 쇼핑과 예약·결제·송금 등을 하는 생활공간으로 바뀐다. 이동 시간만큼의 새로운 시간도 생긴다. 새로 주어지는 이

시간은 무엇을 의미하나? 나는 이 시간을 어떻게 쓸 것인가?

- 사물의 지능화

시골집에 혼자 살고 계시는 어머니께서 혈압과 당뇨가 있으시다. 매일 시간에 맞춰 약을 드셔야 한다. 자주 잊으신다. 이때 필요한 게 스마트 약통이다. 약을 드실 때가 되면 음악 소리와 함께 약통에서 LED 불빛이 번득인다. 마침 집을 비우셨거나 귀가 어두워 소리를 못 들으셨다면 바로 스마트폰 알람으로 복용을 독촉한다. 그런데도 어머니가 모르신다. 자녀에게 전화가 걸려 간다. 문자와 카톡도 전송된다. 어머니는 약을 거르실 수 없다.

모든 사물의 지능화가 진행 중이다. 사물인터넷이다. 5G 상용화는 모든 것이 인터넷으로 연결되는 세상을 열어가고 있다.

스마트팩토리, 스마트홈, 스마트빌딩, 스마트시티, 스마트팜, 스마트워크, 스마트헬스가 모두 사물의 지능화다. 더 나아가 각각의 시스템별 지능화를 넘어 동일 시스템 간(예: 스마트팩토리와 스마트팩토리)의 연계, 각 시스템 해당 디바이스와 다른 시스템과의 상호연동 및 융합으로 시너지를 더해간다.

예를 들면 스마트헬스의 '스마트워치'는 심장박동, 혈압, 체온 변화 등 건강상태를 실시간으로 병원시스템에 자동 연결시킨다. 이 데이터를 스마트홈 시스템에 연동시켜 퇴근 직전에 내 몸 상태에 맞춰 집안 온도나 습도를 제어한다. 냉장고는 건강상태에 맞춘 식재료를 자동주문·결제하고, 건강식 식단메뉴를 추천한 후 조리법도 스마트폰으로 알려준다.

각 빌딩의 스마트빌딩 시스템은 스마트시티 시스템과 연동하여 건물별 에너지 효율을 넘어 해당도시, 더 나아가 국가전체 전력망 효율화를 가능하게 한다.

스마트홈·스마트빌딩·스마트시티가 연동하고, 여기에 자율주행 지능형자동차가 연계되면 시간과 비용의 효율을 넘어 AI모델에 의한 초지능화사회로 우리의 삶은 획기적으로 편리해진다.

- 서비스와 업무의 지능화

커피가 마시고 싶다. 카페에 들어선다. 종업원이 없다. 로봇만이 자판기 박스기기에 붙어있다. "안녕하십니까? 어서 오세요!" 반갑게 인사를 한다. 5분 전에 스마트폰으로 음성 주문한 따뜻한 아메리카노가 내려지고 있다. 앱 주문으로 기다릴 필요 없이 도착시간에 맞춰 커피가 완성된다. 음성인식 등 인공지능이 탑재된 AI 로봇카페다.[39]

게임에서 사용하던 머리 착용 디스플레이 HMD는 5G 상용화로 새로운 세상을 만들어 간다. 외국 여행 중 갑자기 어지러워 현지병원에 실려 갔다. 우리나라 병원 주치의와 연결된다. 주치의가 가상현실VR·증강현실AR이 만들어 내는 HMD이나 글라스를 장착하고 환자를 진료한다. 급하게 수술이 필요하다. 그곳의 AI로봇을 활용하여 한국 주치의에 의한 원격 수술도 가능해진다.

빌딩이나 공장에 세계 최고 품질의 최신 독일산 기계장비를 설치했다. 에너지 효율뿐만 아니라 성능이 뛰어나다. 문제는 유지보수 서비스와 시간이 흐르면 발생되는 고장수리 업무다. 독일 현지에서 그 기계설비의 전문가가 와야 하나? 아니다. 두 곳 각각에서 기술자들이 VR 글라스를 쓰고 원격 수리나 보수를 할 수 있다.

금융권이나 기업 등에서는 로봇 프로세스 자동화 RPA가 도입되고 있다고 했다. 필자가 36년간 공직업무를 수행하면서 업무 전산화는 정보통신 기술발전에 맞춰 꾸준히 업그레이드되어 왔다. 이제는 AI에 의한 지능화다. 표준화된 단순 반복 업무뿐만 아니라 조직운영의 공통 업무인 인사·노무관리, 재무·회계 등의 경영지원 업무, 금융권의 대출심사나 거래 확인, 회계 점검 등 심사 및 계정처리가 필요한 업무에도 AI 모델에 의한 로봇 소프트웨어로 자동화하는 솔루션이 확산되고 있다.

신문기사 내용이다.

CJ대한통운은 최근 로봇 프로세스 자동화RPA를 물류센터 운영, 수송, 택배, 포워딩, 해외 등 전 사업 분야에 도입, 1차 선정과제 적용 결과 연간 기준 5,600시간의 단순 반복 업무 시간을 절감하는 효과를 거뒀다고 밝혔다.[40]

신한금융투자는 증권업계에서 RPA를 선제적으로 도입한 덕에 업무 전반에 걸쳐 120건의 자동화를 구현했고, 이를 통해 5만 시간 이상을 절감했다.

대표적으로 지난달 자금세탁방지 업무와 관련한 의심거래보고 업무 중

금융사기 항목을 자동화했다. 연간 약 170여 건 발생하고 건당 30분 소요되던 금융사기 의심거래 모니터링과 보고서 작성 업무를 RPA를 통해 자동화함으로써 해당 업무 담당자는 80시간을 아낄 수 있게 됐다.[41]

세계적인 트렌드다. 골드만삭스는 숙련된 애널리스트 15명이 4주 동안 처리할 복잡한 금융 데이터 분석을 단 5분 만에 처리한다는 뉴스를 접한 지 오래다.[42] 이러한 RPA를 적용한 업무 지능화의 효과는 상상을 초월한다. 지적노동이 자동화를 넘어 AI 모델로 지능화되고 있다.

유전공학, 합성생물학 및 신경기술 등에 의한 초생명화 사회

생명체는 진화한다. '찰스 다윈Charles Darwin'은 『종의 기원The Origin of Species』에서 생명체는 자연선택을 통해 진화하다는 진화론을 폈다. 어떤 생명체가 살아남을지는 자연이 선택한다.

생명진화의 3개 축은 ① 유전체 즉 게놈, ② 환경, ③ 형질이다. 부모로부터 태생적으로 받는 유전체가 그 사람의 형질이다. 그러나 살아가며 맞닥뜨린 환경에 적응과 부적응을 반복하며 형질의 변화가 지속적으로 일어난다. 즉 ①+②=③이다. 여기서 ② 환경은 바로 자연이었다. 자연환경에 적응한 종만이 살아남았다. 약육강식이 아니라 적자생존이다. ①은 완전한 상수, ②

는 불완전한 상수다. 유전체는 신이 주신대로, 자연환경도 인간이 거의 어찌할 수가 없었다.

지금은? 앞서 언급한대로 ① 유전체까지 조금씩 변수가 되는 세상이다. 유전체 설계도, 게놈 지도 자체를 바꾼다. 초기 단계이지만 결함 염색체를 수정 편집하는 거다. 희귀병을 안고 태어나는 아기들이 점차 사라질 것이다. ② 환경은 더 변수에 가까워졌다. 인간 스스로 유발시킨 환경오염과 기후변화를 넘어서는 기후위기, 과도한 흡연과 스트레스가 더해진다. 더 나아가 유전체(게놈) 판독과 스마트폰 등 디지털매체에 의한 읽기매체의 변화 등도 ③ 형질(뇌)변이에 가세한다.

디지털매체로의 급속한 읽기변환은 뇌 가소성으로 뇌 구조도 변화시키고 있다. 예전에는 단기기억을 장기기억으로 저장하는 대뇌 안쪽 '해마' 영역을 많이 사용했다. 이 영역이 발달하면 머리 좋은 사람 취급을 받았다. 지금은 정보를 빨리 스캐닝하고, 필요한 정보가 뭔지를 찾아 결합하며, 신속하게 맥락을 이해하는 '전두엽'이 더 활성화되고 있다.[43]

게놈지도 판독은 유전자 특성과 지역, 연령, 성별, 흡연 등 환경요인을 고려한 개인별 맞춤 질병예측 및 맞춤형치료에 기여한다. 피부와 뼈는 물론 장기까지 바이오 3D 프린팅으로 재생한다. 노쇠한 장기는 새것으로 교체한다. 난치병 치료가 가능해지며 수명이 연장된다. '생물학적 기술혁명은 초생명화를 부른다.'에서 알아본 그대로다.

뇌 등 신경생물학의 발달로 앞으로 인간은 늙지 않고 영원히 죽지 않을 수도 있다. 민주적 투표도, 자아를 신성시하는 자유주의도 사라진다. 우리 몸, 마음과 뇌까지도 재설계되어 대체될 수 있기 때문이다. DNA, 호르몬, 뇌구조 등 신경망을 대체하여 늙지도 죽지도 않으며 재능을 가지고 행복하게 신神처럼 살 수 있다. '유발 하라리'는 『호모 데우스』에서 자료와 사례로 이렇게 주장한다.

이를 멈추면 경제가 파탄 나고, 사회가 무너지기 때문에 정치적으로 멈출 수 없다는 논리다. 이제, 인간성humanity, 개인의 자아를 존중하는 인본주의는 막을 내릴 것인가? 파라오가 이집트를 3천 년간 지배할 당시 "파라오가 사라진다."라고 말했다면? 지금은 이를 긍정적 변화로 받아들인다.

인본주의 붕괴와 인간이 신이 되는 것도 이와 같다. 좋은 일일지도 모른다. 문제는 지금 인간이 동물을 가두고 지배하듯이 신이 된 소수의 인간이 대부분의 인간을 지배하는 세상을 어떻게 막느냐이다. 그 선택은 우리에게 달려있다. 이는 뒤에서 다룬다.

융합과 협업사회

이전에는 산업별로 또는 제품별로 독립적인 생산 유통이 가능했다. 경쟁력이 있었다. 지금은? 위에서 살펴본 대로 플랫폼을 통한 초연결·공유·구독경제·가상현실사회는 빅데이터, AI에 의한 제품과 서비스 등의 초지능화 사회를 넘어, 유전학·유전공학·합성생물학 및 신경기술에 의한 인간자체 변화를 가져오는 초생명화사회로 진입을 시작했다. 어떻게? 융합과 협업의 결과다. 지금도 기하급수적으로 진행 중이다.

이에 따라 제품과 서비스, 대기업과 스타트업, 기술과 기술, 기술과 산업, 산업과 산업, 기계와 사람, 온라인과 오프라인, 가상과 현실의 융합으로 서로의 경계가 허물어진다.

이러한 융합은 사람과 사람, AI 로봇 등 기계와 사람 등이 협업한 산물이기도 하다. 사람이 직접 못 하던 업무를 AI 도움으로 완성한다. AI가 먼저 배워서 나에게 알려주기도 한다. 금융권이나 기업의 로봇 프로세스 자동화RPA가 그 예이다.

결국 4차 산업혁명에 의한 초연결 플랫폼 사회, 초지능화 사회, 초생명화사회로의 진전은 '융합과 협업사회'로의 전환을 의미한다. 이는 선순환하며 발전해간다.

유전체(게놈)의 융합 비즈니스 모델의 예를 보자. ① 유전체 검사전문업체, ② 유전체 해독解讀 및 분석기기·장비 전문기업, ③ 의약품 연구·조제 등의 제약 업체, ④ 헬스케어기기 제조 등의 IT 전문기업, ⑤ 병원 등은 경계 없이 하나의 시장에서 협업을 통해 새로운 융합산업을 만들어가고 있다.

미국의 유전자 검사전문업체 '23앤드미', 암 유전체 검사전문기업 '파운데이션메디슨' 등은 개인 유전체 검사서비스뿐만 아니라 신약개발과 병원서비스 등도 연계하여 제공한다. '일루미아illumina', '메드트로닉Medtronic' 등의 유전체 해독 분석 장비 및 기기전문업체는 어떤가? 의료기기장비 제조 판매와 빅데이터에 의한 의료서비스까지 한다.

구글, IBM, 애플 등의 IT기업들은? 헬스케어 시장을 차세대 먹거리로 주목하고 웨어러블[44] 등 헬스기기와 병원서비스를 연계하고 있다.

화이자, 노바티스 등의 제약기업은 신약개발 판매의 본업 이외에도 미국정부의 맞춤의료 U-health 진흥정책에 맞춘 새로운 니즈분야와 융합분야에 매진하고 있다. 이렇게 검사, 의약품, 기기, 헬스, 서비스기업 등이 경계가 없이 하나의 시장에서 경쟁 협업하는 구조가 만들어짐에 따라 새로운 융합산업이 창출되고 있다.

초지능화 사회에서 언급한 우리나라 의료진이 AR HMD이나 VR 글라스를 장착한 후 외국현지 AI 로봇을 활용한 원격 수술, 독일과 한국의 기술자들이 각각 VR 글라스를 쓰고 작업하는 원격 수리나 보수 등도 5G의 핵심인 초고속·초저지연 기반 고화질 영상을 실시간 전송하고, 이에 로봇·AI·빅데이터 등이 연계 융합됨으로써 가능해진다.

메타버스는 어떤가? 현실과 가상이 융합된 집단적 가상 공유 공간이다. 인류역사상 처음으로 또 하나의 경제문화 활동공간이 만들어진 것이다. 아바타를 통해 현실 같은 가상세계에서 쌍방향 소통한다. 차세대 플랫폼으로 진화중이다. 메타버스 핵심기술은 앞서 언급한 대로 VR·AR·MR을 아우르는 가상융합기술 XR이다. 또한 데이터·네트워크·인공지능기술과 융합한다. 반

도체·사물인터넷·5G·클라우드·콘텐츠·모빌리티 등 4차 산업
혁명 요소 기술과도 상호작용한다.[45]

올해 생일선물로 딸에게서 '카카오페이'를 받았다. 네이버페이
도 있다. 카카오뱅크, 네이버뱅크다. 물리적 점포인 지점이 없
다. 전 세계 시가총액 상위그룹에 포진하는 중국의 '알리바바'와
'텐센트'는 어떤가? '알리페이'와 '위챗페이'가 있다. 이들 업체도
포털이나 메신저 서비스, 온라인 쇼핑몰 전문 업체였다. 지금은
쇼핑, 금융, 게임, IT기업 등으로 융합되었다. 결국 4차 산업혁
명은 모든 가치사슬이 디지털화되어 융합되는 것이다.

언론과 방송도 마찬가지다. 이젠 유튜브가 전 세계 1위 영상
플랫폼이 되었다. 넷플릭스로 영화나 드라마를 본다. 스마트폰
으로 주요뉴스를 훑어본다. TV로 뉴스나 드라마를 잘 보지 않는
다. 2030디지털 세대는 특히 더 그렇다. 경계가 사라졌다.

제도권의 주도권 상실과 탈중앙화 사회

스마트폰 등 각종 기기에 의한 실시간 초연결과 플랫폼경제로
의 전환을 앞서 이야기했다. 이와 함께 한 묶음으로 따라오는 게
'제도권의 주도권 상실과 탈중앙화사회'로의 이동이다.

실시간 초연결과 플랫폼경제 → 개인과 개인 연결·거래의
P2P 확대 → 커뮤니티community(공동체) 활성화 → 팬덤과 크라우
드crowd(군중)의 출현으로 연결된다. 거기에 더해 플랫폼이 '제2의

인터넷' 시대라 불리는 새로운 플랫폼인 '블록체인'으로 옮겨가면 '제도권의 주도권 상실과 탈중앙화사회'로의 이동이 더 가속화된다.

구체적으로 들어가 보자. 스마트폰에 의해 지구촌 어디에 있든 개인과 개인 간 24시간 실시간 초연결은 '정보의 공개와 개방'을 의미한다. 시공간을 넘어 정보를 주고받는다. 그 초연결의 고리가 플랫폼이다. 문자 메시지, 카톡, 인스타그램, 페북, 트위터, 유튜브, 밴드 등 SNS뿐만 아니라 기업, 제품, 서비스 등의 각종 초연결 플랫폼·앱을 통해서다.

제도권 수직하방의 일방적 정보 전달구조가 약 10년 만에 일반대중 간 지역을 초월한 쌍방향 실시간 정보교환으로 소통구조가 확 바뀌었다. 인간의 정보 → 생각 → 말과 행동으로 이어지는 의사결정 구조의 발원인 '정보생성 주체'가 제도권에서 일반대중인 각 개인들로 개방되었다. 누구나 자신의 생각과 사진, 동영상 등의 정보를 SNS뿐만 아니라 각종 앱에 게시 공유하고 댓글 등 상호 의견개진하며 소통한다. 나도 너도 크리에이터가 될 수 있다. 지상파 TV 방송 시청점유율 10%가 깨졌다고 했다.

이러한 모바일-플랫폼-모바일에 의한 공개와 개방의 초연결 사회는 'P2P와 커뮤니티 활성화'로 이어진다. '팬덤'과 '크라우드(군중)'까지 출현시킨다.

팬덤? 특정한 인물이나 분야를 열정적으로 좋아하는 사람들 또는 그러한 문화현상을 말한다. BTS 뒤에는 아미ARMY가 있다. 팬, 소비자, 대중의 권력시대다. BTS는 팬덤 아미의 손가락 힘으로 존재한다. 이제는 팬덤의 크기가 기업의 가치인 시대다.

커뮤니티? 이전엔 지리·지역적 공통점이나 학교·이념·종교 등 또는 국가민족 공동체만 존재했다. 이제는 '스마트폰 실시간 초연결과 거래에 기초한 커뮤니티'다. 이는 오프라인 공동체가 몸에 밴 기성세대와 다른 소통구조를 가진 2030 디지털세대의 경제활동인구 진입으로 가속도가 붙었다.

이 커뮤니티는 플랫폼 운영 기업, 그 기업의 제품 또는 서비스 관계자뿐만 아니라 이용자와 고객, 협력사, 팬덤을 포함하는 공동체다. 그 안에서 P2P 참여가 자동화된다. 에어비앤비를 예로 들어보자. 숙박 서비스의 목적물인 숙소제공, 그 숙소의 선택과 이용, 이용자의 숙소 평가, 숙소 제공자의 이용자 평가 등은 개인과 개인 모두가 P2P에 의한 커뮤니티다.

이는 일반 자영업에도 적용된다. 최근 집에서 차로 10여 분 거리에 있는 카페에 갔다. 그곳은 산 너머로 생활권이 달라 카페가 있는 줄도 몰랐다. 설 명절에 다니러 온 딸과 사위의 권유로 함께 간 것이다. 깜짝 놀랐다. 대형카페인데 1~2층에 베란다까지 빈 테이블이 없이 꽉 찼다. 대부분 MZ세대들이다. 오가며 인증샷을 찍는다. 궁금해서 인스타그램에 들어가 카페이름 '브루다'를 검색했다. '#브루다 양주'로 수천 개의 게시물이 올라와 있다. 각 게시물마다 '좋아요' 표시가 수백 개씩 붙었다. 팬덤과 커뮤니티가 형성된 거다. 교통도 불편한 산속 저수지 옆에 대형카페가 운영되는 시대다.

크라우드는? 커뮤니티의 바깥쪽의 사람들을 말한다. 말 그대로 군중이다. 기업 등의 플랫폼에서 신제품이나 서비스 개선 등 아이디어 제안과 상금 등을 제시하면 대중들이 몰려온다. 크라우드소싱, 크라우드펀딩이 그 예이다.

경영진이 아닌 일반 군중이 상호소통으로 아이디어를 창출하고 개선하며 검증한다. 말 그대로 집단지능, 협업지능의 가동이다. 크라우드소싱은 저렴한 개발비용으로 최고의 제품과 서비스를 창출한다. 이 크라우드는 당연히 최고의 마케팅 인프라가 될 뿐만 아니라 충성도 높은 소비자가 된다. 더 나아가면 이 크라우드가 커뮤니티의 중심으로 들어오기도 한다.

크라우드 펀딩도 마찬가지다. 아이디어를 플랫폼에 올리고 아이디어 제품이나 서비스를 실행할 자금을 모은다. 군중이 모인다. 자금투자뿐만 아니라 아이디어 개선까지도 함께한다. 투자금액에 비례하여 수익을 나눈다. 이젠 자금이 없어도 대중에게 필요하지만 생각하지 못한 아이디어를 실행할 수 있다. 대표적인 크라우드 펀딩 플랫폼 중 하나가 '텀블벅'이다. 이 사이트에 들어가면 책 출판, 푸드, 테크, 게임, 예술 등 다양한 펀딩이 진행 중이다. 프로젝트별로 모인 금액, 펀딩 달성률, 후원자 수, 남은 시간 등을 실시간으로 보여준다.

탈중앙화는 교육에서도 적용된다. 세계 유명대학 등 정식교육기관에 입학하지 않더라도 온라인으로 수업을 들을 수 있다. 무크MOOC, 즉 온라인 공개 수업을 통해서다.

아울러 초연결의 플랫폼은 '블록체인'으로 옮겨가고 있다. 현 인터넷망에 의한 플랫폼의 주인은 글로벌기업이다. 기업의 플랫폼은 이용자인 소비자와 공급자를 연결해주면서 수수료를 떼어간다. 블록체인은? 이용자 스스로가 주인이다. 수수료를 내는 게 아니라 수수료를 챙긴다. 그간 정보독점에 의한 제도권은 더 이상 주도권을 쥘 수가 없다. 탈중앙화 사회로 진화한다.

기하급수적 변화에 의한 파괴적 혁신 사회

244년의 역사를 자랑했던 브리태니커 백과사전 인쇄본 발매가 지난 2010년 중단됐다. 지식의 증가속도를 따라갈 수 없었기 때문이다. 인류의 지식 총량은 100년마다 두 배씩 증가해 왔는데, 1900년대부터는 25년으로, 2016년에 13개월로 단축되었고, 2030년에는 3일로, 더 나아가 최대 12시간으로 단축될 것으로 전문가들은 예측한다. [46]

이는 위에서 언급한 초연결, 초지능화, 초생명화와 이들의 융합과 공개·개방의 결과이다. 기하급수적 변화가 시작된 거다. 파괴적 혁신이다. 기하급수 성장 초기는 아주 느린 것처럼 보인다. 0.01, 0.02, 0.04, 0.08 모두 0으로 보인다. 이렇게 20번만 지나면 100만 배, 30번이면 10억 배의 '파괴적 혁신'이 일어난다.

'파괴적 혁신'을 겪고 나면 '소멸화'가 진행된다. 스마트폰이 내 손에 쥐어지고는 카메라, 캠코더, 손전등은 가지고 다닐 필요가 없어졌다. '소멸화'되고 나면 해당 제품은 '무료화'된다. 스마트폰으로 사진을 찍고 보는 데 비용이 들지 않는다. 1장이든 1천장이든 추가비용은 없다. 마지막 단계는 '대중화'다. 30년 전에는 10억 고객과 접하려면 세계 100개국 지점이 있는 코카콜라, GE쯤 되어야 가능했다. 지금은 대형 플랫폼에 올리기만 하면 수십억 인구와 바로 접속할 수 있다. 전 세계 인류와 연락할 방법이 대중화된 것이다.[47]

글로벌 시가총액 기업순위가 이를 대변한다. 플랫폼기업이 상위에 랭크되어 있다. 애플, 마이크로소프트, 사우디 아람코, 구글, 아마존, 테슬라, 버크셔 해서웨이, 엔디비아, 메타(페이스북), TSMC. 글로벌 시가총액 순위 10위 기업순서(2022. 3월 기준)다.

여기서 질문? 위 10개 기업 중에 13년 전엔 몇 개가 10위 내에 있었을까? 단 1개다. 마이크로소프트뿐이다. 10년 후에는 어떨까? 아니 5년이 지나면 어떨까?

유튜브가 대세다. 청소년들은 네이버, 카톡, 페이스북을 모두 합친 것보다 더 많은 비율로 유튜브를 선호한다. 당연히 1인 방송의 유명 크리에이터가 뜬다. 순식간에 억대 연봉의 수입이 생긴다. 10년 후에도 유튜브가 대세일까? 아니다. 5년 후까지 지속될까?

코로나 팬데믹 이후 2년여 만에 세상이 웹2.0에서 웹3.0으로 급속히 진화중이다. 피지컬세상이 가상현실세계로 바뀌고 있다.

메타버스에서 비대면이지만 만난 거처럼 살기 시작했다. 블록체인 기반 NFT가 활성화되고 있다. 메타버스에서는 어떤 크리에이터가 뜰까? 페이스북이 메타로 사명이 바뀐 거처럼 웹2.0 플랫폼기업들은 어떤 변화를 추구할까?

따라서 기업의 대응도 달라진다. 필자가 현직에 있을 때만 해도 10년 후 비전과 이에 따른 중장기 계획을 세우고, 매년 이에 맞춘 연간계획과 예산을 수립하여 매월 추진상황을 점검하는 체계였다. 지금은?

넷플릭스를 보자. 넷플릭스 최고 인재책임자 CTOChief Talent Officer였던 '패티 맥코드'는 넷플릭스의 성장비결 중 하나로 1년 단위 계획을 세우지 않는 것을 꼽았다. 그들은 많은 시간과 자원을 투입하여 1년 단위 계획과 예산을 짰으나 가치가 없었다. 왜냐면? 늘 틀렸기 때문이다. 예측이 무엇이든 간에 3개월 아니면 6개월 안에 그것이 어긋났다. 세상변화가 너무 심하다. 그래서 분기별 계획으로 운영한다. [48]

구글은 어떨까? 일단 세상에 내어놓은 후 고객 반응을 살펴 디자인과 기능을 개선한다고 했다. 세상의 변화주기가 너무 짧아져 실시간으로 변하는 고객의 마음을 맞추기가 쉽지 않다. 산술급수적이고 순차적인 사고의 시대는 갔다. 이 책에서 언급된 기술과 통계자료도 1년 후 이미 비현행일 것이다.

3

4차 산업혁명시대 세상변화를 지속적으로 모니터링해라

파고가 높고 출렁임이 많다. 파괴적 혁신의 기하급수적 변화가 일어나는 혁명의 시대다. 위협 속에서 새로운 기회가 창출된다. 기회가 많다는 거다. 산술급수적인 안정화시대는 모두가 그런대로 대응하므로 위협요인도 기회도 상대적으로 적었다.

그렇다면 세상의 변화 속에 어떤 게 기회이고 위협요인일까? 각자의 위치와 상황에 따라 다 다르다. 나에게는 기회이지만 너에게는 위협이 될 수 있다. 거꾸로 그 반대의 경우도 있다.

나에게만 국한시켜도 마찬가지다. 같은 변화이지만 나의 강점과 약점에 따라 어느 분야는 위협이지만 또 다른 분야에서는 기회가 될 수도 있다. 각 사람마다 다르고, 한 개인 속에서도 분야별로 다를 수 있다.

그래서 순기능과 역기능으로 이야기를 풀어본다. 디지털 플랫폼과 AI 4차 산업혁명시대에 순기능과 역기능이 나에게 기회인지 위협인지를 스스로 판단해보자. 역기능이지만 나에게는 기회일 수 있다. 위기 속엔 늘 기회가 존재한다. 순기능이 기회이지만 위협요인으로 작용할 수도 있다.

삶의 편의성 향상 등 순기능 5가지

4차 산업혁명세상의 순기능과 역기능? 위의 '4차 산업혁명이 세상을 어떻게 바꾸어가고 있는가?'의 여섯 가지 사회변화를 되짚어보면 순기능은 대충 그림이 그려진다. 삶의 편의성 향상, 자기주도 학습 가능, 맞춤형 서비스, 건강한 헬스케어, 공론장 활성화 등 다섯 가지다. 문제는 역기능이다. 뒤에 숨어 잘 보이지 않는다. 먼저 순기능을 살펴보자.

첫째, 삶의 편의성 향상이다.

'보다 나은 미래를 위한 인공지능 그리고 디지털 전환'이 주제인 대통령 직속 4차 산업혁명위원회 주최 〈2021 4차 산업혁명 글로벌 정책 컨퍼런스〉를 온라인으로 함께했다. 〈글로벌 인재 포럼 2021〉에도 이틀간 참석했다. 주제는 '디지털 전환, ESG, 그리고 지속가능한 미래'이다. 포럼장인 서울 워커힐 호텔을 가려고 새벽부터 양주 집을 나서지 않았다. 집 서재 노트북 앞에 앉아 세계석학과 전문가의 강연과 토론을 보고 들었다. 몸은 집에 있지만 효과는 현장과 비슷하다. 온라인으로 질문하고 답도 들었다.

코로나로 지친 국민을 위로하러 15년 만에 트롯황제가 돌아왔다. KBS 2TV 한가위 대기획 〈대한민국 어게인〉 나훈아쇼다. 1,000명에 당첨되어 TV방영 전, 쌍방향 온라인 특별공연으로 거실에서 함께했다. 스마트폰이 디지털 플랫폼을 통해 연결된 덕이다. 컨퍼런스와 포럼장, 공연장, 마트나 식당, 은행에 가지 않는다.

스마트폰이 모든 걸 해결해준다. 모바일 앱으로 주문 결제하면 커피 한 잔, 김밥 한 줄도 집으로 배달된다. 쿠팡, 네이버 스마트스토어, 카카오구독ON 등 구독경제에 올라타면 생필품 등 모든 게 나의 라이프사이클에 맞춰 정기적으로 문 앞에 놓인다.

인터넷 생방송 플랫폼을 통해 쇼핑도 즐긴다. 실시간으로 상품이 소개되고 진행자와 내가 의견을 주고받으며 제품이 내게 맞는지를 확인하며 쇼핑한다. 쇼핑센터매장이 집에 있는 거다. 당근마켓, 중고나라 플랫폼을 통해 가성비 높은 중고품을 사고 판다. 자금결제, 경조사비 송금, 세금공과금 납부도 거실에 앉아 손끝 하나로 끝낸다. 새로운 시간이 만들어진다. 왔다 갔다 하지 않아 남은 시간에 내가 좋아하는 독서를 한다.

산책하면서 설거지하면서 오디오북으로 책을 듣는다. '밀리의 서재'에서 배우 이병헌의 목소리로 녹음한 유발 하라리의 『사피엔스』 오디오북은 일주일 만에 15,000명이 들었다.[49] 모두가 불과 몇 년 사이에 가능해진 것이다.

지금 이 순간에도 획기적으로 점점 좋아지고 있다. 해야 할 일의 절대적 시간이 줄어든다. 귀찮은 일에 들어가는 노력을 덜어

준다. 대신 원하는 효과를 최대화시킨다. 노력과 시간투입은 줄어들고 효율성과 생산성은 커진다. 최소의 노력으로 최대의 효과를 낸다.

자동차는 이동수단만의 기능을 넘어선다. 회의실, 영화관, 침실, 독서실 등으로 변환된다. 자동차 공유모델 확산으로 하루 1~2시간 운행하고 종일 서 있는 자동차가 사라지면서 주차장이 공원으로 변한다. 녹지가 늘어나고 자동차로 인한 탄소배출량이 줄어들 것이다.

매일 출근하지 않는다. 코로나로 출근과 재택의 혼합 하이브리드 근무가 일상화된다. 20~30%만 출근한다. 코로나가 재택근무의 생산성을 검증시켰다.

AI로봇, 스마트 홈 등에 의한 단순노동 해방, 삶의 편의성 향상 사례는 차고 넘친다.

둘째, 컨퍼런스와 포럼참석 그리고 밀리의 서재의 예에서 보여주듯이 자기주도 학습이 가능해졌다. 유튜브, 온라인 공개 수업 MOOC, K-MOOC와 칸 아카데미 등 각종 온라인공개강좌 같은 수많은 '디지털 플랫폼'이 나의 학습욕구를 채워준다. 수학, 철학, 예술, 컴퓨터 프로그래밍, 경제, 물리학, 화학, 생물학, 금융, 역사 등의 전방위적인 무료학습도 가능하다.

시간과 장소에 구애 없이 이론적 지식이든 경험적 지식이든 디지털 플랫폼을 통해 배우고 익힐 수 있다. 콘텐츠의 넓이와 깊이도 엄청나다. 부모님의 강요 또는 사회제도의 틀에 맞춰 억지로 배우는 교육이 아니라, 내가 궁금하고 호기심이 발동하는 나만의 배움을 추구할 수 있다.

4차 산업혁명세상 속에 자기주도의 평생학습은 트렌드를 넘어 생존을 위한 필수수단이다. 4차 산업혁명 세상에 대응하는 필수역량 편에서 자세히 알아본다.

셋째, 나만의 1인 맞춤서비스는 어떤가?

소품종 표준규격의 대량생산보다는 1인 맞춤시대다. 패스트푸드 모델에서 미슐랭 가이드 모델로의 전환이다. 빅데이터를 근거로 AI알고리즘이 나도 모르는 나를 찾아 큐레이션 해준다.

유튜브를 터치하면 내가 자주 보는 사람이나 장르의 동영상이 뜬다. 해당 영상 보기가 끝나면 자동으로 다음영상으로 이어진다. 넷플릭스도 마찬가지다. 내 취향의 감독, 배우, 콘텐츠를 가장 먼저 보여준다. 아마존이나 예스24, 교보문고 등 온라인 서점은 나의 검색과 구매패턴을 분석하여 책을 추천해준다.

그러다보니 뜻밖의 일도 생긴다. 몇 년 전 인터넷신문에서 본 내용이다. 미성년자인 딸에게 출산용품 할인쿠폰이 배달됐다. 아버지는 화가 나서 쿠폰을 보내준 쇼핑센터를 찾아가 항의했다. 그런데 쇼핑센터의 판단이 정확했다. 딸의 최근 온라인 구매물품과 시기 등 패턴이 임산부임을 보여주었다. 아버지에게 임신 사실을 숨겼던 거다.

빅데이터를 활용한 AI알고리즘 추천이 아닌 내 스스로 맞춤을 찾는 것도 있다. 증강현실 AR 등을 활용한 맞춤서비스다.

거실이나 주방의 가구나 설비를 바꿔야 한다. 매장에 가서 디자인, 색상, 사이즈 등을 보고 구입했다. 집에 배치해 보니 넓이나 크기가 안 맞거나 색상과 디자인이 마음에 안 든다. 이제 그럴 필요가 없다. 집에서 스마트폰 앱으로 거실이나 주방을 비추며 3D화면으로 온라인 매장의 소파, 책장, 옷장, 조명, 주방설비 등을 내 마음에 맞도록 실제처럼 이렇게 저렇게 인테리어를 해본 후 구매한다. 의류와 뷰티관련 제품도 비슷하다. 증강현실을 적용한 가상 착용과 가상 메이크업 서비스가 도입되고 있다.

넷째, 1인 맞춤 서비스는 유전공학, 합성생물학 및 신경기술의 혁신과 맞물리면서 헬스 케어에서 더욱 빛을 발한다.

앞서 언급한 초생명화사회와 같은 맥락이다. 게놈지도를 판독하여 개인별 맞춤 질병예측 및 맞춤형치료를 한다. 피부와 뼈는 물론 장기까지 바이오 3D 프린팅으로 재생한다. 노쇠한 장기는 새것으로 교체한다. 난치병이 치료가 가능해지며 수명이 연장된다.

일상생활에서 스마트폰과 연결된 손목의 스마트워치가 나의 운동량, 칼로리 소비량, 맥박수, 혈중 산소포화도, 수면 시간과 수면의 질 등을 체크한다. 필요한 운동량과 건강에 대한 상식을 알려주고 관리해준다. 안경형 센서는 오늘 내가 무엇을 얼마나 먹었는지, 치아의 센서는 음식물의 성분을 측정한다. 침 한 방울로 노화속도와 암 걸릴 확률까지 분석한다.

위의 모든 내용과 나의 유전자 정보, 그간의 건강검진 결과와 질병, 치료경과, 투약, 수술 등 상세내용까지 전국 단일 병원플랫폼에 연결될 것이다. 나의 건강의료 빅데이터는 AI로 분석되어 맞춤형치료와 예방활동이 실시간으로 진행된다. 병원에 가지 않고 집에서 원격진료와 치료가 이루어진다.

교통사고로 사지가 마비된 환자는 머릿속 생각만으로 이메일을 쓰고 문자 메시지를 보낸다. 온라인 쇼핑과 채팅도 한다. 시각장애를 입은 환자는 디지털 '전자 눈'으로 시력을 회복할 수 있는 길이 열려간다.

다섯째, 공론장 활성화다.

공론장은 민주주의 꽃이다. 공적인 의사소통을 통하여 다른 관점과 생각을 읽거나 듣는다. 쟁점에 대한 이해력을 높인다. 올바른 여론을 형성한다. 상대 주장의 근거와 내 생각과의 차이를 살피고 연결하여 내 생각의 객관성을 높이는 기능도 한다. 이를 통해 국가사회를 건강하게 하고 공동의 선에 다가가게 한다.

고대 그리스 문명을 잉태한 '아고라'광장이 공론장의 기원이다. 시민들은 이곳에 모여 주요정책을 토론으로 결정하여 국가에 제안했다. 여론을 형성하던 의사소통의 중심지였다. 기원전 6세기의 일이다.

21세기 지금 우리의 공론장은? 활짝 열렸다. 전 국민이 실시간 초연결되었다. 언제 어디서나 남녀노소, 사회경제적 지위와 관계없이 누구나 공적인 의사표시가 가능해졌다. 온라인상에 공론장이 산재해 있다. 언론사 뉴스 기사마다 댓글이 넘쳐난다.

정치적 현안에 대해서는 진보와 보수의 진영 간 댓글전쟁이 치열하다. 악성댓글은 AI 클린봇이 감지한다. '클린봇이 부적절한 표현을 감지한 댓글입니다.'라고 표시되며 삭제된 댓글이 속속 떠오른다. 이 공론장들이 여론형성과 민주주의 발전을 도모하고 있는가? 아직은 미흡하다. 쟁점뉴스는 댓글마다 수천 개의 찬반 (엄지손가락 위로, 아래로)이 표출된다. 댓글에 대한 답글도 순식간에 수십 개씩 올라온다. 그런데 근거 등 거증자료에 의한 찬성·반대의 의사표시는 거의 없다. 비판(옳고 그름을 판단하여 밝히거나 잘못된 점을 지적함)보다는 비난(잘못이나 결점을 책잡아서 나쁘게 말함) 일색이다. 물론 온라인이라는 한계도 있다. 말이 아닌 손가락 텍스트입력으로 근거에 의한 토론과 반박, 재반박 등의 디베이트가 이루어지기가 쉽지는 않다.

그럼에도 온라인공간이지만 공적인 의사소통이 시간과 공간을 초월하여 이루어진다는 데 의미를 두어야 한다. 이러한 댓글에 의한 의사표시는 빅데이터가 되어 여론의 향방을 결정짓는다. 이를 정책으로 승화시키고 안 하고는 위정자들의 몫이다. 국민들은 선거결과로 답을 준다. 민주주의 발전과정이다. 민주주의는 결국 국민을 위함이다. 국민여론에 맞춰 나갈 때 민주주의는 발전한다. 이를 위해서는 알고리즘 등에 의한 인위적인 댓글공작은 엄벌해야 한다.

문해력·집중력·공감력·사고력 저하 등 역기능 5가지

빛이 있으면 그림자가 생긴다. 빛이 강하면 그림자는 더 짙어진다. 모든 기술이나 도구, 제도 등은 순기능을 그리며 세상에 나온다. 그 어떤 것도 예외가 없다. 초기에는 빛만 보느라 뒤에 어둠이 깊어지는 것을 잘 보지 못한다. 더 늦기 전에 그림자의 실체를 파악하고 대응책을 마련하는 지혜를 모아야 한다.

4차 산업혁명시대 파괴적 혁신은 지금까지의 산업혁명과는 차원이 다르기 때문에 더욱 더 그렇다. 사람 자체에까지 악영향을 줄 수 있다.

주요 역기능으로 다섯 개를 꼽았다.

문해력·집중력·공감력·사고력저하, 현생인류 정체성의 혼란, 일자리 지도 급변, 양극화와 불평등 심화, AI·빅데이터의 부정적 사용과 해킹 및 가짜뉴스 범람 등 혼란초래가 있다. 역기능은 나 스스로 철저한 대응이 요구되므로 자세히 알아본다.

첫째, 문해력·집중력·공감력·사고력저하 문제다.

"왕복 승차권, 총 얼마일까요?" 종이에 글자로 문제가 주어진다. EBS의 '당신의 문해력'이란 방송을 시청했다. 첫 방송을 시작하자마자 나온 문제풀이다. 사지선다형이다. 출연진 5명 모두가 틀린다. 이유가 뭘까? 문해력 부족이다. 문해력? 글을 읽고 그 글의 의미를 이해하는 능력이다.

전국 대학생 1,048명이 쓴 글의 난이도도 분석했다. 36%만이 대학수준이다. 나머지 53%는 중고등 수준, 11%가 초등 수준이다. 글쓰기는 문해력의 연장이다. 낱말을 이어서 문장을 만든다. 문장이 모여 문단이 된다. 문단이 모아지면 글짓기가 완성된다.

낱말의 뜻과 의미를 잘 모른다. 그러니 글을 읽고도 내용을 이해하지 못한다. 내용이 이해되지 않으니, 자신의 글도 앞뒤 내용이 연결되지 못한다. 대학생 64%의 글이 수준이하인 이유다.

더 큰 문제는 그 다음이다. 글 내용이 이해되지 않으니 글의 핵심을 나의 뇌 지식창고 빅데이터와 연결, 비교 분석하는 생각·사고과정이 사라진다. 생각하는 능력이 약해진다. 공감력과 사고력 저하로 이어진다. 창의와 통찰의 희열을 맛보지 못한다. 어쩌다 이렇게 되었을까?

스마트폰으로 인터넷뉴스를 본다. 종이신문과 다른 것이 무엇일까? 실시간 업데이트되어 최신이다. 기사별로 달린 댓글도 읽으며 '좋아요' '화나요'를 누르고, 나도 댓글을 쓰며 소통까지 한다. 여기까진 좋다.

뉴스를 보는데 카톡이나 문자메시지 등 알림이 뜬다. 카톡으로 이동한다. 카톡을 읽는데 페이스북, 인스타그램, 유튜브, 제페토 알람이 운다. 이곳저곳으로 옮겨 다닌다. 이미지에 동영상까지 보다가 다시 뉴스로 돌아왔다. 집중이 안 된다.

더 큰 문제는 읽는 방식이다. AI 알고리즘이 배열한 주요뉴스를 본다. 제목만 뜬다. 손가락으로 스크린을 밀면서 뉴스제목만 살피다가 터치하여 보고 싶은 기사만 F자나 Z자 방식으로 대충 훑어본다. 정치, 경제, 문화, 오피니언, 국제, 사회, 연예, 스포츠, 기획기사 등은 찾아보지 않으면 볼 수가 없다. 해당분야에 관심이 없으면 아예 보지 못한다. 세상흐름을 알 수 없다. 기억에 남는 게 별로 없다. 내 관심사이어서 집중하여 본 일부 파편적 정보만 머리에 남는다. 입체적인 세상흐름을 나와 연결시키기에 부족하다.

종이신문은 어떻게 달랐을까? 읽는데 알람이 뜨지 않는다. 집중해서 깊이 읽을 수 있다. 정치, 경제, 문화 등 보고 싶지 않은 분야가 있어도 한 장 한 장 넘기다 보면 다 보게 된다. 주제목-중간 부제목-기사내용의 글자크기가 3단계로 나뉘어 표현된다. 글씨나 사진 등이 자동적으로 눈에 들어온다. 신문크기가 스마트폰보다 수십 배 크다. 잘 보인다. 당연히 가독성이 좋다. 글을 읽으며 내용이 빨리 이해된다.

매일 읽다 보면 정치·경제·사회·문화·국제·연예·스포츠에 사설, 칼럼, 기획기사 등이 서로 연결되어 보인다. 정보들이 파편적으로 끝나지 않는다. 무의식적 생각이 나와 세상흐름을 연결 통합시킨다. 연결하다 보면 뉴스 속의 사람이나 그 상황들에서 기쁨이나 슬픔, 분노 등을 느끼며 공감한다. 잔잔한 흐름과 큰 물줄기를 그려본다. 그 속에서 나와 나의 일, 가족, 직장 등과의 상관관계를 깨닫는다. 이를 어떻게 나에게 적용할까를 고민하며 실천도 한다. 사고력에 멈춤이 없다. 집중과 공감, 연결

속에 생각하고 궁리하는 사고력 뇌신경회로가 활성화된다.

어느 날 보니 스마트폰과 한 몸이 되어있다. 20여 년 전 '교사의 날'에 학부모가 교사를 대행하는 행사에 참여했다. 초등학교 5학년인 딸의 교실에서 꿈을 주제로 이야기를 했다. 나름 아이들 눈높이로 질문 하며 재미있게 진행을 시도했다. 한 시간을 체험한 후 선생님의 노고에 머리 숙여졌다. 아이들이 서로 이야기하고 장난치며 놀아서 수업진행이 쉽지 않았기 때문이다.

지금은? 자연학습 등으로 반 전체가 버스타고 가는 차 안도 조용하다. 모두 스마트폰에 빠져있다. 선생님이 "애들아~ 서로 이야기를 좀 해라~"라고 주문한다. 아이들은 "지금 카톡으로 얘기하고 있어요!"라고 답한다. 초등학교 고학년 교사의 증언이다.

스마트폰이 신체장기로 편입되었다. 나의 장기는 오장칠부가 되었다. 스마트폰이 나의 뇌 신경세포를 바꾸어 생각, 행동, 습관 등 삶 자체를 바꾸고 있기 때문이다. '포노 사피엔스'라는 신조어까지 나왔다. 약 10년 만에 이루어진 거다.

디지털기기 중독이 뒤따른다. 10~19세 청소년의 30.2%가 '스마트폰 과의존위험군'이다. 코로나 팬데믹 이후 39.5%로 증가했다.[50] 10명 중 4명이 스마트폰 중독으로 자기조절 능력이 떨어져 신체·심리·사회적 문제를 겪는 상태에 있다.

20대 초중반의 Z세대 또한 마찬가지다. 이들은 코로나 팬데믹 전에도 영화관에 가지 않는다. 2시간 동안 스마트폰을 보지 못하는 것을 참을 수 없어서다. 우리나라 스마트폰 보급률이

95%로 세계1위니까 정도의 차이가 있을 뿐 모두가 비슷한 환경이다.

스마트폰 등 디지털매체의 특징이 무엇인가? 스마트폰으로 보는 뉴스의 지적과 같다. 카톡 등 메신저, 인스타그램, 유튜브, 넷플릭스, 게임, 쇼핑, 음식주문, 결제 등을 스마트폰과 함께한다. 이곳저곳을 넘나든다. 한곳에 있지 못한다. '좋아요'와 '댓글' 알림이 자꾸 뜬다. 자극적이고 새로운 것을 찾아 짧고 빠르게 떠돌아다닌다. 멀티태스킹을 넘어선다. 이에 맞춰 짧은 콘텐츠들이 쏟아진다.

파편적 짧음의 건너뜀, 이미지와 동영상의 번쩍임 등에 시각적, 청각적, 신체적 자극의 주의분산이 지속된다. 스마트폰에 파묻혀 오랜 시간 집중한 것 같은 착각이 든다. 실제로는 한곳에 집중한 게 아니다. 악순환이 반복된다. 깊게 한곳에 집중하는 뇌신경망이 사라진다. 읽는 뇌 회로가 없어졌다. 뇌구조가 달라졌다. 아니 아이들은 애초부터 생성되지 않는다. 읽어도 이해하지 못하는 2030세대들이 늘어난다.

내 몸과 마음이 매일 무언가를 어떻게 하느냐에 따라 내 뇌도 바뀐다. 뇌가소성이다. '유럽 사회 심리학 저널European Journal of Social Psychology'에 실린 영국 '런던대학교 심리학과 연구팀'의 실험결과를 보면, 새로운 행동에 적응하는 데 평균 66일이 소요됨을 밝혀냈다. 실험참가자들을 12주간 지속적으로 관찰한 결과 '점심에 물 한 병 마시기'와 같이 단순한 습관에서 '저녁 식사 전

매일 15분간 달리기'처럼 좀 더 난이도 있는 습관까지 모두 2개월 이상 계속 반복해야 습관으로 굳어져 생각이나 의지 없이 자동적으로 행동함을 밝혀냈다. 관련 뇌신경망이 다발로 묶여 새로운 뇌 회로가 만들어지는 데 필요한 최소 시간이다.

인터넷이나 스마트폰은 읽기가 아니다. 보기다. 집중 없이 집시처럼 디지털 유목민이 된다. 나는 없어진다. AI가 추천하는 대로 쫓아서 그곳에서 맴돈다. 유튜브 등의 디지털식민지 주민으로 전락한다. 여기저기를 파편적으로 짧고 빠르게 건너뛰는 습관이 고착되었다. 뇌신경망도 그렇게 정착됐다. 한 줄씩, 순서대로 읽지 못한다. 글이 세 줄 이상 넘어가면 읽지 않는다. 아니 읽을 수가 없다.

TV화면이든 스마트폰에서든 책이든 Z자형, F자형으로 건너뛰며 띄엄띄엄 읽는다. 당연히 읽은 후 기억이 잘 나지 않는다. 문해력, 독해력이 점점 상실된다. 우리나라 학생들 중 글을 읽지 못하는 문맹은 1%지만, 문장을 읽고 내용을 이해하지 못하는 실질문맹률이 75%에 달한다는 사실이 이를 뒷받침한다. 4명 중 3명이 책을 읽지 않는다. OECD국가 중 우리나라가 유일하다.

인지신경학자이자 아동발달학자이며 읽는 뇌 분야의 세계적 권위자인 '매리언 울프'는 『다시 책으로』에서 인간의 본성이 위기에 처해 있다고 주장한다. 쉴 새 없이 쏟아지는 디지털 세계의 엄청난 정보들은 새로움과 편리함을 가져다주었지만, 그 대가로 주의집중과 깊이 있는 사고를 거두어갔다고 아쉬움을 표한다.

스크린에 담긴 수많은 정보를 빠르게 훑기 위해, 건너뛰고 요약하며 읽는 방식은 글쓰기에 대한 선호까지 바꾸어 버렸다. 이에 더 짧고 단순하며 건너뛰어도 무방한 문장에 길들어지면서, 우리는 문자가 인류에게 가져다준 가장 커다란 공헌인 비판적 사고와 반성, 공감과 이해, 개인적 성찰 같은 본성도 잃어버릴 것이라고 경고한다.

지금까지 우리는 글을 읽을 때 ① 글에서 정보를 거둬들이고, ② 그 정보에서 최선의 사고와 느낌을 연결한 다음, ③ 비판적 결론을 도출하여, ④ 완전히 새로운 생각을 엿볼 기회가 되어줄 인지적 공간으로 미지의 도약을 감행함으로써 삶의 통찰을 얻었다.

그러나 디지털 환경 속에서 반복되는 프로그램에 지속적으로 노출됨으로써 통찰력도 잃을 수 있음을 경고한다. 전두엽이 제대로 발달하지 않은 아이들은 문제가 더 심각하다.

우리나라 전문가들도 같은 의견이다. '코로나-온택트 시대, 청소년 미디어 중독 해법' 포럼에서 연세대 의대 정신건강의학과 김은주 교수는 "스마트폰, 게임, 인터넷 중독 의심자의 뇌 반응은 마약, 알코올 중독자의 뇌 반응과 비슷하다. 어린 시절부터 장기간 중독 증상을 보인다면 인지기능 이상을 초래할 수 있다"고 강조한다.

그러면서 "41개의 선행 연구를 종합한 결과 10대 초반 어린나이에 인터넷, 스마트폰 중독을 겪은 학생들은 집중력 저하를 일으키는 경우가 많다. 기억하고 생각하려고 노력하는 대신 디지털에 저장하는 일에 익숙해져 기억력이 떨어지고, 읽기보다는 듣거나 영상을 보는 일이 늘어나 독해력이 떨어진다. 스마트 기기 사용의 폐해를 막으려면 교육을 통해 아이들의 집중력, 자기조절, 비판적 사고력을 길러야 한다."고 주의를 당부한다.[51]

기성세대는 좀 다를 수 있다. 판단, 사고, 기획, 창조를 담당하는 전두엽이 발달한 후 어른이 되어 디지털문명을 접했기 때문이다. 뇌 과학자인 카이스트의 '정재승 교수'는 스마트폰 사용 이후 정보를 빠르게 스캐닝하고, 필요한 정보가 뭔지를 찾아 결합하고, 신속하게 맥락을 이해하는 영역인 전두엽이 활성화된다고 강조한다.[52] 다만 기성세대도 집중하여 읽기를 멈추면 뇌 가소성으로 마찬가지 결과를 초래한다.

나의 뇌와 몸은 태생적으로 보고 듣고 말할 수 있도록 타고났다. 배우지 않아도 때가 되면 저절로 다 된다. 읽기, 쓰기는? 글과 문장의 뜻을 해석하는 문해력은? 선천적 능력이 아니다. 인류가 문자를 발명한 후 나온 후천적 성취물이다. 인류문명의 기초가 되었다. 디지털매체를 기반으로 한 삶 속에서 나의 읽고 쓰는 능력이 사라지고 있다. 집중과 사색의 시간을 잃어버렸다.

'집중'과 '산만'의 차이는 너무도 크다. '집중 → 깊이읽기 → 사색(비판적 사고와 반성, 공감과 이해, 성찰 등) → 나와 연결 및 통합 → 나의 삶에 적용'의 연결고리 시작이 '집중'이다. 디지털매체 과몰입은 집중하여 깊이읽기를 사라지게 했다. 결국 집중력, 문해력, 공감력, 사고력저하로 이어진다.

공감력 저하는 또 다른 요인도 있다. '나노사회'로의 진입이다. 스마트폰 초연결의 역설이다. 『트렌드 코리아 2022』10대 트렌드의 첫 번째 키워드다. 코로나 팬데믹이 파편화사회를 앞당겼다. 스마트폰 초연결 + 비대면 지속의 결과다. 학생도 직장인도 각각 흩어져 비대면 소통한다. 더 나아가 전체 가구의 1/3 정도가 1인 가구다.

대면소통에서는 선택권이 별로 없다. 보고 싶지 않아도, 듣기 싫어도, 보고 들어야 했다. 공동체의 기본구조다. 이제는 아니다. 스마트폰 앱을 통해 취향과 생각이 비슷한 사람들이 끼리끼리 소통한다. 확증편향이 깊어진다. 공감력이 점점 멀어져가는 이유다.

집중력, 문해력, 공감력, 사고력 저하가 나에게 어떤 문제를 일으킬까? 심각하다. 나의 읽기 뇌 회로를 되찾아야 한다. 아니 새로 만들어야 한다. 스마트폰 중독에서 빨리 벗어나야 한다. 보고 싶지 않아도, 듣기 싫어도, 보고 들어야 한다. 어찌해야 하나?

둘째, 현생인류의 정체성 혼란이다.

누군가가 나의 생각과 마음을 읽는다면? '나'라는 정체성이 위협받는 것이다. 여기가 끝이 아니다. 누군가가 나의 선택을 예측하여 내 욕망까지도 변형시킨다. 나의 생각과 감정을 조정하고 말과 행동까지 감시할 수 있다. 나는 좀비가 된다.

캘리포니아대학교 '잭 갤러트' 교수팀은 fMRI를 통해 사람이 보고 있는 영화의 화면을 재현했다. 이는 잠들어 꾸는 꿈도 영상화할 수도 있다는 것이다. 더 나아가 우리가 평소 사용하는 단어들이 뇌 어디에 저장돼 있는지 단어(어휘) 지도를 그리는 데도 성공했다. 나의 정신세계를 엿볼 수 있다. 뇌에 저장되어 있는 단어가 어떤 단어들과 함께 연결되어 저장돼 있는지 알면 그 사람의 사고 틀을 알 수 있다.[53]

사람의 마음과 생각을 읽을 수 있게 된 것이다. '열 길 물속은 알아도 한 길 사람 속은 모른다.'는 속담이 사라진다.

앞서 4차 산업혁명은 이전의 혁명과 다르게 인간 신체와 마음 등 인간자체 혁명을 가져오고 있다고 했다. 유전학, 유전공학, 합성생물학, 신경기술 등에 의한 현생인류의 정체성혼란이다.

또 다른 경우를 보자. '특이점 이론'으로 유명한 미국의 미래학자 '레이 커즈와일'는 매경이 개최한 '제21회 세계지식포럼'에서 "2030년경 사람 뇌와 AI를 잇는 인터페이스가 나온다."고 주장한다. 아니 그렇게 빨리?

나의 뇌가 AI와 연결되면? 나노봇nanobot이 뇌신경세포들과 연결되어 뇌신경망 안에서 가상현실을 창조한다. 나의 경험을 대폭 확장시킨다. 나의 뇌와 AI가 융합하여 방대한 양의 정보를 신속하게 처리한다. 뇌가 더 똑똑해지면서 나의 능력은 더 증대된다. 클라우드까지 연결된다. 뇌가 세상의 빅데이터 속에서 사고력이 확장되고, 다수 영역을 동시에 처리한다. 다방면의 박식한 지식을 생성할 수 있는 능력이 생긴다. 나의 지능 총량이 수십억 배 확장된다. 나는 더 이상 내가 아니다.

테슬라의 '일론 머스크'는 사람의 뇌와 컴퓨터를 연결하는 '뉴럴링크Neuralink'사업을 시작했다. 2019년에는 뇌에 컴퓨터 칩을 심은 쥐를, 2020년에는 돼지를 공개한 데 이어, 2021년에는 사람과 가까운 원숭이 뇌에 칩을 이식한 더 진화된 실험결과를 공개했다. 놀랍게도 원숭이는 조이스틱 없이 생각만으로 비디오 게임을 한다. 2022년에는 인간을 대상으로 한 실험이 예정되어 있다. 치매환자나 사고로 감각이 마비된 장애인, 퇴행성 질환자들에게 희망적인 소식이다.

문제는 부정적 사용이다. 누가 좀비로 전락할까? 누구의 뇌가 지금 지능 총량보다 수십억 배로 확장될까? 나는? 앞서 언급한 대로 '유발 하라리'는 자료와 사례를 들며 인간이 신神으로 업그레이드된다고 주장한다. 늙지 않고 죽지 않는 불멸의 존재가 된다. 문제는 신이 된 소수의 인간이 대다수 사람을 지배하는 세상을 어떻게 막느냐이다.

인류의 진화를 넘어서는 AI 알고리즘과 DNA, 호르몬, 뇌구조 등 변환의 유전학, 유전공학, 합성생물학, 신경기술 등을 기획하고 만드는 건 우리 인간이다. 인류에게 축복을 줄 것인가? 재앙을 안길 것인가? 결국 그 선택은 나와 너, 우리들에게 달려있다. 어떻게 할 것인가? 이미 기하급수적으로 진행되고 있다. 지금 당장 뭔가를 해야 한다.

셋째, 일자리 지도의 급변이다.

2018년 계산원 없는 '아마존 고' 등장에 필자는 올 게 왔다고 생각했다. 그러나 이렇게 빨리 상용화될 줄은 몰랐다. 면단위 지역 동네까지도 아이스크림 상점 등이 무인점포로 운영된 지 오래다.

세계적인 미래학자들이 최근 몇 년간 쏟아낸 일자리 변동성에 대한 경고는 너무나 많다. 최근 5년간 은행점포 약 1,000곳이 사라졌다. 은행원 일자리가 줄어든 거다. 10년 전만 해도 은행원은 고액연봉의 선망의 직업이었다. 지금 이 순간에도 우리의 일자리는 없어지고 있다. 골드만삭스 등 미국 월스트리트에서는 사람이 하던 일의 90%를 AI가 한다. 나머지 10%도 대체 중이다.

학업-직장-퇴직의 공식이 깨졌다. 인간 수명은 길어지는데 사회적 수명은 급격히 짧아진다. AI와 로봇 기술이 현재의 일자리를 AI기계로 대체한다. 효율성과 생산성을 최우선으로 하는 자본주의 시장경제에서 소비자, 기업, 정부도 이를 막지 못한다. 더욱이 코로나 팬데믹으로 인한 비대면 디지털 대전환으로 가속도가 붙었다.

세계경제포럼WEF은 '2020 일자리의 미래' 보고서에서 5년 내 일자리 8,500만 개가 사라진다고 했다. 그러나 9,700만개 일자리가 새로 등장할 것으로 예측했다. 그만큼 일자리의 변동성이 크다는 반증이다.

나의 일자리는 안전할까? AI와 로봇을 생각하면 답이 나온다. 그 기준은 ① 얼마나 단순 반복적인 일인가? ② 얼마나 자료 등

데이터를 기준으로 판단하여 실행하는 일인가?이다. 그러면서도 AI와 로봇이 그 일이 했을 때 첫째, 사람보다 신뢰성과 품질이 높아야 한다. 사람보다 오류가 적고 질이 좋아야 한다. 둘째, 비용이 사람보다 적게 들어야 한다. 셋째, 속도가 빨라야 한다. AI는 기하급수적으로 더 빨리, 더 많이, 더 정확하게 일을 처리하고 있다. 생산성이 높다.

영국 옥스퍼드대 '프레이'와 '오스본'의 '고용의 미래'라는 보고서에서 AI로 대체 가능성 있는 직업군을 참고적으로 보면 이해가 빠르다. 2033년경 AI에 빼앗길 확률이다. 텔러마케터와 보험업자 99%, 스포츠심판 98%, 상점 계산원 97%, 요리사 96%, 식당 서빙 등 웨이터와 물리치료사 94%, 관광가이드 91%, 제빵업자와 버스 기사 89%, 건설노동자 88%, 경비원 84%, 항해사 83%, 기록관리전문가 76%다. 이런 대체 가능성 70% 이상인 직업의 일자리 수는 미국을 기준으로 보면 전체의 47%가 넘는 것으로 분석되었다.[54]

그럼, 위에 언급이 안 된 의사, 약사, 판사, 변호사, 교사, 회계사, 세무사, 관세사, 변리사, 감정평가사, 공무원 등 지적노동에 가까운 전문직은 괜찮을까? 현재 청년 취업예정자들이 가장 선호하는 직업들이다. 답은 '아니다'다. AI는 기계학습을 넘어 딥러닝으로 스스로 학습하고 판단 추론하는 능력까지 갖췄기 때문이다. 그 능력이 기하급수적으로 발전하고 있다.

위 전문직들도 이미 대체가 시작됐다. 2025년경엔 눈에 보일 정도로 대체의 정도가 커지며, 2025년~2035년 사이에

10~30%까지, 이후 2045년부터는 80~90%까지 대체될 것으로 전망한다.[55] 이미 AI 판사, AI 의사, AI 교사들이 활동 중이다.

물론 AI, 빅데이터, 로봇공학, 사물인터넷 등 디지털관련 새로운 일자리도 많이 생긴다. 문제는 일자리 유통기간과 변동주기가 너무 짧고, 불규칙하다는 데 있다. 너무 빠르게 변한다.

넷째, 양극화와 불평등 심화다.

AI와 플랫폼경제가 나의 일상으로 들어왔다. 비즈니스 생태계의 중심에 섰다. 문제는 두 가지다. 하나는, AI 등 디지털 관련기술 격차다. 기하급수적인 변화로 일반인들이 따라가기 버겁다. 잘 사용하거나 활용할 수 있는 사람들과 그렇지 못한 사람들의 차이가 양극화 시작이다. 또 하나는, AI 플랫폼 소유주와 일반인의 구조적 양극화다.

먼저 AI 등 디지털기술 활용가능자와 불가능한 사람들과의 차이를 보자. AI·디지털 관련한 새 일자리가 생긴다. 기존의 내 일자리도 AI와 디지털로 전환된다. 기존의 일자리에 익숙한 나에게 새로운 기회가 당연히 열려 있는 건 아니다. 지식수준과 학습정도 등 후천적 요인의 차이일 수도 있고, 태생적인 강점과 약점 등 능력 차이일 수도 있다.

AI 플랫폼 소유주와 일반인의 양극화는 어떻게 전개될까? 18세기 1차 산업혁명 후 자본가에 대응하는 '프롤레타리아'라는 무산無産 노동자 신흥계급이 생겼다. 이는 프롤레타리아혁명으로 이어지고 결국 사회주의를 낳았다. 지금 21세기 4차 산업혁명은 어떻게 다를까? 나는 어디에 속할까?

우리는 '일을 할 수 없는 사람들'이라는 거대한 새로운 계급의 탄생을 지켜보게 될 것이다. 일자리를 구하지 못하는 게 아니라, '일자리를 구할 수 없는 사람들' 말이다. 수십억 명이 노동시장에서 퇴출된다. '유발 하라리'는 이를 '쓸모없는 계급'이라 칭한다. [56] 이들은 경제적, 정치적, 예술적으로 어떤 가치도 없다. 국가사회 가치증진에 어떤 기여도 할 수 없기 때문이다.

'글로벌 인재포럼 2020'에서 영국의 경제학자 '가이 스탠딩'은 이러한 새로운 계급을 '프레카리아트Precariat(불안정한(precarious)과 프롤레타리아트(proletariat) 합성어)'라고 칭했다. 소속도, 직장도 없는 불안정한 노동자다. AI로 대체된 일자리 지도 속에서 임시계약직, 프리랜서, 단순 노동 등으로 근근이 살아가는 저임금 신흥 계급이다. 소속이 없으니 인권, 평등권, 문화권 등 기본 권리를 누리지 못한다.

이날 'AI시대 새로운 계급이 창조될 것인가?' 세션에서 서울대 '유기훈' 교수도 4개 계급의 탄생을 전망한다. 계급순서로 플랫폼 소유주, 플랫폼 스타, 인공지성, 프레카리아트(일반시민)이다.

최상층은 플랫폼 소유주다. 앞서 살펴본 '초연결 공유경제사회'를 떠올려보면 이해가 쉽다. 구글, 아마존, 페이스북, 우버, 네이버, 카카오 등 대형 플랫폼뿐만 아니라 일상의 삶에 연결된 모든 앱 플랫폼 소유주가 해당된다. 이미 카카오 창업자 '김범수' 전前 의장은 '이재용' 삼성전자 부회장을 제치고 한국 최고 부자에 오른 적이 있다.

현재의 다국적 기업들도 기술과 경제발전 흐름에 맞춰 미래 정보형 플랫폼기업으로 탈바꿈한다. 이들의 경제 권력으로만 보면 중세봉건사회의 영주와 같다. 현재 상위 737개 기업과 개인들이 세계경제의 80%를 차지하고 있기 때문이다.

바로 그 아래에 '플랫폼 스타'는 누구일까? 슈퍼스타 계급이다. 플랫폼에 올라탄 정치스타, 예체능스타, 문화계 스타 등 창의적 전문가들이다. 전 미국 대통령이었던 트럼프는 정치인일까? 아니다. 미디어 스타다. 트위터 전문가다. BTS도 플랫폼 스타다. 유튜브, 트위터 등의 플랫폼으로 세계 팝시장을 석권했다. 판타지 소설『해리포터』저자인 '조앤 K. 롤링'도 마찬가지다. 그녀는 트위터와 페이스북 등을 통한 온라인 버즈(소비자들이 상품이나 서비스에 대하여 긍정적인 평가를 하여 스스로 입소문을 내게 하는 마케팅)와 티저(다음에 이어질 내용에 대한 사람들의 호기심을 유발하기 위하여 사용하는 장면이나 광고, 또는 제목 등)로 명성을 이어간다.

이런 플랫폼 스타들이 부와 권력을 휩쓴다. 플랫폼 스타들과 AI가 협업을 시작하면? 내가 나만의 강점으로 플랫폼에 올라타야 하는 이유다.

다음으로는 인공지성 계급이다. AI가 사회계급으로서 비즈니스 활동에 참가하려면 권리와 의무 주체로서의 법인격을 부여받아야 한다. 가능할까? 아직은 아니다. 기업이 존재하지 않는 시대에는 사람만이 권리의무의 주체였다. 지금은 기업뿐만 아니라 지방자치단체·공공조합 등의 공공단체도 법인격이 부여되어 있다.

마찬가지다. 아직은 동의하기 어렵지만 AI의 법인격도 경제구조상 받아들여질 수밖에 없다. 이미 AI 유튜버, AI 음악가, AI 화가가 활동하고 있다. '키즈나 아이'처럼 가상캐릭터의 AI 유튜버가 수백만 명의 구독자를 확보했다. AI가 음원을 발표하고, 뉴욕 경매시장에선 AI 화가의 그림이 5억 원에 팔렸다. AI가 창업하여 법인격을 받고 고용과 경영 등 비즈니스 활동을 할 것이다.

끝으로 '프레카리아트' 계급이다. '가이 스탠딩'이 언급한 플랫폼에 접속되어 살아가는 일반시민들이다. 아직까지는 대부분 소속이 있었다. 정규직에 정년이 있었다. 플랫폼 경제에선 아니다. 대부분 직장이 없다. 플랫폼을 통해 접근, 이용, 공유한다. 현재는 적은 숫자이지만, 결국 대부분의 시민들이 최하위층에 진입할 것으로 예측한다.

고용노동부와 한국고용정보원이 2021년 플랫폼 종사자 실태를 조사 발표했다. 이미 취업자의 8.5%인 약 220만 명이 플랫폼에 접속되어 살아간다. 특히, 누구나 할 수 있는 배달 등의 플랫폼 노동자들 중 2030세대 청년층이 55.2%다. 제2의 '마르크스'가 탄생할 수도 있다.

또 하나는 거대 플랫폼의 구조적 문제다. 초창기에는 시장을 점령하기 위해 접속자에게 유리하게 프로그래밍 한다. 거의 무료다. 사람들이 모여들고 빅데이터가 모아진다. 시장이 장악된다. 고객이 플랫폼에 종속된다. 노예가 된다. 앞서 알아본 구독경제도 마찬가지다. 이용자를 플랫폼에 묶어두는 전략이다.

이로부터 두 가지가 더해진다. 하나는 빅데이터를 활용하여 문어발식 업종확대다. SNS나 포탈전문 플랫폼이 금융, 택시, 부동산, 쇼핑과 유통, 영화, 음악 등등의 서비스로 확대된다. 업종의 경계가 희미해진다. 또 하나는 유료전환이나 가격을 올린다. 양극화로 이어진다.

다섯째, AI·빅데이터의 부정적 사용, 해킹 및 가짜뉴스 범람 등 혼란초래다.

먼저, AI·빅데이터의 부정적 사용을 살펴보자. '흑인여성'을 보고 AI가 '고릴라'라고 말한다. AI에게 '백인여성 얼굴'만 빅데이터로 보여주었기 때문이다. 쓰레기를 넣으면 쓰레기가 나온다. AI는 빅데이터가 핵심이다. 초연결, 초지능화, 초생명화 사회가 초융합되면서 AI가 의료, 금융, 자동차, 물류 등 각 산업분야에 광범위하게 응용된다. 스마트폰뿐만 아니라 온 사물과 생체에도 인터넷이 연결되어 삶의 편의성 향상, 1인 맞춤형 서비스, 건강한 헬스케어 등의 순기능을 가져왔다.

이 효과의 크기와 질은 나의 개인정보를 포함한 빅데이터의 양과 질로 결정된다. 더 많은 양질의 데이터가 요구된다. 문제는 빅데이터와 개인정보 보호는 양날의 칼이라는 거다.

필자가 현직에 있을 때 '개인정보보호책임관' 직책도 수행했다. 과학기술정보통신부에서 매년 정기적으로 교육 및 개인정보보호 컨퍼런스를 개최한다. 법령으로 정한 의무참석이다. 수년간 참석하며 느낀 것이 있다. 개인정보보호에 관한 미국과 유럽

의 차이다. 미국은 느슨하고 유럽은 촘촘 규제다. 미국은 개인
정보를 적극 활용하는 시스템이다. 악의적 사용의 경우에만 엄
벌한다. 유럽은 적극적 보호다. 포지티브 규제다. 허용하는 것
외에 나머지는 모두 금지한다. 구글세를 만든다. 그 차이는 엄
청나다. 세계 시가총액순위 10위 안에 대부분이 미국 기업이다.
유럽 0개다.

그 연장선에서 『포노 사피엔스』 저자인 성균관대 '최재붕' 교수
는 '2020 4차 산업혁명 글로벌 정책 컨퍼런스'에서 "아니 되옵니
다"가 아닌 "함께 가시지요"로 바꿔야 한다고 주장한다. 규제가
경쟁력을 저하시킨다. 핵심은 균형과 조화다. 다행히 개인정보
보호법 등 데이터 3법이 개정되어 개인과 기업이 정보를 폭 넓
게 활용할 수 있게 되었다.

이제는 AI가 '내가 언제 어디서 무엇을 어떻게 했는지'를 다
알게 된다. 우리 집의 전등, 에어컨, 보일러, 냉장고 등 주요설
비, 도시의 주요건물 내·외부, 거리의 가로등, 신호등, 차선 등
이 각종 센서와 사물인터넷-클라우드-AI 등으로 연결되어 스
마트홈, 스마트시티와 자율주행자동차가 실시간 운영될 것이다.

코로나 확산으로 누구나 알게 된 게 있다. 내가 어디에서 어디
로 움직이는지를 방역당국은 다 알고 있다는 거다. GPS 위치정
보로 내 스마트폰의 이동경로가 파악된다.

성남에 가면 성남시청 등 주변 지자체에서, 서울 종로로 이동
하면 종로구청 등에서 코로나 확진자 관련 안전안내문자가 내
스마트폰에 뜬다. 어디를 가더라도 곳곳이 CCTV다.

코로나 초창기, 확진자가 발생하면 GPS 위치추적과 CCTV를 통해 확진자와 접촉한 사람을 찾아낸다. 역학조사전문가가 접촉상황을 분석한다. 접촉정도에 따라 코로나검사 또는 자가격리 등을 요청하는 문자 메시지가 발송된다.

어느 곳에 가든지 QR코드를 찍거나 안심콜을 해야 했다. 카드나 모바일로 결제하면 언제 어디서 어떤 음식을 얼마나 먹었는지, 무엇을 얼마나 샀는지도 안다. 각종 센서, GPS, CCTV 등 디지털 기기는 언제나 나를 보고 있다.

거실의 AI 스피커는 친구가 됐다. 날씨도 알려주고, 음악 선곡에 유튜브 채널도 검색해준다. 뭐든지 물으면 빅데이터를 근거로 답을 준다. 책도 읽어준다. 심심하다면 영화를 추천하거나 게임 이름까지 대며 게임을 제안한다. 통신사 플랫폼이 나와 가족을 지켜보고 있는 거다. 삶의 편의성 향상, 1인 맞춤형 서비스, 건강한 헬스케어와 관련된 플랫폼에서는 나보다 나를 더 잘 안다.

만약 위 개인정보들이 부정적으로 사용된다면?

또 다른 문제는 AI가 스스로 윤리에 어긋나는 반인류적 문화를 서서히 유포시키는 것이다. 논란이 되었던 AI 챗봇 '이루다' 사례를 보자. 써본 사람들이 "사람 같다"고 칭찬을 아끼지 않았던 챗봇이었다. 출시 2주 남짓 동안, 75만 명 가까운 이용자가 대화를 나눴다. 그러나 동성애·장애인·여성 차별 발언으로 서비스가 중단됐다. 약 100억 건에 달하는 연인들의 카카오톡 대화를 빅데이터로 활용한 것이 문제였지만, AI는 딥러닝으로 스스로 학습하므로 인간을 뛰어넘는 윤리의식이 요구된다.

AI 알고리즘으로 자동 추천되어 연속해서 뜨는 유튜브 영상도 문제다. 아이들이 온라인 수업을 받는다. 문제는 수업이 끝나도 계속 추천영상을 본다는 데 있다. 학습게시판에 올라온 링크도 클릭하여 본다. 연속으로 영상이 이어진다. 혐오·폭력·성차별·엽기 등 유해내용에 무방비로 노출된다. 학부모가 늘 옆에서 함께 지켜볼 수도 없다.

해킹문제는 더 심각하다. 만약 사물인터넷과 연결된 센서와 카메라 등의 디지털기기가 해킹된다면 그 피해는? 나의 방과 거실 등 사생활이 세상에 중계될 수도 있다. 원격으로 카메라 팬을 조정하여 각도를 바꿀 수도 있다. 해커들이 교통신호등을 임의 조정하면 대형 교통사고가 일어난다. 스마트빌딩의 각종 설비제어가 엉뚱하게 운전된다면 대형 폭발로 인명피해와 사회 혼란으로 이어질 수도 있다. 사물인터넷 기기의 아이디와 비밀번호의 초기 값을 재설정하지 않고 그대로 사용할 때 해킹에 더 취약하다. 스마트시티를 블록체인 기반으로 구축하려는 이유의 하나다.

공개와이파이 해킹, 랜섬웨어, 게임아이템 해킹 등은 이제 일상생활에서 내게 다가오는 다양한 위협이다. 필자는 전철, 공공시설 등 공개 와이파이 환경에서는 스마트폰으로 금융결제 등 민감한 앱은 절대 사용하지 않는다. 아이디와 비번 또는 이름과 주민번호 등 개인정보가 요구되는 앱을 말한다. 공개 와이파이 환경에서 스마트폰에 악성 앱이 설치되거나 설치를 유도한 후 내 스마트폰의 금융결제정보, 문자메시지, 전화번호 등이 쉽게 탈취될 수 있기 때문이다.

이메일과 SNS메신저도 조심스럽게 살핀다. 첨부파일이나 출처 불명의 URL(http://www.naver.com처럼 웹페이지의 위치를 나타내는 주소를 말함)을 클릭하지 않는다. 문제는 속기 쉽다는 거다. 카드나 연하장, 지자체나 정부, 국민건강관리공단, 국세청 같은 공공기관을 사칭하는 경우다. '연말정산 변경사항 안내' 또는 '국민지원금 안내' 등과 같은 안내장, 개인 재산이나 신상과 관련되기 때문에 클릭하게 된다.

클릭하면 악성프로그램이 다운로드 된다. 스마트폰이나 컴퓨터 시스템이 망가진다. 중요파일과 자료가 다 날아간다. 랜섬웨어 해커들이다. 이들은 원상복구를 볼모로 금전을 요구한다. 기업체 전산망이 랜섬웨어 공격으로 망가져 영업이 중단되기도 한다.

미국 최대 송유관운영기업 '콜로니얼 파이프라인'이 랜섬웨어 공격을 받아 해커들에게 50억 원을 지불했다. 기업만의 문제가 아니다. 나에게도 금품을 요구한다. 서울강남 모 성형외과에서 랜섬웨어 공격으로 수십만 명의 환자 개인정보가 유출됐다. 해커들은 개인적인 민감 정보를 무기로 직접 당사자들에게 문자메시지를 보내는 등 직거래를 시도한다. 랜섬웨어 피해보상 보험까지도 출시됐다.

블로그처럼 개인이 게시하는 글이나 신뢰할 수 없는 사이트, 채팅방, 유튜브에서 '더 보기' 등에서의 파일 다운로드 및 URL, 앱 실행도 마찬가지다. 악성코드에 의해 나의 PC가 감염되어 좀비 PC로 전락할 수 있다. 해커는 감염 PC의 모니터 화면을 전송받거나 원격 조종하여 아이디, 비번, 전화번호 등 개인정보를 탈취한다. 노트북 앞에 앉아 이 책을 쓰고 있는 필자를 노트북 카메라로 지켜보고 있을 수도 있다. 이 개인정보로 게임계정도 해킹한다. 게임머니와 아이템을 빼돌린다.

전문가들은 '최신버전 정품 소프트웨어' 사용과 '최신버전 보안프로그램' 업데이트와 주기적 검사를 주문한다. 시스템의 체력과 방어력을 튼튼히 하기 위함이다. 중요한 자료의 정기적 백업은 기본이다. 필자도 이 책을 쓰면서 지속적으로 MS 클라우드 원드라이브에 자동 저장하며 글을 썼다.

끝으로 가짜뉴스다. 누구나, 어디에서나, 실시간으로 정보를 유포할 수 있는 디지털 미디어 세상이다. 문제는 가짜정보의 확산이다. 사람들이 가짜를 진짜로 알고 행동할 수 있다.

진실보다 가짜뉴스에 전염될 확률이 더 높다. '사이언스'에 소개된 논문에 의하면 SNS데이터의 진짜와 가짜에 대한 전염률을 비교한 결과 가짜가 재확산될 확률이 70% 더 높았다.[57] 나 한 사람의 문제가 아니라 국가사회 메커니즘에 오류를 유발시킨다.

『가짜뉴스 시대에서 살아남기』라는 책까지 나왔다. 가짜뉴스는 뉴스 형태인 '가짜뉴스'는 물론 '허위정보'와 '허위·악의적 댓글'도 포함한다. 고의적인 조작도 있지만 비전문가에 의한 검증되지 않은 허위정보도 많다. 이들도 결국 나와 너, 우리들에게 혼란과 피해를 안긴다.

대부분의 가짜뉴스는 고의적이다. 사람들의 관심분야에서 대부분 나온다. 거짓 또는 과장, 축소 등의 왜곡된 뉴스다. 뉴스형식이므로 진실로 인식된다. 고의적 악의적인 경우 엄벌해야 한다.

문제는 가짜와 진실의 경계가 불분명한 경우다. 대부분 경제적 이익과 정치적 우위를 위한 것이다. 진영이 갈려 첨예하게 대립하는 이슈에서 주로 생산된다. 서로 음모라고 우긴다. '언론의 자유'와 '가짜뉴스 통제'는 양날의 칼이다. 다양한 여론형성을 통한 민주주의 발전이냐, 다양성을 넘어선 양극단 분열로 국가 전체의 후퇴냐다. 그 피해는 우리 모두에게 돌아온다. 역사적 사실이다.

더 큰 문제는 가짜뉴스를 넘어선 가짜영상이다. AI가 끼어든다. '바이든' 미국 대통령이 러시아에 선전포고를 한다. 핵전쟁 위기다. 그런데 이 영상은 가짜라면? 전에 '오바마' 전 대통령의 가짜 영상이 화제가 되었다. 필자도 TV를 보며 진짜영상으로 오인했다. 오바마 동영상을 AI가 학습해 목소리가 똑같은 해상도 높은 가짜영상을 만들어낸 거다. 영상들을 자동으로 합성하는 '딥페이크' 기술이다. 우리나라 20대 대통령선거에서도 AI후보들이 선거운동에 등장했다. 스마트폰으로 앱을 다운받아 이게 가능해진다. 누군가 내 목소리와 얼굴로 가족이나 친구들에게 피싱 할 수도 있다.

허위정보는 너무 흔하다. 거의 매일 SNS로 날라든다. 이런저런 민간요법들, 경찰청 발표라며 새로운 교통 범칙금 부과내용도 메신저채널로 유통된다. 확인해보면 과학적 근거가 없거나 가짜다. 대부분 악의성은 없다. 서로 주의하라고 알리는 게 대부분이다. 간혹 정치적 이념적 편향의 허위정보들도 유통된다. 유튜브 채널을 통해서다.

더 심각한 것은 허위·악의적 댓글들이다. 비실명 뒤에 숨어 원색적인 비방과 심한 욕설을 퍼붓는다. 앞서 순기능에서의 공론장 활성화의 그림자다. 악플로 유명 연예인이나 스포츠 스타가 우울증으로 자살한다.

댓글 창을 없애거나 실명제를 도입하는 방안도 있다. 이 또한 헌법상 보장하는 표현의 자유를 통한 민주주의 발전과 타인의 명예·권리침해와 충돌한다. 그래서 헌법도 '언론·출판은 타인의 명예나 권리 또는 공중도덕이나 사회윤리를 침해하여서는 안 되며, 언론·출판이 타인의 명예나 권리를 침해한 때에는 피해자는 이에 대한 피해 배상을 청구할 수 있다'라고 규정하고 있다.

쏟아지는 파편화된 정보의 홍수 속에서 소음과 신호를 잘 구분해야 한다. 소음은 걸러내고 신호들 속에서 세상의 트렌드를 읽고 분석하여 나와 연결해야 한다. 소음을 신호로 잘못 읽으면 한 방에 훅 갈 수 있다. 기하급수적으로 세상이 변하여 다시 일어나 쫓아가기가 버겁다. AI 가짜영상까지 더해진다. 댓글은 편향된 비방 글이 넘쳐나니 쉽지 않다.

아직까지 살펴본 역기능도 결국 사람이 만드는 거다. AI에 의한 부작용도 마찬가지다. AI 윤리문제, 그 AI 알고리즘 프로그램도 결국 사람이 만든다. 이에 부화뇌동하느냐, 아니면 소음과 신호를 잘 구분해 내느냐 모두가 바로 나, 사람의 문제다. 4차 산업혁명세상에서 더욱 필요한 역량이 역지사지의 공감력과 객관적 사고력인 이유다.

4차 산업혁명세상 AI에 대응하는 필수역량은?

객관적 사고력, 문제발견력 등 9개 필수역량이 답이다

"아~ 나에게는 이런 역량이 필요하겠구나." "이런 것을 미리 준비해야겠구나?" 순기능과 역기능을 읽으면서 머릿속에 그림이 그려져야 한다. 그게 안 되면 필자의 잘못이다. 설명이 부족한 거다. 아니면 나의 문해력이 저하된 거다.

- 순기능: ① 삶의 편의성 향상 ② 자기주도 학습 가능 ③ 맞춤형 서비스 ④ 건강한 헬스케어 ⑤ 공론장 활성화
- 역기능: ① 문해력·집중력·공감력·사고력저하 ② 현생인류 정체성의 혼란 ③ 일자리 지도 급변 ④ 양극화와 불평등 심화 ⑤ AI·빅데이터의 부정적 사용, 해킹 및 가짜뉴스 범람 등 혼란초래

기하급수적으로 변화하는 4차 산업혁명세상 속에 내가 있다. 순기능은 키우고, 역기능에서 위험이 급박한 것부터 나를 지켜

야 한다. 실시간으로 나를 가장 위협하는 것은 무엇일까? 어떤 순기능을 키울까? 거기에 대응하는 역량이 필수역량이다. 나의 강점과 약점을 생각하며 차례대로 살펴보자.

첫째, 가짜뉴스와 허위정보, 사고력 저하로부터 나를 지켜야 한다. 사람은 생각 – 말·행동 – 습관 – 인격 – 운명의 연결고리 속에 있다. 나의 생각이 나의 인격과 운명을 결정짓는 거다. 생각은 어디서 올까? 정보에서 온다. 정보는 오감으로 받아들인다. 그중 가장 많은 게 눈으로 보고 귀로 듣는 거다. 지금 눈과 귀에 의한 정보는 대부분 스마트폰에서 온다. 실시간으로 쏟아지는 정보의 홍수 속에서 가짜를 진짜로 받아들여 운명의 연결고리에 올라타면 어찌될까?

진짜와 가짜, 신호와 소음을 구별하는 능력을 길러야 한다. 쏟아지는 진짜정보를 생각으로 체계화하여 나의 지식창고를 넓혀야 한다. 이를 통해 기하급수적으로 변하는 트렌드 변화 속에 기회와 위협요인을 찾아야 한다. 나의 강점과 연결시켜 나의 사명을 실천해야 한다.

문제는 우리 인간의 심리생리학적 특성이다. 나의 생각과 모순되는 사실을 대할 때, 나도 모르게 거부한다. 확증편향이다. 진실을 찾으려 하지 않는다. 내가 동의하는 견해들만을 팩트인 것처럼 규정하여 처리한다. 내 생각의 변화가 쉽지 않다.

이를 더 어렵게 하는 게 두 가지 있다. 하나는 AI 알고리즘에 의한 자동추천이다. 유튜브 등 각종 SNS채널을 통해 이전에 경험하지 못한 수많은 각종 정보를 접하지만 내가 보고 싶은 것만 본다. 아니다. 보게 한다. AI알고리즘이 나를 '그로스 해킹Growth Hacking'하기 때문이다. 내 행동패턴의 데이터를 분석하여 최초인지─첫방문 첫사용─재방문─매출─타인추천으로 이어지는 강력한 선순환 고리를 만들어간다. 행동경제학을 활용한 알고리즘이다. 나의 심리를 자극시킨다. 나도 모르게 그곳에 더 빠져든다. 한곳으로 편향시킨다. 나의 신념을 더욱 더 강하게 만든다.

또 하나는 끼리끼리의 초연결 실시간 소통하는 SNS 플랫폼 구조다. 취향과 성향이 비슷한 집단이 끼리끼리 세분화되고 다양해졌다. 끼리끼리 보고 싶고, 듣고 싶은 이야기와 정보만으로 소통한다. 봐야 하고 들어야 하는 정보로부터 점점 멀어진다. 나와 다른 집단과의 소통이 단절되어 간다.

이제는 더욱더 나의 신념이나 가치에 배치되는 팩트와 마주했을 때 나를 의심하고 나를 뒤돌아보아야 한다. 가짜정보와 진짜정보를 구별하고 체계화하여, 나의 지식창고에 들여 놓아야 한다. 더 높은 차원의 생각하는 능력을 키워야 한다. 그러려면 〈① 객관적 사고력〉을 길러야 한다. 스마트폰 중독에 따른 문해력 상실로 사고력까지 저하되는 나를 지키기 위해서도 꼭 필요한 역량이다.

둘째, 시장 및 일자리 급변에 대응해야 한다. 지금의 내 사업, 직업, 직장은 괜찮은가? 기업인라면, 나의 주력사업은 문제가 없는지? 내가 청소년이나 학생이라면, 내 강점의 일자리가 어떻게 변해갈까? 디지털 트랜스포메이션과 AI가 내 사업과 내 일자리에 어떤 영향을 미칠까? 미리 예견하고 준비하지 않으면 위기에 빠진다. 기회를 놓친다.

아직까지의 삶은 리그방식이었다. 한두 번 실패해도 다시 성공하면 살아갈 수 있었다. 파괴적 혁신의 4차 산업혁명시대에는 다르다. 토너먼트 게임으로 전환된다. 한 번 지면 쫓아가기가 어렵다. Part 2에서 강점을 활성화하기 위해 실험을 많이 하라는 맥락과는 다른 것이다.

'늦었다고 생각할 때가 가장 빠른 것이다'라는 말이 있다. 이젠 아니다. 늦었다고 생각할 때는 정말 늦는 것이다. 그래서 필요한 역량이 〈② 문제발견력〉이다.

우리는 답이 정해진 문제를 주면 그 답을 찾는 데 익숙하다. 주입식, 암기식 교육의 결과다. 답이 없는 문제는? 문제가 아니다. 아직까지는 선진국이나 선각자들이 정해준 답을 더 빨리 더 정확하게 쫓아가는 게 최고였다. 이로써 우리는 단기간 압축 고도성장과 산업화에 성공했다.

그 공식은 깨졌다. AI 시대다. 정해진 답은 AI가 더 정확히 더 빨리 찾아준다. 기하급수적인 세상 속에서 나만의 답을 찾아 내 강점을 활성화해야 한다. 문제를 해결해야 한다. 그 답을 찾으려면 문제를 먼저 발견해야 한다. 나만의 답에 대한 문제는 어느 누구도 내지 않는다. 내가 내야 한다.

요동치는 일자리 지도 속에서 지금의 일자리를 AI와 협업하거나 디지털 트랜스포메이션해야 한다. 또는 새로운 일자리로 갈

아타야 한다. 바로 옮겨갈 수도 있지만 기존지식과 기술이 부족하면 퇴출된다. 학습과 훈련을 하는 데 시간이 소요된다. 실패가 반복될 수 있다. 최악의 경우 장기실업자로 전락한다. 분노와 좌절로 그냥 무너질 수도 있다. 〈③ 회복탄력성과 긍정력〉을 갖춰야 한다.

변화하는 트렌드에 맞춰 나와 일자리를 다시 세팅하려면 꾸준한 공부가 필요하다. 디지털기기의 파편적 정보 바다에서 헤매지 말고, 나만의 지식체계를 꾸준히 확장해 나가야 한다. 내가 하는 사업, 내 강점분야 일의 변화는 오직 나만이 모니터링할 수 있다. AI와 디지털 전환의 파도에 올라타야 한다. 어떤 일을 하든지 AI와 디지털을 이해하고 활용할 수 있어야 한다. AI를 부릴 수 있도록 학습하여 AI와 협업해야 한다. 이를 미리 준비하지 않으면 파도에 휩쓸려 도태된다. 은퇴자도 예외가 아니다. '교육 → 일 → 은퇴 후 여가'의 공식이 바뀌었다. 일자리 지도의 급변과 고령화로, 교육은 학습으로 전환되어 '학습 ↔ 일 ↔ 여가'가 평생 함께한다. 〈④ 자기주도 평생학습력〉이 몸에 배어야 한다.

평생학습과 문제발견으로 나만의 답을 찾으려면, 나의 강점을 다양한 분야와 연결 융합하여 활용해야 한다. 다양한 사람, 다양한 사업, 다양한 모델과 협력해야 한다. 아주 다른 다양함을 나와 연결시켜 상상력으로 나만의 새로운 길을 창조해 나가야 한다. 〈⑤ 다양성〉 그리고 〈⑥ 상상력과 창의력〉이 요구된다.

셋째, 인류의 정체성 혼란과 양극화, 협업, AI 등에 대한 대응을 위해 〈⑦ 공감력·감성지능·사회적 지능〉이 절대적으로 요구된다. 좀 더 세부적으로 살펴보자.

하나는 개인의 자아와 인본주의를 무너뜨리는 인류의 정체성 혼란, AI 플랫폼 소유주와 일반인의 양극화, AI·빅데이터의 부정적 사용, AI 스스로의 윤리위반, 해킹, 가짜뉴스 양산 등의 역기능 방지를 위해서다. 그 역기능은 누가 만들까? 나와 너, 우리 인간이 만든다. 경제적·정치적 계산이 깔려있다. 나만 보는 것이다. 그 결과는 결국 나와 가족을 포함한 국가사회의 폐해로 돌아온다. 나만 보는 게 아니라 늘 남도 함께 보아야 하는 이유다.

둘, 협업을 위해서다. 이전의 규격화 대량생산의 산업화시대에는 지능지수IQ, intelligence quotient가 성공의 기준이었다. 논리와 기억위주의 인지능력인 IQ가 높은 사람들이 공부를 잘해서 명문대학 졸업 후 좋은 직장에 취직해서 안정된 삶을 사는 것이었다.

이제는 아니다. 반복 단순 업무를 넘어, 자료를 분석하여 고도의 의사결정이 요구되는 분야까지도 AI가 한다. IQ에 의한 '최고의 나'가 아니라, 태생적인 나의 강점으로 '위대한 나만의 나', '유일한 나'로 살아야 한다. 그러려면 나의 약점 보완과 강점 활성화를 위해 다른 사람, 다른 모델 등 나와 다른 다양함과의 협업이 필수인 시대다.

셋, AI를 넘어서기 위함이다. AI 기계는 공감력·감성지능·사회적 지능이 아직은 없다. 사람다움이 경쟁력인 세상이다. AI 시대 공감력·감성지능·사회적 지능은 '세상에서 유일한 나만의 나'를 더욱 극대화시키는 필수역량이다.

넷, 세대 간의 다름 인정이 절실해서다. 디지털문명의 급습으로 10여 년 만에 세상이 바뀌었다. 세대별 소통수단의 차이가 다름을 만든다. MZ세대인 20~30대와 40대는 나이차이가 별로 안 난다. 그럼에도 가치, 생각, 사고, 말, 행동이 너무나 다르다. 2021 서울시장 보궐선거에서 20~30대는 보수에, 40대는 진보쪽에 표를 던졌다. 50~60대와의 다름의 차이는 더 엄청나다. 공감, 감성지능과 사회적 지능을 키우지 못하면 세대 간 다름이 틀림으로 인식될 정도다. 경제활동인구가 세대별로 이렇게 다름을 보인 것은 인류역사상 처음이다.

넷째, 그보다 더 본질적인 게 있다. 세상이 초연결되어 실시간으로 소통한다. 나의 거짓이나 바르지 못함을 대중들이 바로 알아차리는 세상이다. 실시간 초연결로 빠르게 널리 퍼진다. 늘 진실하고 참되어야 한다. 유명 유튜버, 연예인, 정치인, 기업인 등이 잘못된 말 한마디나 행동 등 위선적인 행위로 무대에서 사라지는 게 흔한 일이 되었다. 유명 연예인이나 운동선수들의 학교폭력 전력이 친구들의 SNS를 통해 드러난다. 그간의 신뢰와 팬덤 등 모든 것이 한순간에 무너진다. 일반 개인도 마찬가지다.

그래서 〈⑧ 인성, 진정성 등 자기성찰력〉은 필수다. 나는 진실한가? 나 스스로 나를 보는 능력을 갖춰야 한다. 나의 욕구와 믿음에 대한 이유와 근거를 늘 뒤돌아보아야 한다. 반성하며 고쳐나가야 한다. 이는 '위대한 나'를 찾는 과정도 포함된다. Part

2에서 살펴본 강점 찾기는 진정성 등 자기성찰력이 동반되어야 가능하다.

자기성찰력도 AI에는 없다. 인공지능에 속박되지 않은 '나만의 유일한 나'로 강점을 발휘하는 삶을 위해서도 더욱 필요한 역량이다.

다섯째, 디지털 플랫폼과 AI 4차 산업혁명시대 순기능인 삶의 편의성 향상, 자기주도 학습체계, 맞춤형 서비스, 건강한 헬스케어 등은 협업의 산물이다. 지속적으로 순기능을 확대 재생산하여야 한다. 나의 위치에서, 나의 강점분야에서 세상에 선한 영향력을 주기 위한 나의 미션인 사명을 실천해야 한다.

그러기 위해서는 나의 강점을 중심으로 다양한 서로 다른 분야·모델·사람들과의 협업해야 한다. 〈⑨ 협력과 융합의 소통력〉이 요구된다. 이 또한 AI 기계에는 없기에 더욱 필요하다. 이는 위의 다양성, 공감력·감성지능·사회적 지능, 인성·진정성 등 자기성찰력이 갖춰져야 시너지효과가 난다.

9개 필수역량, 이렇게 키운다

이제는 9개 필수역량 하나하나를 알아보자. 어떤 것인지? 어떻게 키워야 하는지?

- 객관적 사고력

정보-생각-말·행동-습관-인격-운명의 연결고리를 다시 끄집어내보자. 쏟아지는 정보와 생각이 나의 운명을 만든다. 문제는 위에서 언급한 확증편향이다. 팩트 정보는 실행된 후 다양성 부족으로 인한 오류가 생겨도 새로 고침이 상대적으로 쉽다. 그러나 거짓 정보에 의한 실행오류는 고침이 안 된다. 나의 강점 활성화를 망친다.

그래서 4차 산업혁명시대, 최우선적으로 보유하고 키워야 하는 필수역량이 '객관적 사고력'이다. 객관적 사고력은 두 가지 조건이 갖춰져야 한다. 생각의 원천인 '통합적이고 입체적인 바른 정보인식'과 그 바른 정보를 바탕으로 생각하는 '사고력'이다. 구체적으로 살펴보자.

첫 번째는 '통합적이고 입체적인 바른 정보인식'이 우선되어야 한다. "진실은 99가지 얼굴을 하고 있다." '헥터 맥도널드'가 『만들어진 진실』에서 강조한 말이다. 정보들은 부분 부분을 조합해 확대하거나 축소한다. 교묘한 편집을 통해 나를 현혹시킨다. 진실은 하나가 아니다. 같은 사실이라도 입장에 따라 내용이 달라진다.

'타다' 서비스를 보자. 소비자, 택시기사, 스타트업 창업자, 경제학자, 환경주의자, 정부당국자, 진보와 보수 등 시선·각도·관점 등에 따라 진실이 경합한다. 서로가 자기 위치에서 보이는 부분만 편중하여 주장하기 때문이다.

점(0차원) → 선(1차원) → 면(2차원) → 입체도형(3차원) → 시간(4차원)

으로 확대된다. 점과 선, 또는 면만 진실로 알고 판단하면 안 된다. 0~4차원의 모든 정보를 받아들여 생각하여 판단 선택해야 한다.

오류정보나 부분정보는 객관성이 결여된다. 잘못된 판단을 불러온다. 불량식품을 먹으면 배탈이 나고, 라면만 넣고 스프를 안 풀어 라면 맛이 맹탕이 되는 이치와 같다. 문제는 기하급수적 변화의 4차 산업혁명세상에서 객관성, 즉 표준이 너무 빨리 바뀐다는 데 있다. 나를 회복할 수 없는 나락으로 빠뜨릴 수 있다. 먼저 부분정보, 오류정보가 무엇인지 정확히 알아야 한다.

부분정보란? 완전정보가 5개로 구성되어 있는데 그중 1개 또는 2~3개만을 알고, 이를 바른 정보로 인식하는 것이다. 팩트이긴 하나 위치나 관점에 따라 다르게 보는 경우에 많이 발생한다. '타다 서비스'가 사례다.

오류정보란? 팩트가 아닌 허위정보나 가짜 뉴스, 논리적 결함이 큰 정보, 더 나아가 부분정보를 바른 전체정보로 아는 것을 포함한다.

그래서 바른 정보는 〈논리결함이 없는 양질의 팩트정보＋다량＋다양다종의 정보〉다. 다종이란 시간적으로는 과거, 현재, 미래정보와 공간적으로는 국내뿐만 아니라 국외 정보를 포함한다. 분야별로는 자연과학, 인문사회과학 등을 망라하는 정보다.

'나무'로 예를 들어보자. 지구촌 어디에 서식하는지, 줄기와 잎과 가지의 모습, 은행나무라면 암수의 차이, 꽃이 피고 지는 시기와 열매, 봄·여름·가을·겨울의 모양변화, 독성여부, 평균 수명, 쓰임새, 사람과의 관련성 등일 것이다. 이게 다일까? 눈에 보이지 않지만 뿌리까지도 알아야 한다. 깊게만 뻗는지? 넓게만 퍼지는지? 깊고 넓게 뿌리를 내리는지? 나무별로 서로 다른 특성을 다 알아야 나무에 대한 객관적 판단에 오류가 없다.

어찌해야 할까? 너무 어렵게 생각하지 말자. 내 감정이나 고정관념에 묶이거나 국가사회의 제도권 권위에 무조건 따르지 않는 거다. 신뢰하지 말라는 게 아니다. 객관적 증거로 비교, 검토, 분석, 추론하는 과정을 스스로 일상화하라는 것이다. 두 가지를 실천해야 한다. '팩트체크 생활화'와 '편중지양과 비교분석의 뉴스읽기'다.

먼저, 뉴스든 유튜브 등 SNS든 '팩트체크를 생활화'한다. 뭐가 되었든 한두 번 보면, 같은 사람 또는 동일하거나 비슷한 내용의 채널을 AI가 줄줄이 띄워 클릭하게 한다. 정보의 팩트 등 객관성은 무시하며 넘겨버린다. 스마트폰이 내 주인으로 전락하는 순간 나는 망한다.

개인 의견인지 팩트인지를 봐야 한다. 팩트는 접수한다. 사람에 따라 달라지지 않는 진실이니까. 의견이면? 그 주장이나 내용의 출처와 근거를 살펴야 한다. 의견은 사람마다 다 다르기 때문이다. 근거 없는 주장은 정보로서 가치가 없다. 근거 있는 주장은 나와 같을 수도 다를 수도 있다. 같거나 다른 것은 문제가 되지 않는다. 그 근거의 질과 양에 따라, 또는 그 사람의 세계관에 따라 다른 것이기 때문이다. 이는 정보로서의 가치가 최고다. 다름과 다양함으로 나의 객관적 사고력을 키워준다. 나의 강점 활용도를 높인다.

필자는 서울대학교 언론정보연구소가 운영하는 'SNU FactCheck'라는 팩트체크 웹사이트를 활용한다. 31개 언론사가 협업으로 팩트를 검증한다. 사회적 이슈사항에 대한 검증결과를 '전혀 사실 아님→대체로 사실 아님→절반의 사실→대체로 사실→사실'의 5단계로 알려준다.

둘, '편중지양과 비교분석의 뉴스 읽기'다. 필자는 보수언론지 2개, 진보언론지 2개, 중도언론지 2개, 경제지 2개, IT지 3개를 인터넷판으로 본다고 했다. 같은 사건이라도 진보와 보수, 기업경영의 경제, 과학과 IT 등의 시각에 따라 기사의 논점이 다른 경우가 대부분이다.

뉴스의 근거는 물론 기사 배열순서, 내용의 길이, 제목 문구 등도 함께 살펴본다. 서로 비교하며 읽다 보면 객관적 사실보다 지나치게 부풀려지거나, 반대로 축소되는 기사가 눈에 들어오기 시작한다.

사설, 칼럼 등 오피니언을 읽을 때도 주장내용과 논리가 팩트에 근거하는지를 살펴본다. 더 나아가 오피니언 리더들의 시각들을 접하며 내 생각과의 차이와 그 이유를 사색해본다.

여기서 질문이 나온다. 팩트여부, 주장의 근거를 살피는 능력은 어떻게 키워야 하나? 세 가지를 향상시켜야 한다. ① 근거를 다른 거증자료와 연결시켜 판단하는 '사고력', ② 그 주장근거가 팩트인지를 인식하게 하는 비교자료인 '나의 지식정보창고의 크기', ③ '독서력'과 '검색력'이다.

나의 지식데이터가 아무리 크더라도, 이를 연결 비교분석하여 통합시키는 사고력의 뇌신경망이 엉성하면 문제가 생긴다. 반대로 사고력의 뇌세포가 굳건하게 망을 구성하고 있더라도, 나의 지식정보창고가 비어있으면 근거의 사실여부를 검증할 수 없다. 판단할 비교자료가 부족해서다.

위 두 가지를 키우기 위해 필요하게 독서력이다. 집중하여 깊이읽기 능력이다. 책을 읽어서 이해하고 즐기는 능력이다. 문해력, 지식데이터 창고, 사고력이 함께 커진다. 더 나아가 이를 모두 한 번에 충족시킬 수 있는 것은? 바로 독서모임이다. Part 5에서 살펴본다.

검색력도 팩트여부 및 지식정보창고 크기를 결정하는 능력이다. '대니얼 M. 러셀'은『검색의 즐거움』에서 다양한 검색기술로 빠르고 정확한 답을 찾는 방법을 알려준다.

두 번째는 '생각하는 능력인 사고력'을 갖춰야 한다. 바로 위에서 일부 언급했지만 더 상세히 알아보자. 바른 정보를 가졌다 해도 이 정보를 추론하여 판단하는 사고, 사색, 사유능력이 갖춰져 있지 않으면 객관적 판단이 어렵다. 인간은 본능적으로 머리와 이성이 아닌 심적 영역인 선입견 등 감정으로 선택과 행동을 결정짓기 때문이다.

사고하고 사색하며 사유하는 과정을 보자. 오감에 의해 새로운 정보가 인식되면 나는 ① 나의 지식정보창고에 있는 기존정보와 비교대조하며 새 정보의 핵심을 파악한다. 주변을 핵심으로 받아들이면 시작부터 오류가 생긴다.

② 그 핵심정보의 팩트 등 사실성 입증과 이를 통한 새로운 통찰을 위해 논증추론에 들어간다. 이성적인 절차다. 연역적·귀납적 논증이 포함된다.

기존의 대전제를 바탕으로 추론 검증하는 연역논증, 일명 아리스토텔레스의 3단 논법이다. '사람은 죽는다. 나는 사람이다. 나도 죽겠다.' 반대로 귀납적 추론은 관찰되고 수집된 일반 데이터를 바탕으로 가설한 후, 결론을 추론하여 검증한다. '소크라테스도 죽었다. 공자도 석가모니도 죽었다. 사람은 죽는다. 그럼 나도 죽겠다.'

③ 논증추론이 완료된 핵심정보를 나의 기존 지식정보창고에서 체계화하여 분석 분류한다.

④ 앞의 ①②③을 다시 살피며 새로운 통찰 등 종합적 결론에 도달한다. 이게 사고의 과정이다. 여기서 끝내면 안 된다.

이런 사고가 한곳에 집중되며 깊어지고 길어져야 한다. 여기에 자기편향의 오류나 선입견 등이 없는지? 나의 감성적 부분까지 점검한다. 사색이다. 사색이 꼭 필요한 이유는? 우리는 이성보다는 감성, 논리보다는 심리, 머리보다는 마음으로 판단하기 때문이다. 이 사색이 더 깊어져 나와 인류공동체를 넘어 우주와의 관계까지 확장되면 사유라는 표현을 쓴다. 뒤에서 언급할 문제발견력, 상상력과 창의력도 위 과정 속에서 키워진다.

이를 통해 객관적 사고력이 충분히 갖추어지면, 첫 번째 조건인 통합적이고 입체적인 바른 정보인식이 자동화된다. 정보의 부족이나 오류 등을 쉽게 판별할 수 있다. 추론과 분석과정에서 앞뒤가 안 맞거나 입증자료의 부족함이 보이기 때문이다. 선순환되며 객관적 사고력을 더 강화된다.

- 문제발견력

시장이 언택트 온라인 쇼핑으로 급변하면서 100여 년 호황을 누리던 미국 등의 유명백화점들이 파산했음에도 월마트는 승승장구한다. 전 세계 시가총액 순위 상위에 포진한다. 문제발견력이 뒷받침되어서다. 쇼핑과 유통의 디지털 트랜스포메이션에 대한 월마트의 자체문제를 발견하고 즉시 대응한 결과다.

세계 최대 가전·정보기술전시회 CESConsumer Electronics Show 2021에서 월마트 CEO '더그 맥밀런'의 기조연설이 답을 준다. 그는 AI와 로봇이 사업에 어떤 영향을 미칠지, 스마트폰을 쥔 고객들이 어떻게 쇼핑하는지를 배우며 고민했다고 토로한다. 또한 빅데이터와 AI를 적극 활용한다. 이를 통한 1인 맞춤서비스 제공, 온라인 주문과 방문 픽업 등을 통한 가격경쟁력으로 시장 표준변화에 발을 맞췄다.

나의 삶에서 '문제'란 무엇인가? 새로 바뀐 AI와 디지털문명의 표준이 위대한 나의 강점을 발휘하는 데 어떤 문제를 유발시킬까?

그 해답을 찾으려면 정확한 문제를 정의해야 한다. 누가? 나 스스로 해야 한다. 정확한 문제 정의? 미래의 내 모습과 지금의 내 현실을 정확하게 그려 내야 한다.

　문제발견 순서는 이렇다.

　첫째 '현재'와 '미래', '나'와 '세상'을 정확하게 인식하고 분석해야 한다. 미래의 세상, 미래의 나, 지금의 세상, 지금의 나, 이렇게 네 가지를 바르게 알아야 한다.

　둘째 그 인식·분석을 바탕으로 현재와 미래의 차이를 다양한 틀로 구조화한다. 그 속에서 미래의 나를 만들기 위해 '왜, 언제, 어디서, 무엇을, 어떻게, 누구와 함께할 것인가?'를 정확하게 그려내야 한다. 이 과정이 문제 발견이다.

　현재의 나는 Part 2에서 논의한 나의 강점과 약점이다. 미래의 나는 Part 4에서 알아볼 나의 사명·미션과 비전목표다. 현재 세상과 미래 세상은 Part 3에서 알아보고 있는 스마트폰에 의한 디지털 플랫폼 경제와 AI의 4차 산업혁명세상이다. 문제발견력은 이 책만 충분히 소화해내면 키울 수 있다.

　'미래의 세상', '미래의 나', '지금의 세상', '지금의 나'를 바르게 알고, 이를 바탕으로 '미래와 지금의 차이'를 다양한 틀로 구조화하는 능력을 한 번에 해결할 수 있는 것은? 역시 독서모임이다.

　또한 문제발견력은 객관적 사고력과 자기주도 평생학습력, 상상력과 창의력, 인성·진정성 등 자기성찰력이 함께해야 상승효과가 나온다.

　아예 문제를 인식하려 하지 않거나, 인식하지 않는다면? 그건 살아있는 게 아니다.

- 회복탄력성과 긍정력

부정적인 상황은 나에게도, 너에게도 일어난다. 그때 누구는 맥없이 무너지고, 누구는 곧바로 일어나 세상에 맞서고, 누구는 아무 일도 없는 듯 살아간다. 차이는? 회복탄력성이다. 마음의 근육이다. 긍정력이다.

몸의 근육은 신체면역력을 높여준다. 마음의 근육은 신체면역력을 넘어선 효과를 준다. 일상의 스트레스와 갑작스러운 실직에 의한 번 아웃 등 불안한 환경변화의 최강 스트레스까지도 이겨내게 한다. 짙은 부정의 장막을 걷어내고, 보다 폭넓은 가능성을 향해 나의 마음과 생각을 열어 준다. 일자리 지도 급변시대에 마음의 근육은 필수다.

미국 오하이주 주립대학의 여성 심리학자인 '재닌 키콜트 글래서' 박사와 면역학자인 '로날드 글래서' 박사 부부는 일상의 스트레스와 면역계와의 상관관계를 연구해 왔다.

이들은 학업 스트레스를 받는 의과대학 학생을 대상으로 수년간 실험했다. 이 과정에서 학기말 시험을 치르는 7일간, 면역기능에 얼마나 영향을 받는지를 각종 자료와 검사로 분석했다. 단지 7일간임에도 면역세포인 NK세포의 활동이 위축되었다. NK세포의 활동과 성장을 돕는 감마 인터페론Gamma Interferon이 시험 기간 중에 평소 대비 90%나 감소했다. 백혈구의 일종인 T임파구도 유의미하게 감소했다. 7일간이 아닌 몇 개월, 또는 수년 동안 부정적 감정이 지속되면 어찌될까? 생각만 해도 끔찍하다.

일자리 지도 급변은 불식간에 나에게도 절망을 안길 수 있다.

분노가 미움과 증오로 바뀌고 이 상태가 지속되면 만성 스트레스에 시달린다. 부정적 정서에 의한 스트레스는 면역계에 악영향을 준다.

다행히 마음 그 자체와 특별한 생각만으로도 뇌를 변화시킬 수 있다고 한다. 미국 캘리포니아 대학 '마리안 다이아몬드' 교수는 버클리 대학의 '마크 로젠즈바이그' 교수와 공동연구를 했다. 쥐 실험을 통해 '후천적 경험의 영향으로 뇌의 구조와 기능이 변화된다.'는 것을 증명했다. 이후 수많은 연구들이 진행되었다. 이제 뇌 과학자나 심리학자들은 '마음이 뇌를 바꾼다.'는 사실을 부정하기 어려워졌다.

마음근육을 키우는 활동은 66일 이상 매일 해야 한다. 앞서 언급한 영국 '런던 대학교 심리학과 연구팀'의 실험결과다. 의도적으로라도 긍정의 메시지를 뇌에 지속적으로 공급한다. 긍정의 뇌신경망이 형성된다. 뇌가 바뀐다.

이로써 긍정의 임계선이 대폭 상승하여 유지된다. 부정적 신호에도 스트레스 받지 않는다. 회복을 돕는다. 생각의 폭과 깊이가 확장된다. 시야가 확장되며 강점을 활성화시키는 창의력이 움튼다.

회복탄력성, 마음의 근육을 어떻게 키울까? 긍정, 웃음, 감사, 포옹, 명상, 독서, 음악, 산책 등 운동을 생활화한다. 차례로 살펴보자.

먼저, 긍정이다.

낙관과 만족, 그리고 감사하는 마음이다. 다소 불안하고 어둡더라도 모든 것을 밝고 희망적으로 본다. 부족하기보다는 충분하다고 생각한다. 불행도 그나마 다행이라고 인식한다. 짜증나는 것보다는 감사한 것에 집중하며 고마움을 느낀다.

"고맙습니다. 미안합니다. 사랑합니다."라고 자주 말한다. 우리 뇌는 좋은 말을 하면 세로토닌이나 도파민 같은 행복 호르몬을 분비한다. 스트레스 지수를 줄인다.

연세대 사회복지학과 김재엽·남석인 교수팀이 60대 남성 30명을 대상으로 실험을 했다. 일명 TSL_{Thank Sorry Love} 프로그램이다. A그룹에게는 '고맙습니다.', '미안합니다.', '사랑합니다.'라는 말을 매일 쓰게 하는 TSL 프로그램에 참여하게 했다. B그룹은 교양 프로그램에 참여토록 했고, 나머지 C그룹은 평소대로 생활하게 했다. 시작 1주 전, 종료 1주 후와 5주 후 총 3차례 몸과 마음의 변화를 측정했다.

몸은 혈액 속 산화성 스트레스 지표(8-Isoprostane: 정상 범위 40~100pg/mL)로, 마음은 우울 지표(0~15점: 8점 이상일 때 우울증 의심)로 측정했다.

A그룹의 산화성 스트레스 지표는 115.82→76.33→55.07pg/mL로 현격히 감소했다. B그룹은 114.85→103.52→107.09pg/mL로 약간 감소다. 반면, 아무 것도 하지 않은 그룹은 104.90→129.66→125.99pg/mL로 오히려 증가했다. 우울 지표도 A그룹은 4.5→4.1→3.6점으로 떨어진 반면, B그

룹은 3.8→3.5→3.9점으로, C그룹은 3.9→4.0→3.9점으로
변화가 없었다.[58]

노래도 밝고 즐겁고 신나는 곡으로 흥얼거린다. 행복의 뇌신
경망이 새로 만들어진다. 늘 행복해진다. 행복감이 자동시스템
화되어 선순환된다.

김세환 가수가 TV에 출연하여 노래를 부른다. 나이가 70대
중반이다. 얼굴은 40대 후반처럼 젊어 보인다. 사회자가 젊음의
비결을 물었다. "늘 긍정적으로 생각하며, 애절하고 슬픈 노래
를 부르지 않는다." 그의 대답이다. '사랑하는 마음' 등 그의 히
트곡은 모두 밝고 즐거운 가사와 곡조다. 거꾸로, 어둡고 쓸쓸
함 그리고 슬픔이 가득한 부정의 신호를 뇌에 계속 보내면 어떻
게 될까? 위험하다. 단명한 유명가수들을 보면 다는 아니지만
대부분 슬픈 가사와 가락의 노래가 히트곡이다.

이렇게 하여 나의 긍정성비율, 즉 긍정:부정의 비율을 3:1 이
상으로 끌어올려야 한다. '바버라 프레드릭슨'는 『긍정의 발견』
에서 최소 3:1은 넘어야만 긍정성이 부정성에 대항할 에너지를
얻는다고 주장한다. 그래야 발전을 기대할 수 있고, 생기, 창의
력, 회복력을 느낄 뿐 아니라 스스로 개인적 성장과 긍정적 변화
를 감지할 수 있다고 한다.

그러면서 전문가그룹의 각종 연구결과를 거증자료로 제시한
다. 기업 사업팀의 경우 고실적군 팀들은 이례적으로 높은 6:1
의 긍정성 비율, 중간실적 팀들은 약 2:1, 저실적군 팀들은 1:1
에도 못 미치는 비율을 보인다. 번영하는 행복한 부부들은 긍정

성 비율이 약 5:1에 달했지만, 갈등에 시달리거나 이혼한 부부들은 1:1 미만으로 나타난다.

보통의 사람들은 긍정성 비율이 약 2:1 정도이고, 우울증 환자의 경우 1:1 미만이다. 개인이든, 부부든, 사업팀들이든, 번영하는 사람들은 모두 최소 3:1 이상의 긍정성 비율인 것이다. 이어지는 웃음, 감사, 포옹, 명상, 독서, 음악, 산책 등 운동은 모두 긍정성의 비율을 높이는 효과가 있다.

웃음은 그냥 자주 웃으면 된다.

몇 번 크게 활짝 웃는 것보다는 일상에서 자주 웃는 것이 더 중요하다. 억지로라도 웃는다. 실제 행복하지 않더라도 웃으면 기분이 좋아지고 행복해진다.

독일 심리학자 '프리츠 스트랙'이 실험을 했다. 두 집단으로 나눠 연필을 입으로 물게 하고 같은 만화책을 보게 했다. A그룹은 연필을 옆으로 해서 치아로 물어, 그 연필이 입술에 닿지 않게 하여 마치 웃음 짓는 표정이다. B그룹은 연필 끝을 똑바로 입술로만 물어서 입을 쭉 내밀게 하여 토라진 듯 뾰로통한 모양이다. 그 후 만화책에서 느낀 즐거움과 내용 숙지 정도를 측정해보았다. A그룹이 훨씬 더 높은 점수를 보였다. 억지웃음이라도 웃음 표정과 관련된 근육을 사용함으로써 웃음중추 뇌세포가 활성화된다. 이는 판단과 추리, 합리적 의사결정 등 후속 정보처리에 영향을 미친다. 즐거움의 느낌과 내용 숙지가 잘되는 결과로 나타난 것이다.

긍정심리학 창시자인 '마틴 셀리그만'은 『마틴 셀리그만의 긍정심리학』에서 웃음과 긍정의 마음이 행복한 삶과 직결됨을 증명하는 연구결과를 보여준다. 미국 밀스대학 학생들의 졸업사진에서 웃음을 지은 학생들의 결혼과 생활만족도 연구다. 미소를 지은 학생들이 27세, 47세, 52세가 될 때마다 삶의 만족도를 조사했더니, 대부분 결혼해서 30년 동안 행복하게 살고 있었다.

웃음효과는 여기서 그치지 않는다. 몸과 마음을 건강하게 한다. 웃으면 바이러스에 감염된 세포나 암세포를 직접 파괴하는 NK세포가 강력하게 활성화된다. 대신 면역을 억제하는 대표적인 스트레스 호르몬인 코르티솔을 감소시킨다. 나아가 엔도르핀 분비를 촉진하여 통증을 줄여준다. 혈관 이완으로 혈압을 안정시키고 순환을 촉진한다.[59]

감사 일기를 쓰며, 늘 감사하는 마음으로 생활한다.

일기를 쓰면서 감사 거리를 생각하게 된다. 현실을 보는 시각이 확장된다. 긍정적 시각으로 나 자신보다는 남을 보게 된다. 그러면서 하루 동안 집, 학교, 직장 등에서 가족과 친구, 동료 등 관계에서 아주 사소한 일에서 감사하는 마음을 느끼게 된다. 기분이 상하거나 부정적인 결과에 대해서도 극단의 나쁜 결과와 비교하면 그나마 다행이라는 감사의 정서가 생긴다.

더 나아가면 감사할 일을 스스로 만든다. 세상 보는 눈이 긍정적으로 바뀐다. 긍정적 정서에서 행복감을 느끼는 체험 횟수가 늘어난다. 스스로 만든 감사할 일을 일기에 옮기면서 다시 감사하며 행복한 감정이 되살아난다.

그럼 감사 일기는 어떻게 써야 하나? 초등학교 교사인 '양경윤' 선생님은 『한 줄의 기적, 감사일기』에서 7가지 원칙을 소개한다.

원칙 1. 한 줄이라도 좋으니 매일 써라.

원칙 2. 주변의 모든 일을 감사하라.

원칙 3. 무엇이 왜 감사한지를 구체적으로 작성하라.

원칙 4. 긍정문으로 써라.

원칙 5. '때문에'가 아니라 '덕분에'로 써라.

원칙 6. 감사요청 일기는 현재 시제로 작성하라.

원칙 7. 모든 문장은 '감사합니다.'로 마무리하라.

감사 일기를 별도로 쓰는 게 아니다. 일기를 쓰면서 끝에 3줄, 한 줄에 한 가지씩, 세 가지 감사한 일을 쓴다. 감사한 일은 매일 일어난다. 내 곁에 있다. 단지 느끼지 못할 뿐이다. 긍정의 감성을 잃었기 때문이다. 감사 일기를 쓰며 감성을 깨워야 한다. 감사 일기는 위의 긍정, 웃음과 똑같은 효과가 나타난다.

가족 간에는 포옹을 일상화한다.

학교·직장 등으로 등하교·출퇴근하면서 헤어지고 만날 때, 잠자리에 들 때, 아침에 일어났을 때마다 포옹한다. 포옹에도 방법이 있다. 6초 이상 지속해야 한다. 그래야 스트레스 호르몬인 코르티솔 수치가 낮아지고, 세로토닌이나 도파민 등의 분비를 증가시켜 심신을 안정시켜준다. 포옹하며 마음속으로 하나부터 여섯을 센다.

명상은?

명상수련은 마음을 평화, 행복, 자비 같은 긍정적 감정으로 바꾸고 지속하게 한다. 긍정적인 생각들을 키우고 부정적인 생각들은 물리친다. 이 과정을 통해 진정한 내면의 변화와 행복이 찾아온다.

'달라이 라마'는 마음훈련을 하면 긍정적 마음인 친절하고 자비로운 마음을 갖게 되고, 그러면 저절로 내면의 문이 열린다고 한다. 다른 사람들과 훨씬 쉽게 의사소통을 할 수 있게 된다. 생각을 통해 새로운 사고방식을 연습하면 뇌 신경세포를 재구성할 수 있고 뇌가 움직이는 방식을 바꿀 수 있다. 명상을 통해 부정적인 마음을 긍정적인 상태로 변화시킬 수 있다. 명상에 의한 마음의 조그만 변화가 우리의 뇌와 삶에 엄청난 변화를 가져온다.[60]

명상수련은 어떻게 해야 하나? 명상방법은 여러 유형이 있으나 '호흡명상', '이완반응 명상', '마음챙김 명상'을 알아본다. 일상생활 속에서 스스로 할 수 있는 마음훈련 방법이다. 명상은 그냥 나에게 잘 맞는다고 느끼는 것을 하면 된다.

먼저, '호흡명상'이다. 말 그대로 호흡에 집중하는 명상이다.

숨이 나가고 들어오고 하면서, 매순간 코 안에서 감각이 어떻게 변하는지를 느껴보는 거다.

호흡에 집중하기 위해서 호흡을 센다. 들숨과 날숨 중에 날숨을 1~10까지 반복해서 세는 거다. 그러면서 귀에 들려오는 이런저런 소리와 다투지 않는다. 안 들으려 할수록 더 들리게 된다. 그냥 내버려둔다. 생각이나 잡념도 마찬가지다. 이런저런 생각이 나도 그 생각과 다투지 않는다. 따라가지 않는다. 그러면 소리도 잡념도 자연스럽게 사라지고 무아지경에 이른다.

날숨과 들숨의 1회 길이는 평소 3초 이내이나 호흡명상 때에는 5초~10초로 늘려본다. 호흡은 멈추거나 끊이지 않아야 한다. 그러므로 무리하지 말고 자연스럽게 호흡의 길이를 늘려야 한다. 그러면 시간이 흐를수록 호흡의 길이가 늘어난다.

시간은 10~20분 정도를 매일 아침저녁으로 습관화한다. 출퇴근길 버스나 전철에서도 충분히 가능하다.

호흡명상을 하면 마음이 한곳에 집중된다. 숨길 따라 마음이 편해진다. 마음이 다스려진다. 미움과 원망의 부정적 마음이 사라지고 배려와 사랑의 긍정씨앗이 마음에 뿌려진다. 몸과 마음에 행복과 평화가 찾아오고 지속된다.

다음은 '이완반응 명상'이다. 하버드 의대 '허버트 벤슨' 교수가 처음 도입했다. 마음챙김명상 치유센터 소장인 '장현갑' 교수의 『마음 VS 뇌, 마음을 훈련하라! 뇌가 바뀐다』를 참고하여 설명해본다. 이완반응 명상은 소리나 단어 같은 만트라(짧은 음절로 이루어진, 사물과 자연의 근본적인 진동으로 되어있다는 소리나 주문)나 기도문을 반복하여 읊조림으로써 마음을 긍정적으로 변환시키는 명상법이다. 개인적으로 종교적인 믿음과 연계되면 시너지 효과가 있다.

방법은 간단하다. 편안한 자세로 기도문이나 단어, 또는 구절을 반복하여 읊조리는 것이다. 예를 들면 의자에 앉거나 가부좌 또는 무릎을 꿇고 "은혜의 예수 그리스도", "여호와는 나의 목자이시니", "알라는 위대하시다.", "관세음보살" 등 만트라를 선택한 후 호흡에 집중하며, 즉 천천히 숨을 들이쉬었다가 내쉬면서 내뱉은 호흡과 함께 마음속으로 반복하는 것이다.

이러한 이완반응 훈련은 매일 하나의 일과가 되어야 한다. 아침, 저녁으로 두 번씩 한 번에 20분씩 식사 전에 하면 좋다. 이완반응을 하는 동안 몸의 혈액 흐름이 감소하여 소화에 방해가 되기 때문이다.

이완반응 명상은 부교감신경계의 활동을 높이고 교감신경계 기능을 억제하여 스트레스에 의한 유해반응을 평화와 이완반응으로 바꾸게 한다. 스트레스 호르몬 분비가 감소하고 면역항체의 기능이 향상되며 알파(α)파나 세타(θ)파 같은 안정된 뇌파활동이 특징적으로 나타난다.

이에 따라 협심증 및 고혈압과 불면증 치료, 항암효과, 불안과 우울증 개선과 공황발작 제어 등의 임상적 증상 개선 효과가 있다. 내적 평화와 정서적 균형을 이루는 데 도움을 준다. 이는 현대 의학에서 과학적으로 입증된 것으로 연구업적만도 수백 편에

이르고 미국의 하버드 의대 등 저명 의과대학의 임상교수들의 단행본도 여럿 있다.[61]

끝으로 '마음챙김 명상'이다. 호흡명상이나 이완반응 명상은 마음을 한곳에 집중하는 집중명상이다. 반면 마음챙김 명상은 모든 자극에 마음을 열고 그 경험을 순수하게 관찰 또는 의식하는 것이다. 관찰할 때는 비교, 분석, 판단, 추론하지 않고 순수하게 그냥 바라볼 뿐이다. 마음에서 일어나고 사라지는 모든 변화를 놓치지 않고 하나하나 그것을 정확하게 알아차리는 것이다. 객관적으로 제3자의 시각에서 나를 보는 것이다. 기쁜지, 슬픈지, 짜증을 내고 있는지, 무엇을 생각하고 있는지, 무엇을 보고, 듣고, 맛보고, 냄새 맡고 있는지 등을 판단이나 분석 없이 있는 그대로 바라보는 것이다.

이때 내가 둘이 되어야 한다. '관찰하는 자아(인식주체)'와 '체험하는 자아(인식객체)'가 서로 분리된다. 체험하는 나의 경험을 또다른 내가 순수하게 바라볼 수 있게 됨으로써 체험 자체에 함몰되어 끌려가지 않고 적절한 거리를 두고 내가 나를 객관적으로 바라볼 수 있게 된다.

연습이 계속될수록 순간순간 경험(자극)에 자동으로 반응하던 반사적 행동이 점점 줄어든다. 좀 더 평정한 마음으로 자신이 체험하는 정서 반응을 보다 객관적으로 이해할 수 있게 된다. 이처럼 수시로 변화하는 몸과 마음의 현상을 알아차림으로써 체험하는 반응 하나하나에 일방적으로 휘말리지 않고 자연스럽게 마음에 평화를 유지할 수 있다. 더 나아가 체험을 스스로 조절 통제할 수 있다. 스스로를 깊이 이해하고 수용함으로써 수련이 깊어지면서 자신을 제대로 알고 자신의 마음과 몸을 다스릴 수 있는 경지에 들어설 수 있다.

마음챙김 명상은 먹을 때나, 걸을 때나, 세수할 때나, 청소할 때 등등 일상생활 속에서 마음챙김을 훈련할 수 있다. 먹을 때하는 '먹기명상', 걸을 때 하는 '걷기명상', 눕거나 의자에 앉아서몸 전체의 감각을 느껴보는 '보디스캔', 정좌하여 훈련하는 '정좌명상' 등을 예로 들어 본다.

'먹기명상'은 음식물을 상세히 관찰하고 냄새 맡아보는 데서시작한다. 물기가 없는 것은 손으로 만져보면서 촉감도 느껴보고 불빛에 비춰보기도 한다. 그 후 천천히 입에 넣고 어디에서침이 나와 고이는지 등을 살핀 후 서서히 씹으면서 입과 혀의 반응, 맛과 질감 등을 살피고 삼켰을 때 목구멍에서 일어나는 감각적 느낌까지 온갖 종류의 감각적 경험을 살피도록 한다.

이를 통해 무엇을 먹을 때 알아차림 없이 건성으로 먹어치웠던 습관이나, 어떤 일을 할 때 넋이 빠져 자동 조정 상태로 해왔던 행동들에 대해 마음을 챙겨 참여할 기회를 제공한다. 이는 소화에도 도움이 된다.

마음챙김 '걷기명상'은 걷는 동안 신체 감각에 주의의 초점을두는 것이다. 눈은 정면을 향하고 되도록 발쪽을 내려다보지 말아야 한다. 몸을 움직일 때, 다리를 들어 올릴 때, 신체의 균형을 잡을 때, 그리고 걸음과 관련이 있는 발과 다리의 움직임과 감각 등에 주의의 초점을 둔다.

마음이 바깥으로 빠져나가 방황하고 있을 때 걷는 감각 쪽으로 주의를 돌리도록 한다. 보통 매우 느린 속도로 걷기 시작하여 익숙해지면 보통 정도의 속도나 좀 빠른 속도로 행한다. 처음에는 발과 다리에서 일어나는 감각에 초점을 두지만, 시간이 지나가면서 걷는 동안 몸 전체에서 일어나는 감각으로 관찰의 초점을 확대해 나간다.

다음은 몸 전체의 감각만을 대상으로 마음챙김 하는 '보디 스캔'이다. 눈을 감고 바닥에 등 대고 눕거나, 의자에 편안하게 앉는다. 왼쪽 발의 발가락으로부터 시작해서 서서히 상체 쪽으로 옮겨 가면서 차례차례 주의에 초점을 둔다. 왼쪽 다리에 대한 살펴보기가 끝나면 오른쪽 다리로 옮기고 이어 몸통, 팔, 어깨, 목, 얼굴, 머리로 주의를 옮긴다.

개개의 신체 부위에서 느껴지는 감각에 어떤 변화를 시도하려고 하지 말고 오직 열린 마음과 호기심을 가진 채 지금 이 순간 나타나는 감각만을 살펴본다. 신체의 어떤 부위에 긴장이 느껴지는지, 어느 곳이 아픈지 등을 알아차림 하면 된다. 만약 지금 신체 부위에서 어떤 감각도 느껴지지 않는다면 오직 감각이 없다는 것만 알아차린다.

도중에 마음이 다른 곳으로 흘러 방황하게 되면 '내가 왜 그러지?' 하며 그냥 마음이 흔들리고 있다는 것을 알아차린 후 관찰 대상인 신체부위로 조용히 되돌아온다. 관찰되는 경험이 즐겁든 즐겁지 않던 열린 마음으로 호기심을 가진 그대로 받아들이게 하는 이점이 있다.

마음챙김 명상의 하이라이트는 '정좌명상'이다. 네 단계로 구분된다.

첫 단계는 의자나 방석에 앉아 마음을 각성한 채 편안한 자세를 취한다. 등은 똑바로 펴서 머리와 목과 등뼈가 일직선이 되도록 한다. 눈은 가볍게 감거나 아래쪽을 응시한다. 처음에는 호흡하면서 코와 목과 하복부에 일어나는 운동에 주의를 집중한다. 몇 분이 지나면 초점을 호흡에서부터 점차 신체감각 쪽으로 옮긴다. 비록 불쾌한 감각이 일어나더라도 판단하지 말고 이를 조용히 수용하면서 호기심과 흥미를 유지한다. 만약 몸이 불편하여 움직이고 싶은 욕구가 생기면 즉각적으로 움직이지 말고 고통 자체를 수용하면서(아… 다리가 아프구나.) 꼭 움직여야 하겠다고 생각되면 움직이려는 의도, 움직일 때의 동작, 그리고 움직임에 의해 발생하는 감각의 변화까지 빠뜨리지 말고 알아차리도록 한다.

두 번째 단계에서는 주변 환경에서 발생하는 소리나 냄새 같은 외부 자극을 마음 챙겨 수용하는 연습을 한다. 밖에서 들려오는 소리를 들을 때 소리의 질과 크기, 소리가 지속되는 시간과 소리와 소리 사이의 침묵에 대해 알아차리도록 하고, 풍겨오는 냄새의 질과 강도 등에 관해 어떤 판단과 분석 없이 순수하게 있는 그대로 알아차리도록 한다.

세 번째 단계에서는 초점을 자신의 마음 내부에서 생겨나온 감정이나 생각으로 옮겨간다. 의식 세계에 떠올랐다가 사라지는 생각이나 감정을 관찰한다. 다만 생각에 깊이 빨려들지 말고 잠깐 그 생각의 내용에만 주목하며 그 생각이 떠올라 전개되다가 사라져 가는 것을 살펴보아야 한다. 예를 들면 자신이 지금 경험하고 있는 분노나 수치, 또는 욕망과 같은 감정들이 떠올랐음에 주목하고 이 감정과 연관되는 생각이나 감정의 전개 과정에 주목한다.

마지막 단계에는 자신의 의식세계에 자연스럽게 떠오르는 무엇이든(신체감각, 생각, 감정, 소리, 냄새, 욕망 등) 살펴보고 이런 것들이 떠올랐다가 바뀌다가 드디어는 사라지는 것을 살펴보면서 정좌 명상을 끝낸다.[62]

보디스캔이나 정좌명상은 매일 일정한 시간을 정하여 하루 45분 이상을 꾸준하게 수행해야 한다. 미국, 영국, 캐나다 등 스트레스가 최고조에 달하는 구미 제국에서 스트레스 관련 질환 치료에 많이 사용되고 있다.

마음챙김 명상을 하는 동안 뇌의 왼쪽 전두엽이 활성화되고 오른쪽은 덜 활성화되는데, 이는 긍정 정서의 경험이 증가하는 것을 나타낸다. 또한, 스트레스가 경감되는 것을 보여 준다. 마음챙김에 기반을 둔 스트레스 감소에 대한 메타분석Grossman,

Niemann, Schmidt, & Walch, 2004은 스트레스 및 통증 관련 문제에 효과적이었음을 보여 주었다. [63)]

실제로 마음챙김 명상을 8주 이상 수련하면 면역계 강화로 여러 질병을 개선할 뿐만 아니라 불안, 우울, 공포감 등 부정적 감정을 낮춘다. 반면 자기 통제력, 수용력, 공감 등의 긍정적 감정을 증가시킨다.

결국, 명상은 마음을 다스려 평화와 행복, 사랑과 배려의 마음 상태에 다다르고 이를 유지하게 한다.

다음은 독서다.

Part 5의 주제가 독서모임이니까 여기서는 간략히 알아본다. 독서와 회복탄력성? 어떤 상관관계가 있을까? 스트레스 해소다. 영국 서섹스대학교 인지신경심리학과 '데이비드 루이스' 박사팀의 연구결과다. 6분 정도만 책을 읽어도 스트레스가 68% 감소된다. 심박수가 낮아지며 근육 긴장이 풀어진다. 이유는 저자가 만든 공간에 빠져서다. 일상의 걱정 근심으로부터 탈출하는 효과다.

독서 외에 음악 감상, 산책 등도 스트레스를 얼마나 줄여 주는지를 측정했다. 음악 감상은 61%, 커피 마시기 54%, 산책은 42%, 비디오 게임은 스트레스는 21% 줄였지만 심박수는 오히려 높이는 결과를 보였다.

이렇게 긍정, 웃음, 감사, 포옹, 명상, 독서, 음악, 산책 등 운동을 생활화하면 '긍정감정의 임계선'이 높게 유지된다. 냉담하고 부정적인 감정이 낮아진다.

부정적 기분은 전투적 사고 작용을 활성화시킨다. 상대방의 다름을 틀림으로 인식하여 잘못된 것을 찾아 제거하는 일에 집중한다. 화를 자주 낸다. 늘 방어적 자세를 취한다. 창의성과 인내심을 갖고 남을 배려하고 융통성 있는 사고에서 벗어난다. 회복탄력성이 줄어든다. 새로운 기회를 찾지 못한다.

반대로 긍정적 감정의 임계선이 높으면 늘 행복하다. 행복하니 부정적 상황과 마주쳐도 화를 덜 내게 된다. 남을 더 배려하고 공감하게 된다. 점점 대인관계가 더 좋아진다. 자기조절력이 강해져 당황하지 않고 닥친 문제를 쉽게 발견한다. 원인을 분석한 후 극복을 넘어 새로운 창의로 기회를 만들어간다. 회복탄력성이 증대된다. 선순환되며 확대 재생산된다. 긍정감성 임계선이 더 높아진다.

66일 이상 습관도 필요 없이 늘 회복탄력성을 높이 유지하는 게 있다. Part 2에서 알게 된 '위대한 나를 찾아 강점을 발휘'하며 사는 거다. 늘 일이 재밌고, 즐겁고, 관심 있고, 열정적으로 몰입한다. 잘하니 성과도 높고 늘 행복하다. 마음근육이 단단하다. 긍정의 뇌세포가 만들어져 지속된다. 일자리 변동이 생기더라도 자기조절력을 유지한다. 다양함과 연결하여 더 나은 새로운 길을 찾는다.

오늘 지금 당장 웃음이와 긍정이를 생활화한다. 회복탄력성이 확보되지 않으면 객관적 사고력도 문제발견력도 확장시킬 수 없다.

- 자기주도 평생학습력

블록체인 기반 '이더리움'에는 '디앱Dapp'이 있다고 했다. 거래 내역만을 저장하는 비트코인을 넘어 컴퓨터 프로그램 코드까지 저장하게 설계했다. 디앱에 '크립토키티즈CryptoKitties' 등 수많은 앱들이 등재되고 있다.

이 새로운 가치를 창출한 '비탈릭 부테린'은 19세에 이더리움을 개발했다. 그의 학력은? 대졸자가 아니다. 러시아 출생으로 캐나다 워털루 대학교에 입학했으나 중퇴했다. 그는 가상화폐 기초를 만드는 수학전문지식을 어떻게 공부했을까? MOOC로 전 세계 명문 유명대학 수학강좌를 들은 결과다. 자기주도 학습의 대가다.

파괴적 혁신의 뉴노멀 시대. 깊고, 넓게, 빠르게 변한다. 새로운 표준이 만들어진다. 지식 반감기가 짧아졌다. 고학력보다는 최근 학력이 핵심이다. 10년이 지나면 지금 지식의 반은 쓸모가 없어진다. 이를 모르고 이 지식을 쓰면 위험에 빠진다. 학과별로 다르겠으나 10년 전 하버드 등 아이비리그에서 배운 것보다 현재의 사이버대학 강의가 지금은 더 쓸모가 있다. 최근 명문대 고학력자가 방송통신대학 등에 새로 입학하여 공부하는 사례가 많다.

좀 더 나가면 공식학력도 중요하지 않다. AI와 디지털 트랜스포메이션 시대에 필요한 것은 내가 무엇을 할 수 있는 실력이 있느냐이다. 세계 시가총액 1위 기업인 애플 신입사원 절반이 고졸이하 학력이라는 사실이 이를 대변한다. 유능하면 뽑는다. 이제 실력은 대학졸업장이 아니다.[64] 그 일에 재능 즉 강점을 가지고 열정적으로 노력을 해왔느냐.

그러려면 바뀌는 '일자리와 비즈니스 환경'에 맞춰 나를 재규정해야 한다. 나를 바꿔야 한다. 어디까지? 골격만 남기고 모두 다 리모델링해야 한다. 천천히 변했던 산업화시대에는 한두 가지만 바꿔도 따라갈 수 있었다. 이제는 바뀐 뉴노멀 표준에 맞춰 나를 다시 만들어야 한다.

문제는 우리 평생학습력이 최하위라는데 있다. 15세 대상 국제학업성취도 평가인 피사테스트Pisa test에서 한국은 늘 세계 상위권으로 유명하다. 그러나 30대 이후 하락을 시작으로 50대 이후 한국 국민역량은 OECD 국가 중 최하위권이다. 경제협력개발기구OECD 국제성인역량조사인 피악PIAAC 결과에 의하면 한국인 55~65세 점수는 33개국 중 30위다.[65] 학생일 때 반짝 공부하고, 이후에는 학습을 안 한다는 거다. 노동시장진입이 2~3년 늦은 반면 퇴직은 독일에 비해 5~10년 빨리 퇴직하고 있다. 평생학습력이 부족한 탓이다.

『호모데우스』와 『21세기를 위한 21가지 제언』에서 '유발 하라리'도 몇 년마다 자신을 재규정하는 것은 선택이 아니라 필수가 된다고 예상했다.[66] 혁명적으로 세상이 초연결·초지능화·초생명화 되면서 생기는 현상이다. 나를 재규정하지 않으면 급변하는 시장과 일자리 지도에 대응할 수 없다. 학교에서 교육받은 것의 유효기간이 너무 짧다. 그렇다고 평생 학교에 다닐 수 없다.

일의 성격, 직업의 형태도 변한다. 나의 강점, 내 일과 비즈니스에 관련한 AI와 디지털기술을 스스로 학습하여 융합시켜야 한다. 'AI와 디지털 트랜스포메이션에 준비된 나'가 되어야 한다. 과학자, 엔지니어, 비즈니스 기획가, 법과 정책전문가, 프로바둑기사, 일반인 등 모두가 AI와 디지털을 잘 알아야 한다. AI와 디지털기술을 이해하고 활용하며 평가할 수 있어야 한다. 이를 통한 문제해결로 나만의 강점을 활성화해야 한다. 이제 AI와 디지털 문맹은 산업화시대 영어를 모르는 영어문맹과 같다.

교육이 아니다. 학습의 시대다. 학습을 한자로 풀면 배울 學 익힐 習이다. 배우고 익혀야 한다. 배우고 익히는 것은 남이 해줄 수 없다. 스스로, 자기주도이어야 한다.

다행히 다양한 선택이 가능한 세상이다. 앞서 순기능에서 알아본 대로 유튜브, MOOC, K-MOOC와 칸 아카데미 등 글로벌 온라인공개강좌 같은 수많은 '디지털 플랫폼'이 있다.

MOOC와 K-MOOC를 통해 스탠퍼드, MIT, 옥스퍼드 등 해외 유명대학과 서울대, 고려대, 카이스트, 성균관대 등 국내 주요대학의 온라인 공개강좌를 누구나, 언제, 어디서나 접할 수 있다. 질의응답과 토론도 가능하다.

MOOC는 누가 수강할까? MOOC 플랫폼인 '코세라'에 따르면 학생보다는 직장인이다. 수강자 중 52%가 자기 계발 및 직업 경력 확충을 위해 온라인 강의를 듣는다고 응답했다. 그중 62%는 온라인 수강으로 실제업무를 더 잘 처리할 수 있었다고 대답했다. 더 나아가 43%는 새로운 직업을 구하는 더 좋은 필요자질을 얻었다고 한다. 학력도 학사가 32%, 석사는 37%, 박사학위자도 9%였다. 나이도 30대 사용자가 25%로 가장 많았고, 60대 이상이 16%에 이른다.[67]

유튜브도 마찬가지다. 전 세계 유명 석학이나 전문가의 강의를 들을 수 있다. 유튜브에서 검색하면 내가 원하는 학습콘텐츠가 넘쳐난다. 국경도 분야의 경계도 없다.

칸 아카데미 또한 같다. 수학, 예술, 컴퓨터 프로그래밍, 경제, 물리학, 화학, 생물학, 의학, 금융, 역사 등을 무료로 학습할 수 있다.

웹사이트나 앱 개발을 위한 코딩을 배우기 위해서 '오픈소스'를 활용한다. 오픈소스는 소프트웨어 개발자들이 개발한 소스코드를 인터넷에 개방 공유하는 것이다. 공유된 소스코드는 활용을 넘어, 서로 지속적으로 업그레이드하며 다시 공유한다. 오픈소스의 질은 점점 높아지고, 창고크기도 점점 더 커진다.

실리콘밸리 우수개발자들의 30%는 대졸학력자들이 아니다. 이들은 오픈소스를 통하여 스스로 공부했다. 코로나 확산 초기에 지역의 발생현황, 확진자 방문지, 진료소 등을 알려주는 '코로나 맵', '코로나 알리미'를 단 며칠 만에 스스로 개발한 우리나라 학생들도 오픈소스로 코딩을 배웠다.[68]

이뿐만이 아니다. 인터넷을 검색하면 다 나온다. 일론 머스크가 인간의 뇌에 칩을 이식하려는 '뉴럴링크' 사업을 시작했다는 뉴스를 접했다. 뉴럴링크? 뭐지? 궁금하다. 네이버, 구글 등 검색포털에 '뉴럴링크'를 친다. 관련 정보가 다 뜬다. '뉴럴링크' 단어가 들어간 뉴스로부터 지식백과, 유튜브영상, 뉴럴링크에 관련한 내용을 담은 전문기관 사이트, 지식iN, 이미지, 관련 학술정보까지 다 읽을 수 있다. 뉴럴링크 주식, 관련주 등 연관 검색어까지 친절하게 안내된다. 일반화된 정보는 관련된 동영상, 책, 노래, 오디오, 업체의 위치지도까지 뜬다.

전국 지방자치단체마다 평생학습관도 있다. 실습도 가능하다. 더욱이 내게 필요한 커리큘럼을 짜고 즉시 학습이 일상화되고 있다. 경기도, 서울시 등에서는 평생학습포털사이트도 운영한다. 경기도 평생학습 포털 '지식-GSEEK'의 경우 수천 개 강좌가 올라와 있다. 외국어, IT, 자기개발, 생활취미, 인문소양, 공인중개사 등 자격취득에 관한 학습이 온라인으로 가능하다. 강사vs학습자가 실시간 라이브 화상학습프로그램도 운용한다. 부모의 경우 자녀의 생애단계에 맞춘 강좌를, 청소년은 진로직업, 기초능력, 미래사회, 인문교양, 문화예술 등 강좌도 개설되어 있다.

학습효과 극대화를 위해서는 유튜브, MOOC, 인터넷검색, 평생학습포털사이트 강좌 등의 디지털 학습에 더해 독서모임을 함께하면 시너지 효과가 난다.

여기서 유의할 점이 있다. 평생학습의 순서와 내용이다. 혁신적으로 바뀌는 바깥세상의 기준에 나의 현재 핵심역량수준을 살펴서 선행학습이 이루어져야 한다. 특히 위대한 나만의 강점을 발휘하기 위한 학습에 초점을 맞춰야 한다. 위의 문제발견력이 뒷받침되어야 가능한 일이다.

- 다양성

『서유기』를 보자. 능력이 출중하다고 손오공 셋만 데리고 서역으로 떠났다면 삼장법사는 난관을 뚫고 불경을 구할 수 있었을까?

삼장법사와 손오공, 저팔계, 사오정은 한 팀이다. 성격이 불같아 말썽을 자주 부리지만 여의봉을 휘두르며 도술을 부리는 등 능력이 탁월한 손오공, 먹는 것만 밝히고 단순하지만 낙천적이며 커뮤니케이션 능력이 남다른 저팔계, 충직하게 자기 임무를 묵묵히 수행하는 비관주의자 사오정, 그리고 팀장격인 삼장법사. 고지식하고 다른 일은 잘 못하지만 불경을 구하겠다는 목표와 비전이 분명하다. 아무리 어려운 위기가 닥쳐도 초심을 잃지 않는다. 이들은 각각의 개성과 특성이 부딪히고 어우러지면서 목표를 달성한다.

소설만의 이야기가 아니다. 하버드대 경제학자 '리처드 프리먼'은 미국에서 출판된 250만 개 공동저자 과학논문을 분석했다. 공동저자들이 비슷한 인종인지, 인종과 출신국가나 지역이 다른지에 따라 논문 수준이 차이가 났다. 공동저자들의 인종과 출신지가 서로 다를수록 명성이 높은 학회지에 발표되고, 해당논문의 인용수가 훨씬 많았다. 서로 다르고 다양한 인종과 지역출신이 함께 협업할 때 그만큼 더 창의적이고 수준도 높다는 거다.

또 다른 실험도 있다. 같은 클럽 학생으로만 구성된 팀과 서로 다른 클럽에 소속된 학생으로 구성된 팀을 만들어, 미스터리 살인사건 문제해결과제를 주었다. 두 배 이상 문제 해결 능력이 좋았다. 어느 팀이? 다른 클럽 소속 학생으로 이루어진 팀이었다.[69]

다름은 한계나 장벽이 아니다. 다름의 다양성이 서로 조화를 이룰 때 새로운 가치가 창출된다. 시너지 효과가 만들어진다. 실리콘밸리가 전 세계의 첨단기술을 선도하는 이유도 이와 같다. 세계 각지에서 온 유능한 여러 인종들이 섞여 융합한 결과다. 다양성을 존중하고 이를 적극 활용한 결과물이다. 이곳 창업자 절반 이상이 미국계가 아니다.

이는 자연의 섭리다. 빛의 삼원색도 각각 따로 비치면 세 가지 색만 각각 나온다. 함께 융합하면 달라진다. 빨강과 초록빛을 겹치면 노랑, 빨강과 파란빛을 겹치면 자홍, 초록과 파랑을 겹치면 청록이 나타난다. 삼색이 모두 겹치면 흰색이 된다. 세 가지 색이 새로운 서로 다른 네 가지 색을 창조해 낸다.

다양성의 핵심은 두 가지다.

나와 다른 것을, 나와 연결 융합하여 새로운 나를 지속적으로 창조해 내는 것이다. 나의 강점 활용분야를 깊고 넓게 하는 것이다.

또 하나는 나와 다른 다양한 타인과 협업으로 나의 약점을 보완하거나 강점을 서로 활용하여 새롭고 전혀 다른 공동의 성과를 창출시키는 것이다.

다양성만큼 강한 것은 없다. 그럼 다양성을 어떻게 키울까? 우선 두 가지가 선행되어야 한다.

첫째, 나 중심의 편견과 선입견을 버려야 한다. 한쪽으로 치우친 생각, 이미 마음속에 가지고 있는 고정적인 관념을 깨고 나와야 한다. 그렇지 않으면 나와 다른 것에 대한 무의식적인 거부로 다양성의 문은 열리지 않는다.

둘째, 이 편견과 선입견을 버리려면 '다름은 틀림이 아니다.'라는 인식이 필요하다. 본능적으로 틀림은 나와 연결되지 않는다.

이 두 가지를 몸에 배게 한 후, 낯설고 새롭고 전혀 다른 상황에 나를 내던지는 것이다. 나와 다른 것을 최대한 많이 경험하는 거다. 경험은 결국 두 가지다. 사람경험과 장소경험이다. 이는 다시 직접경험 하느냐, 간접경험 하느냐로 나뉜다.

직접경험의 최고점은 나와 다른 사람을 만나는 것이다. 다른 부서의 직원, 청년이라면 중년이나 노인세대 또는 어린이 등 다른 세대의 사람, 다른 직업·업종·취미·이념의 사람들을 만난다. 대화도 나누고 가능하다면 토론도 해본다. 커피도 마시고 식사도 함께한다. 그러면서 다름을 느껴본다.

필자는 일부로 다양한 사람들과 어울린다. 다양한 생각과 삶을 만나기 위함이다. 이 광경을 목격한 지인들이 놀란다. "조합이 잘 안 되는데 어찌된 것이냐?"고 묻는다. 필자는 웃으면서 답한다. 오래전부터 친하게 지내는 사이라고.

다음은 낯선 공간에 나를 자꾸 노출시키는 것이다. 안 가본

곳에 가본다. 안 가본 동네, 도시, 농촌, 어촌, 산골, 도서관, 서점, 박물관, 미술관, 공연장, 영화관, 다른 나라 등을 일부러 간다. 걸어서, 버스로, 전철로, 비행기로, 자가운전 등 다양한 수단으로 이동해본다. 매일 전철로만 출퇴근했다면 버스를 이용해본다.

자주 가본 곳이라도 안 본 공간이나 분야를 살펴본다. 필자는 광화문 교보문고에 정기적으로 간다. 코스가 늘 같았다. 지하철 5호선 광화문역 세종로 출입구로 들어간다. ㄱ자 형으로 둘러보며 책의 트렌드를 살핀다. 나를 사로잡은 책을 몇 권 구입 후 지하철 1호선 종각역 방면 종로출입구로 나온다. 그러다가 어느 날 ㅁ자 형태로 돌았다. 잡지, 만화, 건강·취미, 예술, 여행, 요리·가정생활, 어린이 교구, 아동, 유아 등 그간 내가 놓친 분야를 보게 됐다. 손주들과 함께 놀이할 트렌드가 펼쳐진다.

다양성에서 통찰력이 나온다. 『구글은 어떻게 일하는가』를 보면 이런 말이 나온다. '좋아하지 않는 사람들과 함께 근무해야 한다.' 이것이 동질적인 조직으로 변해 실패하는 요인을 막아주는 최고의 방어수단이기 때문이다.

배경이 다른 사람은 세상을 다른 눈으로 본다. 이때 다양한 관점에서 따로 가르쳐줄 수 없는 통찰력이 나온다. 다양한 견해가 한데 모이면 돈으로도 살 수 없는 좀 더 폭넓은 견해를 만들어내는 바탕이 된다. 고품질, 다량, 다종의 빅데이터에서 새롭고 유일한 가치가 창출되는 이치와 같다. 구글이 늘 세계 시가총액 순위 5위 안에 포진하는 이유다. 나 개인도 같다. 다양한 정보를 받아들여야 더 새로운 통찰이 창조로 이어진다.

다음은 간접경험이다. 다양한 간접경험의 최적수단은 독서다. 더 나아가 직접경험과 간접경험을 동시에 할 수 있는 게 있다. 바로 독서 모임이다.

- 상상력과 창의력

봉준호 감독은 아카데미 시상식에서 "개인적인 것이 가장 창의적인 거다."라고 했다. 지극히 개인적인 것이 다른 사람들에겐 새로움이기 때문이다. 짧은 순간에 이루어지는 나만의 본능적인 판단과 선택들이 나의 삶을 엮어간다.

이 본능적 판단과 선택의 기준은? '익숙한가? 새로운가?'이다. 익숙하면 바로 받아들인다. 다만 끌림은 약하다. 변화와 발전도 크지 않다. 새로움은? 끌림과 두려움이 함께한다. '선'으로 느끼면 강한 끌림으로 바짝 다가선다. 문제는 두려움이다. 두려우면 '악'이라는 불안으로 회피하거나 맞선다. 회피는 내 정보망에서 벗어난다. 그러나 맞섬은 다르다. 나의 정보망을 뒤흔든다.

이렇게 우리는 익숙한 것, 새로운 것 중에 선으로 느껴 끌리는 것, 악으로 인식되었지만 맞선 것들을 나와 연결시켜 다른 새로움을 창조해낸다. 결국 익숙한 것, 새로움에 대한 '선'의 판단, 새로움에 대한 '악'의 인식 중에 나와 맞선 것들이 많아야 한다. 이게 나의 빅데이터가 된다. 이러한 정보가 더 많고 더 다양해야 '세상에서 더 유일한 나만의 새로움이 창조'된다.

'더 유일한 새로움의 창조'는 어떤 것일까? 세 가지다. 창의력이 강한 순서로 하면 다음과 같다.

하나, 아예 '없는 것을 새로' 만든다. 무無에서 유有를 창조하는 것이다. 세상에 없었던 새로운 것을 처음 만들어 낸다.

둘째, 기존 것들을 충돌시켜 '기존과 전혀 다른 새로운 것'을 만든다. 이를 위해서는 더 많은 것들, 더 다양한 것들, 더 멀리 떨어져 있는 다른 것들, 아주 상관없는 것들을 융합시킬수록 더 전혀 다른 새로움이 나올 확률이 커진다. 뇌과학 실험에서도 창의성이 높은 결과 도출일수록 평소 사용하지 않던, 서로 더 멀리 떨어진 뇌세포들이 연결되며 활성화됨이 밝혀졌다.

이 책도 여기에 해당한다. 강점 찾기, 사명과 비전, 4차 산업혁명, 회복탄력성, 긍정, 마음관리, 독서 또는 독서모임 등 각 분야별 책들은 너무 많다. 필자는 이들을 충돌시켰다. 연결 융합했다. 위대한 나와 4차 산업혁명세상을 연결하여 사명을 갖고 살아가면 나도 세상도 함께 행복하게 바뀌는 새로움을 창조했다.

셋째, 기존 것에서 '기존과 좀 다른 새로운 것'을 만든다. 단일한 기존 것에 새로움을 입혀 기존보다 더 새로운 것을 만들어 낸다.

그렇다면 나의 판단과 새로움을 창조하는 재료인 '익숙함과 새로움의 기준'은 어디서 나올까? 또한 새로움에 대한 '마음속의 선·악의 기준'은? 악에 대한 '회피와 맞섬의 기준'은?

세 가지에서 나온다. 강점과 약점 등 태생적인 나의 감성, 나의 경험과 기억, 나의 지식데이터에서 나온다.

먼저, 태생적인 나의 감성은 강점분야에서 일하면 된다. 나의 강점분야라면 회피보다는 맞섬으로 도출된다. 강점분야의 일은 재미있고 좋아하기 때문이다. 노벨상 수상자들은 그 분야에서 창의적 성과를 이룬 인재들이다. 그들에게 비결을 물으면 한결같이 "좋아하는 것을 하라."고 답한다. 강점분야에서 일하라는 거다.

좋아함과 창의력의 상관관계는? 좋아하면 몰입한다. 한곳에 몰입하다보면 그 경계에 다다른다. 호기심과 상상력이 발동한다. 경계를 넘어선다. 경계 너머 다름과 연결 또 연결되면서 또 다른 새로움이 창조된다.

구글이 좋은 예다. 구글은 업무시간의 20퍼센트를 자유 시간으로 준다. 축적해놓았다가 한꺼번에 사용하기도 한다. 그 시간에 자기가 개인적으로 좋아하는 일을 한다. 흥미와 관심분야를 파고든다. 함께 근무하지 않는 타부서 직원들과 관심 있는 기술을 훈련하고 발전시킨다. 20퍼센트 자유시간의 성과는 새로운 제품이나 서비스개발이 아니다. 스스로 뭔가 좋아하는 일에 매달릴 때 배우는 교훈이다. 전문성과 창의력에서 아주 뛰어난 결과를 얻는다. 창의력이 향상되고 지속된다.

그다음 핵심은 다양한 경험·기억, 그리고 지식 데이터의 크기다. 나의 경험이 다양하게 많고 지식 데이터가 크면 클수록, 익숙함 그리고 새로움에 대한 끌림과 두려움에 대한 맞섬은 커진다. 반대로 두려움에 대한 회피는 작아진다. 다량, 다양, 다종의 빅데이터 안에서 해결되니 당연한 결과다. 더 나아가 더 다양한 경험과 더 많은 지식 데이터를 채울 최선의 툴을 지속적으로 찾게 된다.

'세상에서 더 유일한 새로움의 창조(세 가지)'를 잘하려면 요구되는 게 또 하나 있다. 있음有과 없음無을 정확히 아는 거다. 있는데 없는 줄 알고 새로 만들면 헛수고다.

그렇다면 위와 같이 다양한 경험과 지식 데이터를 더 많이 채워서 정확한 유·무有·無, 더 많은 수, 더 많은 종류, 종류의 특성이 더 많이 다른 것을 어떻게 더 잘 알 수 있을까? 이들을 어떻게 나와 연결시켜 새로운 나를 만들어 낼까?

그 하나가 독서모임이다. 또 다른 하나는 유튜브 등 디지털 플랫폼을 통한 자기주도 학습이다. 영상은 매체 특성상 단편적이어서 나와의 연결성이 독서보다는 상대적으로 약하지만 실시간 최신 정보로서는 가치가 있다. 독서모임과 디지털 플랫폼에 의한 학습이 균형과 조화를 이루어야 한다.

아울러, 상상력과 창의력은 당연히 위의 객관적 사고력, 문제 발견력, 다양성과 함께해야 그 효과가 증대된다. 그러려면 마음이 불안하면 안 된다. 웃음이와 긍정이가 늘 함께하여야 한다. 마음이 평화롭고 고요해야 한다. 회복탄력성과 긍정력도 유지해야 한다. 집중되어 깊은 사고가 가능해진다. 창의력이 높아진다.

동시 다모작시대, 급변하는 일자리 지도에서 나만의 답을 빨리 찾아야 한다. 쏟아지는 정보들의 진위를 판단 선택하여, 나와 연결 통합하는 창의력으로 나만의 새로운 길을 만들어야 한다.

- 공감력·감성지능·사회적 지능

코로나 팬데믹, 디지털 플랫폼과 AI 4차 산업혁명이 '공감력, 감성지능과 사회적 지능'을 급격히 하락시키고 있다. 스마트폰 등 디지털기기 중독, 비대면 언택트 등으로 사람과 사람의 물리적 만남까지 줄어들기 때문이다. 또 하나는 취향과 성향이 같은 내 편끼리만 초연결되는 SNS 플랫폼 소통구조 탓이다.

공감력, 감성지능, 사회적 지능이란 무엇인가? 공감력 → 감성지능 → 사회적 지능의 정의는 맥락은 같이하지만 조금씩 차이를 주며 확장된다.

'공감력'은 다른 사람의 입장에서 생각할 수 있는 능력을 말한다. 다른 사람의 관점에서 상황을 바라보는 거다.

'감성지능'은 한 걸음 더 나간다. 나와 타인의 감정까지 헤아리는 것이다. 나의 감정을 다스리며, 다른 사람의 감정을 이해하고 공감하여 조화를 이루는 능력이다. 하버드대학의 심리학 교수인 '대니얼 골만'이 자신의 저서 『EQ감성지능』에서 처음 제시되면서 대중화됐다.

'사회적 지능'은 좀 더 확장된다. 나와 타인의 감정뿐만 아니라 사고와 행동까지 포함된다. 일상생활에서 나와 타인의 감정과 사고행동을 이해하고, 그러한 이해의 바탕 위에서 적절하게 행동할 수 있는 능력이다.

이를 종합하면 '일상생활'에서 '나와 남'의 '감정과 사고·행동을 이해'하고 '이에 맞춰 공감'하고 '행동하는 능력'을 갖춰야 한다는 것이다.

어떻게 해야 할까?

먼저 핵심 기본마인드를 배양해야 한다. '사람은 다 다르고 다 똑같다.'를 인식하는 것이다. '타인'이나 '나'나 우리 모두는 외모, 말투, 성격, 기질, 감정, 생각, 행동, 세계관, 이념 등이 각각 '다 다르다.' 그러나 자기중심적인 생각과 무의식적인 착각, 오류 등 편향적 사고는 '다 똑같이' 가지고 있다.

내 입장에서 보면 상대의 말과 행동이 거슬릴 수 있다. 이는 상대방도 마찬가지다. 나는 옳은 것을 말하고 바르게 행동했다고 생각함에도 불구하고, 타인에겐 나의 가치나 행동이 더 불편할 수 있다. 서로 무의식적으로 다름을 틀림으로 받아들인 결과다. 나와 틀림은 나를 공격하는 신호로 받아들인다. 바로잡아야 한다는 본능적 감정이 일어난다. 공감은 더 멀리 달아난다.

나와 너, 우리 모두는 서로 다른different 것이다. 틀린wrong 게 아니다. 법규나 사회규범을 위반하지 않는 한 사회·인간관계에서 틀린 것은 없다. 다를 뿐이다. 다름을 틀림으로 받아들이면 공감력 → 감성지능 → 사회적 지능으로의 확장에서 첫발도 내딛을 수가 없다. 그래서 나와 다름이 부딪치면 먼저 상대가 '왜 그런 말과 행동을 했을까?'를 헤아려보는 습관을 들여야 한다.

'사람은 다 다르고 다 똑같다'가 내 머리와 가슴에 안착되면 타인의 가치, 생각, 말과 행동에 대한 무의식적인 저항이 점차 없어진다. 자연스럽게 일상생활에서 나와 남의 감정과 사고·행동을 이해하고 존중하게 된다. 이에 맞춰 공감하는 말과 행동이 뒤따른다. 모든 사람들을 다 다르게 대하는 능력이 생긴다. 서로

다 다른 상대의 특성에 맞춰 말하고 듣는다. 공감력, 감성지능, 사회적 지능이 최고조를 유지한다.

더 나아가 '사람은 다 다르고 다 똑같다'는 인식 속에서 아래 내용을 실천한다.

첫째, 나와 다른 생각을 가진 사람들과 자주 대화를 갖는다.

둘째, 무의식적 착각과 판단오류의 자기편향에 유의한다. 나뿐만 아니라 상대방도 그럴 수 있음을 인식한다.

셋째, 경청과 비폭력대화를 습관화한다.

넷째, 자기수용, 과제분리, 타자공헌 한다.

다섯째, 체험하는 나와 관찰하는 나를 분리하는 연습을 한다.

첫째, 나와 가치, 이념 등 생각이 전혀 다른 타인과 일부러 친하게 지내며 대화를 자주한다. 페북, 카톡방 등 SNS을 보면 나와 전혀 다른 사람들을 발견하게 된다. 대부분 본능적으로 회피한다. 필자는 그들을 더 자주 만난다. 나와 다른 생각을 듣고 나의 생각을 공유해본다. 내 생각이 더 견고해질수도 있고, 거꾸로 그들의 생각과 행동에 공감되어 나의 사고가 더 객관화될 수도 있다. 확증편향에서 벗어나는 최선의 방법이다.

둘째, 무의식적 착각과 판단오류의 자기편향에 유의한다. 내가 보고 들어 알고 있는 것들, 기억하고 있는 거, 믿어 의심하지 않는 것들이 사실이 아니라 착각이라면? 섬뜩하다. 왜냐면 우리는 이게 사실이라고 알고 우기며 남을 공격하고 나무란다. 공감은 첫발도 떼지 못한다. 그러면서 편견과 고정관념은 더 깊어만 간다.

무주의 맹시, 확증편향, 인지부조화, 가용성 편향 등 뇌 스스로 착오를 일으키거나, 자신을 보호하기 위한 방어기제 때문에 무의식으로 나타나는 착각과 판단의 오류들이다.

먼저 '무주의 맹시'다. 워크숍에 갔다. 강사가 동영상을 보여준다. 그러면서 흰색 유니폼을 입은 학생끼리 패스를 몇 번 하는지 세어보란다. 집중했다. 하나, 둘, 셋 … 열다섯! 그래 열다섯 번이네. 근데 강사가 난데없이 고릴라를 봤냐고 묻는다. 고릴라? 못 봤는데 … 흰색 티를 입은 학생끼리 주고받은 횟수를 세느라고. 더욱이 검은 옷 입은 학생들도 섞여 그들끼리도 패스하고 있어 집중해야만 흰색 유니폼끼리의 패스하는 수를 셀 수 있다.

그런데 그 말을 듣고 다시 리플레이replay하여 보니 중간에 고릴라가 나타났다. 더군다나 정면 보며 가슴을 두드리는 고릴라 특유행동까지 했다. 난 분명 두 눈을 똑바로 뜨고 집중해서 봤는데 황당했다.

하버드대학 조교수였던 '대니얼 사이먼스'와 대학원생인 '크리스토퍼 차브리스'의 일명 '보이지 않는 고릴라' 실험이다. 문제는 나처럼 고릴라를 보지 못했다고 하는 사람이 절반을 차지했다.[70] 런던 허트포드셔대학의 '리처드 와이즈먼' 박사는 같은 실험을 동영상이 아닌 실황으로 재연해봤다. 놀랍게도 400명의 청중 중에 90%가 고릴라를 보지 못했다.

뭔가에 집중하면 눈으로 보고도 관심대상이 아닌 다른 것은 보지 못하는 현상이다. 우리는 세상의 어느 부분을 아주 선명하게 보고 있다고 믿지만 사실은 지금 관심을 쏟는 부분을 뺀 나머지 세상은 전혀 인지 못 한다. 내가 내 눈으로 직접 봤다. 내가 직접 들었다. 내가 직접 경험했다는 게 사실은 진실이 아닐 수 있다. 그런데 나는 우긴다. 내가 옳다고. 왜냐면 내가 직접 보고 듣고 체험했으니까.

위의 '무주의 맹시'는 우리가 뇌 과학적으로 인지하지 못하여 나타나는 자연스러운 현상이니 어쩔 수 없다. 그런데 나 스스로도 자신의 신념과 일치하는 정보만 받아들이고 자기 생각과 다른 정보는 거들떠보지도 않아 터무니없는 오류를 범하기도 한다. 앞서 수없이 언급한 '확증편향'이다.

지지난 미국 대선기간 중에 미국의 대표적인 소셜네트워크 분석 컨설턴트 업체인 orgnet.com의 CEO '발디스 크레브스'는 아마존의 구매성향을 분석했다.

오바마를 좋게 쓴 책을 산 사람들과 반대로 그를 부정적으로 그린 책을 구매한 사람의 성향은 어떻게 다를까? 오바마 지지자들은 그를 긍정적으로 평가한 책을 샀다. 반면, 그를 싫어하는 유권자들은 부정적 관점으로 쓴 책을 구매했다.

사람들은 정보를 얻기 위해서가 아니라 확증을 얻기 위해 책을 구매하고 있었다는 결과다. '크레브스'가 수년간 아마존의 구매 성향과 그들이 SNS에 들락거리는 빅데이터를 분석해보니 사

람들이 확증편향에 빠진 실상이 적나라하게 나타났다.[71]

우리는 타인과 이견이 생기면 자기주장을 뒷받침하는 근거를 찾아낸다. 당연하다. 주장에는 증거력이 있어야 하니까. 문제는 자료를 검색하면 자기 신념과 반대되는 근거자료도 눈에 띤다. 그러나 나의 관점과 다른 근거는 간과하거나 폄하하여 채택하지 않고 자기 신념을 뒷받침하는 근거만 적극 받아들인다. 그리고는 자기가 당초 가진 의견이 보편적인 진실인양 착각하여 주장한다. 데이터를 통해 정보를 얻는 것이 아니라 자신의 신념만을 확인받는 것이다.

TV토론을 시청하거나 회의에 참석해보면, 특히 2022년 20대 대통령선거기간 SNS를 보면 확신의 덫에 걸린 사례를 수없이 발견한다. 자기주장과 반대되는 근거가 제시되면 그 자료를 살펴보고 혹시 내 신념과 논리에 오류가 없는지를 살펴야 한다. 그러나 우리는 이를 무시하거나 폄하하고 자신주장의 근거만이 맞는다고 강변한다.

한겨레신문을 보는 사람과 조선일보를 구독하는 사람을 보면 그 정치적 성향이 선명하다. 어쩌다 진보적 신념을 가진 사람이 조선일보를 보다가, 또는 보수 관점을 가진 사람이 한겨레를 보다가 자신의 신념과 다른 증거력 있는 기사를 접하면 어떨까? 또 그게 사실인 경우에도 대개 이렇게 반응한다. '이건 경우가 다른 거야' 또는 '또 허위사실을 썼군.' 특수한 경우로 폄하하거나 아예 받아들이지 않는다.

그뿐인가. 내가 한 행동이나 말을 합리화하기 위해 나의 믿음이나 태도를 스스로 바꾸기도 한다.

미국 심리학자 '페스팅거'는 스탠퍼드대 학생을 대상으로 실험을 했다. 학생들에게 매우 지루한 과제를 수행하게 했다. 그런 다음, 한 집단에는 실험에 참여한 대가로 20달러를 준다고 약속하고, 또 다른 집단에는 1달러를 제시했다. 이후, 뒤에서 같은 실험을 위해 기다리는 학생들에게 실험이 재미있다고 말해달라고 부탁했다. 결과는 어땠을까? 실험당시가 1960년대였으니까 20달러면 큰돈이었음을 상기하자.

단순하게 생각하면 큰돈을 받은 학생들이 시키는 대로 거짓말을 할 것 같다. 그러나 결과는 정반대였다. 왜일까? 20달러를 받은 학생들은 큰돈을 받아 자신이 한 지루한 실험에 대해 충분한 보상이 이루어져 실험이 재미없었다고 솔직히 말한 것이다.

그러나 1달러를 받은 학생들은 1달러가 지루한 실험에 대한 충분한 보상이 안 되므로 실험이 재미있었다고 자기 스스로를 합리화한다. 그래야 마음이 편해지니까. 그래서 사실과 다르게 말한다. 지루한 것을 "재미있어"라고. 사람은 신념과 신념, 또는 신념과 실제로 보거나 해본 것과의 불일치가 일어나면 마음이 불편하다. 그러면 '인지 부조화cognitive dissonance'를 해소시키려 한다. 자신의 행동을 합리화하기 위해 태도를 변화시킨다. 결국 사실이 아닌 것을 사실이라고 믿는다.

우리를 편향적 사고에 몰아넣어 판단에 혼란을 주는 게 또 있다. 골초인 친구가 있다. 건강에 해로우니 담배를 끊으라는 친구들 조언에 그는 항상 이런 식이다. "우리 시골동네에 구순이 넘으신 할머님이 계시는데 지금도 담배를 한 갑씩 태우신다니까" "더구나 지금도 밭일을 직접 하시고 건강하시지." 이렇게 자기가 직접 보고 겪은 사례만으로 그것이 보편적인 사실이라 믿어 버린다.

그래서인가 정치인들은 사례를 곁들여 말함으로써 대중을 현혹한다. 아주 작은 사례가 보편적인 양 믿게 한다. 이를 심리학 용어로 '가용성 편향Availability bias'이라 한다. 자신의 경험 혹은 자주 들어서 익숙하고 쉽게 떠올릴 수 있는 것들을 가지고 세계에 대한 이미지를 만드는 것이다. 문제는 자신의 머릿속에 더 잘 떠오른다고 해서 실제로도 보편적인 것은 아니라는 데 있다.[72]

더 나아가보자. 우리가 기억하고 있는 것 모두가 진실일까? 내가 직접 보고 들어 기억하는 것이니 당연히 사실일 것이다. 그러나 우리의 기억은 상당부분이 팩트가 아니다.

1986년 미국 우주왕복선 챌린저호가 공중 폭발했다. 그날 미국 에모리대학의 심리학자들은 44명의 학생들에게 '챌린저호 참사소식을 어떻게 처음 알게 되었는지'를 물었다. 그리고 2년 반이 흐른 후 같은 학생들에게 똑같은 질문을 했다. 결과는 충격적이다.

1/3의 학생들이 두 기억 간에 큰 차이가 있었다. 기억의 정확도와 자기 확신 간에 상관계수도 0.29(상관계수 범위 −1~1, 양의 상

관계수는 0~1)로 낮았다.[73] 두 기억 간에 사고를 들은 장소도, 사고소식을 전해주는 매체도, 그 결과 누구에게 어떤 행동을 했는지가 서로 달랐다. 한마디로 소설을 쓰고 있었다.

인간의 기억에 대해 신뢰성이 약하다는, 아니 신뢰성이 없다고 주장하는 학자가 있다. 미국 캘리포니아 대학의 심리학·범죄학·인지과학 '엘리자베스 로프터스' 교수다. '로프터스' 교수는 거짓 기억, 조작될 수 있는 기억에 대해 연구하고, 그 결과 기억은 조작될 수 있다고 주장한다. 그래서 그녀는 수십 년 동안 목격자 증언과 용의자 지명에 반대해 왔다.

그녀는 이런 실험을 했다. 가짜 범죄를 목격하게 한다. 물론 목격자들은 진짜 범죄현장으로 안다. 용의자들을 일렬로 세우고 범인을 지명하게 한다. 경찰은 세워진 용의자 중에 범인이 있다고 말한다. 물론 범인은 세워진 용의자 중에는 없다. 그럼에도 78%의 사람들이 범인을 지목하며 그 사람이 범죄를 저지르는 것을 봤다고 주장한다.[74] 섬뜩하다.

어떻게 이런 일이 생기는 걸까? 뇌 과학자 KAIST 김대식 교수는 모 일간지에 연재한 《김대식의 '브레인 스토리'》 중에 '기억은 소설을 쓰고 있다'고 했다. 그 내용이다.

불행하게도 우리의 기억은 컴퓨터 하드디스크가 아니다. 하드디스크엔 정보가 입력된 그대로 저장된다. 하지만 망막을 통해서만 매시간 100기가바이트 정도 들어오는 정보량을 평생 지속적으로 입력하기엔 뇌의 저장량이 모자란다. 결국 우리의 경험은 보고 듣고 지각한 그 자체가 아니라 극도로 압축된 상태로 뇌에 저장된다. 이때 기억과 정보 압축은 해마라는 뇌의 한 부분에서 일어난다.

이때 특별히 집중하며 경험하지 않은 정보는 '제목' 위주로 압축된다고 볼 수 있다. 다시 말해 큰 관심 없이 TV를 보던 증인의 기억엔 '남자' '큰 가방' '호텔' 같은 식으로 제목들만 입력된 것이다. 시간이 지나서 입력된 정보를 다시 불러오면 우리는 예전에 경험했던 본래의 정보가 아니라 이미 제목으로 압축된 정보를 가져온다. 압축된 정보 사이의 구체적인 내용은 과거 경험이나 편견에 바탕을 두고 재생된다. 지난주 화요일 점심으로 무엇을 먹었을까? 거의 한 시간 동안 무언가를 분명히 먹었을 텐데, 대부분 기억나지 않는다. 어제 회식자리에 같이 있었던 동료의 넥타이 색깔 역시 기억하기 어려울 것이다. 하지만 만약 우리가 증인으로 어제 있었던 일들을 구체적으로 기억해야 한다면 우리의 뇌는 압축되었던 기억을 기반으로 무언가를 재생하기 시작할 것이다. 하지만 그건 기억이 아니다. 단지 우리 뇌가 대부분 소설을 쓰고 있을 뿐이다.

우린 허구를, 사실이 아닌 것을 사실인 양, 진실인 양 기억한다. 그리고 내가 직접 봤다고, 들었다며 강변한다.

이렇게 우리의 뇌는 스스로 착오를 일으키거나 자신을 보호하기 위한 방어기제로 무의식인 착각과 판단의 오류를 범한다. 판단과 선택의 착오에 의한 자기의지는 점점 굳어가고 이걸 보편적 가치로 오인해 다른 사람에게 강요한다. 불소통의 원인이다.

나뿐만 아니라 상대방도 그럴 수 있음을 인식해야 공감력과 감성지능·사회적 지능이 싹튼다.

"세상에는 아주 단단한 것이 세 가지 있는데, 그것은 강철, 다이아몬드, 그리고 자신에 대한 인식이다."라는 '벤저민 프랭클린'의 말이 생각난다. 자기 스스로 만든 인식이 잘못되어 편견과 고정관념에 빠졌을 때 그 변화의 어려움을 단적으로 나타낸 것이다.

셋째, 남의 말을 중간에 끊거나, 듣는 둥 마는 둥 하면 안 된다. 단둘이든 다수가 모여 대화를 나누더라도 마찬가지다. 적극적인 자세로 눈을 마주치며 경청傾聽한다. 한자로 기울 경, 들을 청이다. 주의를 기울여 열심히 듣는 거다. 청聽자를 보자. 귀(귀 이), 눈(눈 목), 마음(마음 심), 전념(임금 왕)을 뜻하는 글자의 합이다. 귀뿐만 아니라 눈으로 보며, 마음으로 공감하면서, 전념하여 듣는 것이다.

주요내용에서는 고개를 끄덕이며 반응해준다. 온몸으로 듣는다. 뻔한 이야기 또는 말도 안 되는 내용이라도 마찬가지다. 경청하다 보면 동감하지 않더라도 상대의 관점과 상황을 공감하게 된다. 동감同感은 '같음'이고, 공감共感은 '함께'의 의미다. 상대의 감정, 의견, 주장에 대해 나도 이해된다는 느낌을 함께하는 공감은 사회적 지능을 키우는 첫걸음이다.

내가 말을 할 때는 비교, 판단, 비난, 명령, 요구의 언어를 구사하지 않는다. 조언을 하고 싶을 때는 해도 되는지 상대방에게 먼저 동의를 구한다. 일명 비폭력대화다. 공감과 감성지능을 키우는 발판이다. 상세방법은 '협력과 융합의 소통력'에서 알아본다.

넷째, 자기수용, 과제분리, 타자공헌이다. 『미움받을 용기』를 읽었다. 이 책에 나오는 '⟨① 자기수용⟩ → ⟨② 과제분리⟩ → ⟨③ 타자공헌⟩' 프로세스가 여전히 몸과 마음에 새겨져 지워지지 않는다.

이 세상에는 내가 어찌 해볼 수 없는 게 두 가지 있다. 하나는 내게 이미 주어진 것, 이미 벌어진 일이다. 천 개의 문제에 하나의 해답은? 받아들임이다. ⟨① 자기수용⟩이다. 작은 키의 유전자로 가난한 집에 태어났다. 태어나면서 이미 나에게 주어진 거다. 돈 없어 대학도 못 갔다. 이미 벌어진 일이다. '이미 주어진 것'과 '이미 벌어진 일' 자체는 바꿀 수 없다. 받아들여야 한다. 부모님과 세상을 탓해야 에너지만 낭비된다.

그러나 나에게 주어진 것, 이미 벌어진 것을 바탕으로 내가 나를 새롭게 만들어 갈 수는 있다. 나의 생각, 마음, 행동, 습관 등은 내가 바꿀 수 있기 때문이다. 자기주도 학습으로 나의 강점을 세상과 연결시키면 된다. 이는 '나의 과제'다. 나의 과제는 내가 실행할 수 있다.

또 하나 내가 어찌할 수 없는 것은 '타인과제'다. 타인의 생각, 마음, 행동은 내 맘대로 할 수 없다. 타인이 나를 부정적으로 생각한다. 나를 배신하지 않을까? 걱정이다. 문제는 내가 강요하거나 설득한다고 쉽게 바뀌지 않는다. 그래서 타인과제다. 화내

고 미워하며 증오해야 나만 손해다. 면역세포가 파괴되어 내 건
강만 해친다.

따라서 일상에서 나의 과제인지 타인과제인지를 분리해야 한
다. 〈② 과제분리〉다. 타인과제이면 '사람은 다 다르고 다 똑같
다'는 공감력으로 받아들이기가 쉬워진다. 그러면서 상대가 내
게 해줄 것을 바라지 말고, '내가 무엇을 해줄까?'를 생각하고 실
천한다. 기버Giver가 된다. 〈③ 타자공헌〉이다.

미 와튼스쿨 '애덤 그랜트' 교수는 그의 저서 『GIVE and
TAKE 기브앤테이크』에서 사례분석과 체계적인 연구결과를 바
탕으로, 주는 사람이 성공한다는 것을 입증한다. 양보하고, 배
려하고, 베풀고, 희생하고, 조건 없이 주는 사람이 성공 사다리
의 꼭대기에 오른다는 것이다. 더 많은 이익을 챙기려는 사람
taker이나, 받는 만큼만 주는 사람matcher보다 더 성공함을 검증
해낸다. 사회적 지능이 커진 결과다. 건강하고 행복한 자유로운
삶을 산다.

다섯째, 체험하는 나와 관찰하는 나를 분리하는 연습을 한다.
위 회복탄력성에서 언급된 '마음챙김 명상'이다. '내 마음을 내
주인으로 할 것인가? 내가 내 마음의 주인이 될 것인가?'의 선택
이다. "너~ 가슴이 콩닥거리는구나." "너~ 화를 내고 있구나."
알아차린다. 관찰 자아로 떨어져 체험하는 나의 두근거림을 인
지하고 관찰한다. 있는 그대로를 받아들인다. 그러면서 내가 나
를 컨트롤한다.

내가 나를 조정해야 한다. 순간순간의 자극에 무의식적으로 반응하던 나의 반사적 행동이 줄어든다. 수시로 변하는 몸과 마음의 현상을 알아차림으로써 반응 하나하나에 휘둘리지 않고 마음의 평화를 유지한다. 나의 말과 행동을 스스로 통제할 수 있게 된다. 경청하며 상대방을 공감한다. 감성지능이 발동한다.

위 다섯 가지 실천력을 한 번에 키워가는 방법이 독서모임이다.

- 인성, 진정성 등 자기성찰력

나는 하루에 몇 번을 선택하며 살아갈까? 1만 번 이상[75]이다. 이 선택들이 나의 운명을 결정짓는다. 정보 → 생각(감성과 이성) → 선택하여 말하고 행동 → 습관 → 인격 → 운명이다. 핵심은 정보·생각·선택에 의한 말과 행동이다. 이들이 습관으로 굳어지면 그 다음부터는 자동시스템이다.

역사적 위인들과 인재들은 정보와 생각에 의한 선택의 차이로 탄생했다. '정보의 질과 양, 그리고 그 정보에 대한 생각하는 사고력'이 핵심이다. 그럼, 이를 뒷받침하는 게 무엇일까? 바로 '자기성찰력'이다.

자기 자신의 마음을 뒤돌아보며 반성하고 살피는 것이다. 쏟아지는 정보의 홍수 속에서 무의식 감정과 이성적 의식인 내 '생각'이 나만의 '욕구와 믿음'을 만들어 낸다. 이를 바탕으로 판단과 선택, 말과 행동을 한다. 그 말과 행동의 결과가 현실로 나타난다. 이 과정에서 두 가지 자기성찰이 요구된다.

하나는 결과를 의도하는 나의 '욕구와 믿음'이 '얼마나 진실되고 참된 것인가?' 뒤돌아보는 것이다.

또 하나는 '실제 나타난 결과에 대한 나의 성찰정도가 어느 수준인가?'이다. 즉, 당초 의도와 다르게 결과가 나타난 경우, 그 결과를 만든 나의 '욕구와 믿음'의 근거가 되는 정보의 합리성에 문제가 없는지를 뒤돌아보고 반성하는 것이다.

이를 통해 나의 욕구와 믿음을 만들어 내는 나의 정보와 생각들에 대한 반성과 성찰능력이 만들어진다. 여기서 자기성찰의 기준이 되며, 성찰력을 빛나게 하는 밑바탕이 바로 '인성'과 '진정성'이다. 타인을 존중하고 배려하면서 소통하는 인성, 그리고 늘 진실하고 올바른 진정성이 뒷받침되어야 한다.

그럼 인성, 진정성 등 자기성찰력을 어떻게 키울까? 필자는 출근길 전철에서 내려 사무실로 걸어가면서 하늘을 향해 늘 스스로 되새기는 말이 있었다. "나는 오늘 이 세상을 위해 무엇을 할 것인가?" 그리고 잠자리에 들기 전에 "나는 오늘 이 세상을 위해 무엇을 하였는가?"에 대한 결과를 일기장에 썼다.

이렇게 매일 나를 인식하는 시간을 갖는다. 내가 한 말과 행동으로 인해 다른 사람들과 세상에 미친 영향을 생각하는 것이다. 또한 페북이나 인스타그램, 블로그 등 SNS에 글을 쓰거나 다른 사람들의 글에 댓글을 남길 때, 내 글과 내 댓글에 대한 다른 사람들의 좋아요 또는 댓글내용 등 반응을 살피며 스스로 나를 인식하는 시간을 갖는다. 나의 '인성과 진정성'에 문제는 없었는지? 나의 욕구와 믿음이 얼마나 '진실되고 참된 것'인지? 내 생각과 판단의 합리성에 문제가 없었는지?

또 하나는 독서모임이다. 책읽기, 공감·비공감 내용과 그 이유 쓰기, 발제문 쓰기 그리고 토론주제 도출하기, 발표 및 토론 주재하기, 토론, 사람 만나기 등이 인성, 진정성 등 자기성찰력을 한 번에 해결한다. 자세한 효과 등은 Part 5에서 다룬다.

- 협력과 융합의 소통력

세계최고 기업들의 직원 성과평가 포인트가 달라졌다. 마이크로소프트의 CEO '사티아 나델라'가 MS의 경영혁신을 다룬 『히트 리프레시』라는 책을 썼다. 이 책을 소개하고 토론하는 한국생산성본부의 'CEO북클럽'에 참석했다. 강사로 나선 당시 한국 마이크로소프트의 우미영 부사장은 협업을 강조하는 MS의 문화를 소개했다.

필자를 사로잡은 것은 그들의 직원 성과평가의 특이성이다. '디지털을 활용한 성과'를 3가지 지표로 평가한다. 하나, 내 스스로 창출한 '자기성과'다. 당연하다. 둘, 내가 '다른 사람들에게 도움을 주어 나타난 성과'다. 셋, 내가 '다른 사람들의 협조를 받아 나타난 성과'다. 협조를 해준 것과 협조를 받는 것의 성과 모두를 평가한다. 협업성과의 점수비중이 크다. 협업소통 결과를 반영하는 것이다. MS가 전 세계 시가총액 1, 2위를 다투는 이유다.

우리나라도 바꿨다. 대한상공회의소에서 5년마다 우리나라 100대 기업의 인재상을 조사한다. '소통·협력'이 2013년 7위에서 2018년 1위로 도약했다. 이제 우리 기업들도 개인보다 팀 협업과 소통활동의 중요성을 인식한 결과다. 2023년 조사결과가 궁금해진다.

세상의 기준이 바뀐 것이다. 야구경기에서 농구경기로 전환됐다. 야구는 위치별로 역할이 분명하다. 공의 방향에 맞춰 그때그때만 임무를 완벽하게 수행하면 된다. 농구경기는 다르다. 실시간으로 모두 함께 기민하게 협업하며 소통해야 한다. 이는 내부 인적자원뿐만 아니라 외부자원과의 소통협업을 포함한다.

디지털 플랫폼과 스마트폰으로 전 세계의 다양하고 다른 배경을 가진 사람들이 나와 실시간으로 연결됐다. 이들과 나를 융합 적용하면 나의 강점을 다양한 모델로 활성화시킬 수 있다. '위대한 나만의 나'가 만들어진다. 협업 소통력이 그 어느 때보다 중요하다.

협력과 융합의 소통력을 어떻게 키울까? 위에서 알아본 회복탄력성과 긍정력, 다양성, 공감력·감성지능·사회적 지능이 기본기가 되어야 협력과 융합의 소통력이 시너지 효과를 뿜어낸다.

긍정, 웃음, 포옹, 명상, 음악, 산책 등 운동, 감사일기 쓰기 생활화로 긍정감정선의 임계치를 늘 높게 유지한다. '사람은 다 다르고 다 똑같다'를 늘 몸속 깊이 새겨 놓는다. 위 두 가지가 함께하면 나와 전혀 다름과 마주치더라도 공감의 느낌을 갖게 된다. 그러면 경청과 비폭력대화가 이루어지고, 다른 사람과의 대화와 토론을 즐기게 된다. 호기심이 발동하며 상상력과 창의력이 샘솟는다. 협업과 소통이 늘 즐겁게 된다.

회복탄력성과 긍정력, 다양성, 공감력·감성지능·사회적 지능을 키우는 방법에서 언급되지 않은 추가적인 방법 몇 가지를 더 알아보자.

첫째, 사람들을 만날 때, 특히 토론 등을 통해 뭔가 결론내기 위한 회의 참석의 경우 일부러 힘을 뺀다.

둘째, 비폭력대화를 몸에 익힌다.

셋째, 화를 내지 않거나 화 다스리는 법을 배운다.

넷째, Why에 집중한다.

첫째, 사람들을 만날 때, 특히 토론 등을 통해 뭔가 중요한 결론을 내기 위한 회의 참석 시 일부러 힘을 뺀다. 비대면 만남도 마찬가지다. 골프에서 가장 어려운 게 힘을 빼는 것이다. 힘이 들어가면 정확성뿐만 아니라 비거리도 줄어든다. 정확하고 강하게 공을 치려면 역설적으로 힘을 빼야 한다.

협업을 위한 소통에서도 이 역설이 통한다. 상대가 어렵고 불편할수록 긴장한다. 지나치게 잘 보이려 하거나 거꾸로 허세를 부린다. 몸과 마음에 잔뜩 힘이 들어간다. 당연히 부자연스러워진다. 내 생각과 마음이 제대로 전달되지 못한다. 소통에 실패할 확률이 높아진다.

회복탄력성에서 익힌 호흡명상이나 억지웃음 등으로 평화로운 마음을 찾은 후에 만남에 들어간다. 이와 함께 필자가 자주 쓰는 힘 빼기 기술이 있다. 위내시경, 대장내시경 등 통증이 동반되는 의료검사에서 이 기술을 활용한다. 불편함 없이 검사를 받는다. 그건 바로 '혀에 힘 빼기'다. 입을 조금 벌리고 혀에 힘을 빼면 몸과 마음의 긴장이 풀린다. 밤에도 불면증 없이 바로 잠이 든다.

둘째, 비폭력대화를 몸에 익힌다.

소통은 늘 비폭력대화로 한다. 나에게 누가 이런 말을 했다고 가정해보자. "당신 대체 뭐가 되려고 그래요?"(비난), "이구~~ A대리는 잘하던데."(비교), "빨리 못 해요? 아직까지 뭐 했어요!" (명령) 아마 반항심이 끓어오를 것이다. 두 대화를 들어보자.

1) "영철아! 넌 왜 이 모양이니(비난). 동생은 안 그러는데……(비교). 너 양말 벗어 어디다 팽개쳤어!! 얼른 못 치워?!(명령) 너 때문에 내가 미쳐!"

2) "영철아! 네가 벗어 놓은 양말이 똘똘 말려 탁자 밑에 있는 걸 보니 (평가, 판단, 비교 없이 관찰 내용을 그대로 구체적으로 표현) 엄마는 짜증난다(그로 인한 나의 느낌을 표현). 우리 모두 함께 쓰는 공간은 깨끗하게 정돈되었으면 해(느낌이 나의 어떤 욕구와 연결되는지를 말함). 그러니 그 양말을 베란다 세탁기에 넣어 주겠니?(구체적으로 부탁)"

어떤가? 전달하고자 하는 내용은 같은데 전해지는 감정은 아주 다르다. 먼저 평가, 판단, 비교 없이 상황에 대한 '관찰 내용을 그대로' 구체적으로 말한다. 그 다음에는 상대의 말이나 행동에 대한 '나의 느낌을 표현'하고, 그 느낌이 나의 어떤 '욕구와 연결'되는지를 말한다. 그리고 끝으로 상대가 해주기 바라는 것을 '구체적으로 부탁'하면 된다.

그렇게 어렵지 않다. 그러나 연습이 필요하다. 우리가 조금만 관심을 갖고 연습하여 생활화하면 협력과 융합의 소통력이 크게 향상될 것이다.[76] 대화는 상대방에게 선악을 전달하는 게 아니다. 나의 생각과 가치("나는 이게 더 가치가 있다.")를 전하는 것이다.

셋째, 화를 내지 않거나 화 다스리는 법을 배운다. 화가 나면 협업과 융합의 소통은 멀리 달아난다. 그러나 화를 내지 않거나, 화를 다스리는 것 둘 다 어렵다. 화를 내는 것은 인간의 본능이고, 생존을 위한 방어기제이기 때문이다.

먼저 화 내지 않는 방법을 생각해보자. 내가 화를 내는 이유는 두 가지다. '나는 옳고 너는 틀리다'는 인식이다. 상황을 나에 대한 공격으로 받아들인다. 상대방 주장의 타당성은 보려 하지 않는다. 틀림을 바로 잡고 내가 이겨야 한다. 또 하나는 원하지 않은 일이 일어남에 대한 무의식적인 감정적 반응이다.

그런데 위 두 가지 상황은 다음 네 가지 중에 하나이거나 겹친 경우이다.

하나, 나와 너의 다름으로 생긴 일이다. 즉 말투, 성격이나 가치관, 이념 등이 다른 것이다. 틀림이 아니다. 내가 받아들여야 한다. 타인과제이다. 내가 화낸다고 고쳐지지 않는다. 기버Giver로 전환한다.

둘, 고의가 아닌 실수일 수 있다. 나도 실수를 한다.

셋, 구조적인 상황의 문제다. 나도 그 상황에서는 다른 방안이 없는 경우가 있다.

넷, 앞서 언급한 무의식적 착각과 판단오류 등 자기편향의 결과다. 나도 너도 다 가지고 있다.

그럼에도 화를 자주 내면 어떻게 될까? ① 내가 망가진다. 뇌 신경 흥분으로 스트레스 호르몬이 과다 배출된다. 공격에 대응해야 하니 심장박동이 빨라지면서 혈압이 상승하여 심혈관질환을 유발시킨다. 근육에 힘을 주어야 하니 혈당이 올라간다. 당뇨가 된다. NK면역세포가 파괴된다. 암에 취약해진다. ② 화를 내어 상대를 제압한 것이 결국은 복수로 내게 되돌아온다. 자존심에 상처받은 상대는 재도전한다. ③ 화낸다고 카타르시스, 즉 마음이 정화되지 않는다. '화'중독에 빠진다. ④ 협력소통이 물 건너가는 등 인간관계가 끝장난다. 나를 넘어 주위사람들에게 피해를 준다. 화재가 나면 옆집까지 불이 번지는 거와 같다.

더 원초적으로는 어떤 상황에 맞닥뜨리더라도 마음의 평화로움이 깨지지 않게 한다. 기분이 좋아지게 하여 불길이 타오르기 전에 막는다. 우선은 앞서 언급한 '마음챙김 명상'을 시도한다. 그래도 조정이 안 될 때 어찌할까?

(1) "기~치~~, 치~~즈~~"를 아주 작게 소리 내어 반복한다. 웃음근육을 자극하는 거다. 김치 치즈가 아니다. '김'자 발음은 입이 다물어져 '기'로 바꿨다. '기치'라는 브랜드의 '치즈'로 연상하면 된다. 여기서 핵심 포인트 두 가지를 지켜야 한다.

하나는 입 꼬리를 양쪽 귀 방향으로 끌어올리며, 얼굴 양쪽 광대근의 움직임을 넘어서야 한다. 눈가에 웃음 주름을 만드는 눈둘레근까지 자극해야 한다. 실제로 "기~~치~~, 치~~즈~~"를 거듭하며, 거울이나 스마트폰으로 환한 나의 얼굴을 확인한다. 또 하나는 '사람은 다 다르고 다 똑같다'를 되새기며, 상대를 공감하는 사랑의 마음으로 웃음근육을 자극해야 한다. 겉과 속마음이 같아지게 한다. 효과가 나타난다.

(2) 기쁨과 감사를 느꼈던 일의 리스트를 몇 개 만들어 스마트폰 메모장에 적어 놓는다. 진정이 안 될 때 읽어보며 그때를 회상하며 즐겁고 행복한 기분을 만끽한다.

(3) 행복감이 넘쳐나는 사진이나 동영상을 스마트폰 카톡 '나와의 채팅방'이나 가족밴드 등 별도공간에 넣어 문제발생 시 꺼내본다.

(1), (2), (3)을 함께해도 좋다. 스스로 기분 좋아지는 방법은 사람마다 다를 수 있다. 스스로 실험하며 개발해 보자.

다음은 화를 다스리는 법이다. 화가 이미 치솟아 올랐다. 표출하지 않으면 화병이 된다. 어떻게 해야 하나? ① 말을 하되 화를 내지 않는다. 바로 위에서 알아본 '비폭력대화'로 의견을 전달한다. 대화하는 것은 서로의 생각과 가치를 전달하는 것이지 옳고 그름을 전달하는 게 아니라 했다. ② 화재진압에 나서는 소방관들이 방화복을 입듯이 마음의 방화복을 입는다. 즉 호흡과 웃음 등으로 재빨리 재무장하여 평정심을 찾는다. 복식호흡을 한다.

아랫배로 호흡한다. 숨을 들이마실 때는 배를 내밀면서 코로 천천히 들이마셨다가 숨을 참고 3~5초 정도 잠시 정지한다. 숨을 내쉴 때도 역시 천천히 배를 집어넣으면서 숨을 치아tooth 사이로 조금씩 끊어서 내쉰다. 정신을 오직 배가 솟아올랐다가 꺼지는 데만 집중한다. ③ 상황이 심각하여 마음이 다스려지지 않을 때는 일단 그 자리를 피한다. 분노의 호르몬인 노르아드레날린은 15초가 되면 최고조에 이르고 2분이 지나면 서서히 수치가 떨어진다. 15분이 지나가면 정상치로 돌아온다.[77]

넷째, Why에 집중한다. 여러 부서나 다양한 사람들과 협업하여 대책을 마련하거나 새로운 제도를 만들어 실행해야 하는 상황, 또는 쟁점이 광범위하고 복잡한 상황에서 협력과 융합소통의 어려움이 발생한다. 이 경우 필자가 공조직에서 경험한 바로는 본질에서 벗어난 의견충돌로 시간을 낭비하는 경우가 많았다. 원인은 각자 위치에서 상황을 보는 시각이 서로 다르기 때문이다.

서로 다른 사람·부서·분야 등과 협업소통을 위해서는 먼저 왜Why를 정의해야 한다. '왜 그 일을 하느냐'가 정의되어 공유되면 언제, 어디서, 누구와, 무엇을, 어떻게, 할 것인가가 수월하게 정렬된다. '왜'가 그 일의 목적이자 그 일을 하는 이유이기 때문이다. '노와이Know Why'가 공유되는 순간 협업융합소통은 길이 뚫린다. 그 일의 목적과 이유에 맞춰 내 소관업무를 수행하면 된다. 경계업무에 대해서만 협의하여 정하면 된다.

협력과 융합의 소통력, 회복탄력성과 긍정력, 다양성, 공감력·감성지능·사회적 지능의 핵심은 결국 인간관계로 귀결된다. 하버드대 '조지 베일런트' 교수는 하버드대학 졸업생 268명, 평균 IQ가 151인 천재여성 90명, 빈민가 출신 남성 456명 등을 약 72년간 추적관찰 연구했다. 매 2년마다 설문조사, 5년마다 건강검진, 15년마다 면담하는 방식으로 진행했다. 이름 하여 〈인생성장보고서〉다.

이 연구는 어떤 자세로 삶을 사는 게 행복한지, 노후에 행복한 사람들은 무엇이 다른지를 밝혀 준다. 노년까지 건강하고 행복하게 사는 요인이 무엇일까? 베일런트의 연구 결론은 '인간관계'였다. 건강하게 장수하면서 행복한 삶을 사는 것은 학벌이나 권력, 사회적 계급, 부富의 수준이 아니다. 형제자매나 친구, 이웃 등과 사회적으로 친밀한 인간관계가 행복한 삶을 결정했다.[78]

협력과 융합의 소통력, 회복탄력성과 긍정력, 다양성, 공감력·감성지능·사회적 지능으로 인간관계가 좋아지면, 4차 산업혁명 세상에서 강점도 더 활성화된다. 건강하게 장수하는 행복한 삶을 살게 된다.

위 9개 필수역량을 한꺼번에 기를 수 있는 솔루션은 없는가? 독서모임이다. Part 5에서 살펴본다.

Part 4

나와 세상이
소통하려면?

버스를 탔다. 왜 이 버스를 탔는가? 왜 그곳에 가려는가? 목적이 다 있다. 만약 아무 목적 없이 버스를 탄 사람이 있다면? 정신병자 또는 치매환자일 것이다. 나는 절대 그렇지 않다. 과연 그럴까?

나도 〈인생이란 삶의 버스〉에 몸을 실었다. 내가 탄 인생버스는 지금도 달리고 있다. 나는 지금 어디로 가고 있는가? 나는 왜 사는가? 잘 모르겠는가? 나만의 보물지도가 없어서다.

잠자던 위대한 나를 깨웠다. 기하급수적으로 변하는 파괴적 혁신의 4차 산업혁명시대의 세상도 알았다. 순기능과 역기능도 도출했다. 이에 맞춰 필수역량 9개도 살펴봤다.

이제는 이를 기반으로 '위대한 나'와 '기하급수적으로 변화하는 세상'을 연결해야 한다. 나만의 보물지도를 그려야 한다. 세상과 끊임없이 소통하며 살아야 한다. 무엇을 기준으로 연결하고 소통해야 할까?

바로 나에게 강점을 주시고, 그 강점을 활용하여 세상을 이롭게 하라고 하늘神이 명령하신 '사명使命, Mission'이다. 내 삶의 목적·의미·과제·책임이다. 그래야 나의 강점 ↔ [나의 사명] ↔ 4차 산업혁명세상의 연결고리가 완성된다.

1
위대한 나의
사명을 정립하라

왜 나의 사명을 찾아야 하는가?

손주와 전철을 탔다. 좋다며 소리친다. "쉬… 조용히 해요~." "왜? 조용히 해야 돼요?" "왜냐면… 다른 사람들에게 피해를 주면 안 되잖아~." "왜? 피해를 주면 안 돼요?" "왜냐면 다른 사람들이 힘들어해." "왜? 힘들어?" 왜냐면… 왜? 왜냐면… 왜? 왜? 왜?가 끊임없이 이어진다. 사람들이 쳐다본다. 결국, 내 입에서 불쑥 "왜 하지 마~!!" 했다. 손주가 끝까지 받아친다. "왜? 왜 하면 왜 안 돼요?" 이 '왜?'가 어른이 되면서 사라진다. 질문이 없어진다. 주입식 교육의 결과다.

세상과 내 삶은 어린애처럼 붙어 다니며 계속 나에게 질문을 던진다. "왜 사니?" "너에게 무엇을 기대하고 있는지 아니?" 이 질문에 나는 답해야 한다. 나를 뒤돌아보며 나만의 해답을 찾아야 한다. 세상과 내 삶이 위대한 나만의 나에게 기대하는 뭔가를 내 스스로 발견해야 한다. 그 답이 나의 사명이다. 나의 존재 이유다. 내 삶의 목적이다.

이를 모르고 산다면? 나와 세상을 연결하는 고리가 없다. 삶의 의미도 가치 추구도 없다. 어떻게 살아야지? 무엇을 해야 하나? 답을 찾지 못한다. 언제, 무엇을, 어떻게 해야 하는지에 대한 기준이 없어서다. 그때그때마다 다르다. 그냥 남 따라 하기, 부모님이 시키는 대로 하기, 세상(남)이 정해준 틀을 따라간다. 돈, 명예, 권력, 쾌락만을 쫓는다. 나만의 내가 없다. 나와 맞지 않아 헤맨다. 문제에 봉착한다. 시련을 만나면 무너진다. 후회하며 죽음을 맞이한다.

내가 왜 사는지? 삶의 목적·의미를 스스로 정해야 하는 이유다. 다른 사람의 기대나 기준을 쫓는 내가 아니라, 내가 원하고 되고자 하는 나를 스스로 그려내야 한다. 나의 의무와 책임을 내 스스로 정해야 한다. 내 삶의 보물지도와 나침판은 내가 만드는 거다.

Know Why, 왜 나의 사명을 찾아야 하는가? 삶의 목적을 반드시 정립해야 하는 다섯 가지 이유를 알아보자.

첫째, 나와 세상을 연결하고 소통시키는 강력한 에너지를 부여하며, 내 삶의 지표가 되어 나를 성장시킨다.

둘째, 의미와 가치 있는 일상을 통해 행복한 인생을 살게 한다.

셋째, 문제발견력, 창의력 등 4차 산업혁명시대 필수역량을 키워준다.

넷째, 위대한 나의 강점을 더욱 강화시킨다.

다섯째, 건강하게 장수하는 삶을 살게 한다.

하나하나 살펴보자.

첫째, 사명은 내 삶의 지표가 된다. 나와 세상을 연결하고 소통시키는 강력한 에너지를 부여하여 나를 성장시킨다.

『하버드 첫 강의 시관관리 수업』에서 '시간 관리와 뚜렷한 목표의 상관관계'를 강조하며 하버드대학의 실험을 소개한다. 실험대상은 지식수준, 학력, 생활환경 등 조건이 비슷한 청년들이다. 27%는 목표가 없었고, 60%는 목표가 불분명, 10%는 목표가 분명했으나 단기목표만 있었다. 3%만이 분명하면서도 장기적인 목표를 가지고 있었다.

25년 후 결과는? 3%는 사회에 선한 영향력을 주는 성공적인 사람으로 살고 있었다. 10%는 변호사, 의사 등 전문가 중상류층으로, 60%는 중하층으로, 27%는 하층으로 겨우 생계를 유지하고 있었다. 이들은 남 탓을 하며 늘 세상이 불공평하다고 불평만 한다. 여기서 '장기적인 목표'는 사명Mission(삶의 목적)이고, '단기목표'는 비전Vision(단계별 목표)이다.

이유가 뭘까? 왜 살아야 하는지를 안다. Know Why, 삶의 목적을 아니까 언제, 무엇을, 어떻게 해야 하는지 답이 나온다. 나의 사명 Know Why가 공통분모다. 삶에 질서가 정립된다. 밤하늘의 북극성처럼 삶의 지표가 된다. 몸과 마음에 새겨져 모든 의사결정의 기준이 되어, 태어날 때 타고난 나만의 강점과 만나 협업한다. 삶의 생산성이 높아진다. 운명도 뛰어넘는 능력을 발휘하며 나를 성장시킨다.

미국 실리콘밸리 파괴적 혁신의 기하급수 기업들이 한계비용 0, 수익은 10배 많은 이유는 무엇일까? 구글, 애플, 넷플릭스, 아마존 등이 기하급수적으로 성장한 비밀은?

모두 '거대한 변화를 불러오는 목적 MTPmassive transformative purpose'를 상위에 두고 내적 요소와 외적 요소를 정렬시켰기 때문이다. 이 기업들은 인터페이스, 대시보드, 실험, 자율, SNS 기술 등 좌뇌적 내적요소와 주문형 직원, 커뮤니티와 크라우드, 알고리즘, 외부자산 활용, 참여 등 우뇌적 외적요소 모두를 '목적 MTP'에 맞춰 정의하고 배열한다.

『기하급수 시대가 온다』에 보면 구글의 MTP는 '세상의 정보를 조직화한다.' 싱귤래리티대학은 '10억의 삶에 긍정적 영향을 미친다.'이다. 조직의 미션인 MTP가 제대로 갖춰지면 조직문화는 자동으로 만들어진다. 구글은 일하면서 '세상의 정보를 더 잘 조직화할 방법은 없을까?' 싱귤래리티대학은 터닝 포인트가 있을 때마다 '이것이 10억의 삶에 긍정적 영향을 주게 될까?'를 생각하며 의사 결정한다.

이렇게 MTP목적은 두 가지 질문에 답해야 한다. '이 일을 왜 하는가?' '우리 회사는 왜 존재하는가?'이다. 나를 대입해 본다. '나는 왜 이 일을 하는가?' '나는 왜 존재하는가?' 즉시 답이 나와야 한다.

그 답이 나의 사명이다. 사명은 강점과 연계되어 '나'와 '세상'

을 연결시킨다. 모든 일상의 기준이 된다. 몸과 마음이 늘 나의 사명과 함께한다. 결국 사명은 나와 세상을 연결 소통시키는 강력한 에너지가 되어 나를 성장시킨다.

이는 무의식적으로 정신적인 자동유도장치 역할을 한다는 『사이코-사이버네틱스Psycho-Cybernetics』와 맥을 같이한다. 전 세계에 3천만 부가 판매된 베스트셀러인 이 책에서 '맥스웰 몰츠' 박사는 사람의 뇌가 미사일 자동유도장치와 같아서, 자신이 목표를 정하면 몸과 마음도 무의식적으로 그 목표를 향해 자동으로 유도해 나간다고 한다.

잠재의식은 상상과 실제를 구별하지 못한다. 하나의 주장을 계속 주입하면 실제로 그렇게 알고 행동한다. '나는 멋지다'고 하면 정말 멋지게 되고, '나는 못생겼다'고 하면 정말 못생겼다고 행동하고 반응하게 된다. 이는 수많은 실험을 통해 검증됐다. 잠재의식에 굳게 자리 잡은 나의 사명도 이와 같다.

둘째, 의미와 가치 있는 일상을 통해 행복한 인생을 산다.

강점분야에서 일한다. 그 일을 잘하면서도 즐겁고 재밌다. 그러면 행복한 삶을 사는 걸까? 아니다. 하나가 빠졌다. 의미와 보람이다. 그 일이 의미와 가치가 있어야 한다. 목적의식인 사명이 필요한 이유다. 사명이 의미와 가치가 있는 것은 세상을 이롭게 한다는 것이어서도 그렇지만, 내가 스스로 찾아 정립한 것이기 때문에 더욱 그렇다.

나를 움직이게 하는 것은 두 가지다. 어쩔 수 없이, 어찌하다

보니 그렇게 된 것이다. 또 하나는 기꺼이 그렇게 하도록 내가 스스로 만든 거다. 어느 게 내게 충성도가 높을까? 당연히 후자다. '기꺼이'의 사전적 정의는 '마음속으로 은근히 기쁘게'다. 내 마음을 기쁘게 하는 것을 내가 찾아 만든 것이다. 일상생활에서 삶의 의미와 가치를 느끼면 행복은 자동으로 쫓아온다.

그래서 영국 통계청이 영국민의 행복을 측정하는 네 가지 질문 중에 두 번째 질문이 "전반적으로 당신이 인생에서 하는 일들이 얼마나 가치 있다고 느끼십니까?"이다.[79]

긍정 심리학의 창시자인 미 펜실베이니아대학교 심리학과 '마틴 셀리그먼' 교수도 '행복의 세 가지 상태'를 구분하면서, 그중 하나로 '의미 있는 삶'이 행복한 상태임을 강조한다.

나의 잠재의식에 자리 잡은 나의 사명에 대한 가치와 의미는 일상생활에서 강력한 에너지를 발휘한다. 서울대 심리학과 최인철 교수도 『굿라이프』에서 '의미 있는 삶'이 바로 '굿라이프' 행복임을 강조한다. 그러면서 '의미'의 중요성을 보여주는 실험을 사례로 소개한다.

행동경제학자 미 듀크대학교 '댄 애리얼리' 교수의 실험이다. 알파벳이 가득한 종이에서 특정 알파벳을 찾아 체크하는 과제를 참가자들에게 준다. 과제를 마치면 또 다른 종이를 제공한다. 과제를 수행한 종이만큼 돈을 받는다. 한 부류에겐 종이에 과제 수행자 자신의 이름을 적게 했고, 또 다른 부류는 이름 없이 제출하게 한 후 종이를 파쇄기에 넣어 갈아버렸다. 참가자들은 이 과정을 반복할 수 있었고, 언제든지 그만둘 수 있었다. 과연 어떤 부류가 더 많은 과제를 수행했을까?

경제적 이득에서는 후자가 훨씬 유리하다. 적당히 해도 들킬 일이 없다, 대충대충 계속하면 돈이 계속 들어온다. 결과는 정반대였다. 이름을 쓰게 한 조건에서 더 많은 과제를 수행해냈다. 자신의 이름에 의미가 부여된 것이다. 그러나 반대부류는 대충 해도 많은 돈을 벌 수 있었지만 파쇄되는 장면을 보면서 그 어떤 의미도 발견할 수 없었기 때문이다. 이렇게 의미의 잠재적 힘은 강력하다.

또한 사명은 하버드대 '마이클 샌델' 교수가 『정의란 무엇인가』에서 말한 '공동선公同善' 즉, 나 개인을 포함한 공동체 전체를 위한 선善을 지향한다. 공동선의 의미와 가치를 지향하는 나의 일상이 이어지게 된다. 의미와 가치를 만들어내는 사고의 습관이 만들어진다. 66일 계속된다. 나의 뇌 신경회로가 바뀌어 정착된다. 내 사명의 가치와 의미로 나는 늘 행복하다.

인생의 '의미가 몸에 새겨진 삶'과 '의미 없이 그냥 사는 것', 그 차이는 뭘까? 결국 일상생활에서 나에게 무의식적인 에너지를 주느냐, 아니냐의 차이다. 삶의 동기 부여 여부다.

셋째, 문제발견력, 창의력 등 4차 산업혁명시대 필수역량을 키워준다.

사명이 삶의 지표가 된다. 삶의 의미와 가치가 내 몸과 마음에 늘 잠재되어 있다. 나의 강점을 활성화하며 매일매일 삶의 의미와 가치를 담은 사명에 다가가는 인생을 살아간다. 자연스럽게 '나의 강점-나의 사명-세상'의 연결고리에서 변수인 '세상의 변화와 흐름'을 살피게 된다. 세상변화에 맞춰 강점의 활성화와 사명의 충실함에 문제가 없는지를 모니터링해야 하기 때문이다. 파괴적 혁신의 4차 산업혁명시대엔 잠시도 방심할 수 없다. 그 과정에서 '문제발견력'은 나도 모르는 사이에 키워진다.

이 문제발견의 오류를 줄이려면 진짜와 가짜를 잘 구분해야 한다. 신호와 소음의 구별이 안 되면 잘못된 문제발견으로 인한 혼란에 갇힌다. 잠깐의 그 혼란 속에 세상은 또 저만치 가버린다. 일상에서 늘 사명에 충실하려는 마음으로, 쏟아지는 정보를 모니터링하다 보면 진실과 거짓을 판별하는 '객관적 사고력'이 하나하나 쌓인다. 어느 순간 나를 뒤돌아보면 객관적 사고력이 엄청 길러진 나를 보게 된다.

이 과정이 반복되면서 수많은 가짜와 거짓, 편향된 정보를 접하게 된다. 그러면서 나를 연결시켜보게 된다. 상대방의 입장이나 상황도 헤아려보게 된다. '왜 그랬을까?'를 생각하며, '나라면 어떻게 했을까?'에 스스로 답을 찾으려 해본다. 그러면서 '인성, 진정성 등 자기성찰력'이 키워진다.

이러한 세상흐름을 모니터링하면서 그 세상변화에 맞춰 나의 강점을 활성화시킨다. 나의 사명에 다가가려면 나의 강점을 세상변화 트렌드에 맞춰 또 다른 새로운 분야와 연결 융합하여야 한다. 그 과정에서 '다양성'과 '상상력과 창의력'이 활성화된다. 세상을 모니터링하고, AI와 디지털 트랜스포메이션 등 새로운 분야에 대한 전문성을 갖기 위해서 스스로 학습하게 된다. '자기주도 평생학습력'이 자동적으로 생긴다.

강점과 연결된 나의 사명에 충실한 삶이 지속된다. 세상을 이롭게 한다는 공동선의 의미와 가치를 일상의 삶에서 실현한다. 이 삶 속에 사회적 연계성은 필수다. 다른 사람, 다른 모델이나 분야와 협업이 있어야 가능한 일이다. '협력과 융합의 소통력'이 하나하나 매일매일 자연적으로 키워진다.

나만의 나로, 위대한 나로서 강점분야에서 일한다. 늘 재밌고 잘하는 일을 하며 산다. 더욱이 이러한 나의 강점이 내 스스로 정립한 나의 사명과 비전을 실천하고 있는 것이다. 늘 행복할 수밖에 없다. '회복탄력성'지수가 최상수준을 유지하게 된다. 자연스럽게 '공감력·감성지능·사회적 지능'이 높아진다.

필자의 사명이 〈'사람은 다 다르고 다 똑같다'를 아는 공감소통을 실천하고, 널리 알려, 행복한 세상을 만들어라!〉이다. 그 비전의 하나가 '정기적으로 소통관련 베스트셀러 책을 출판'하는 것이다. 이 사명과 비전은 2011년 정립한 것이다. 만 10년이 지났다. 필자는 온 10년을 위의 과정 속에서 살았다. 그러면서 필자도 모르게 위 9개의 필수역량이 하나하나 몸과 마음에 쌓여감을 느꼈다. 현재도 진행 중이다.

2016년 첫 졸저 『사람은 다 다르고 다 똑같다』는 가정, 학교, 직장, 국가사회, 나와 나의 소통을 다뤘다. 2012~2015년의 세상을 모니터링하며 나의 강점과 사명을 연결시켜 나온 결과였다. 그 후 2016년은 잊지 못할 터닝 포인트가 된다. 2016년 세계경제포럼 핵심 주제가 '4차 산업혁명의 이해'였다. '클라우스 슈밥'이 '4차 산업혁명'이란 단어를 처음 쓰기 시작한다. 필자에게도 혁명이 일어났다.

4차 산업혁명에 관련한 세미나·포럼·북클럽에 적극 참여했다. 관련 신간 국내외 도서를 집중하여 읽었다. 연말이 되면 서울대 소비트렌드 분석센터에서 전망하는 『트렌드 코리아 ㅇㅇㅇㅇ』을 2017년분부터 2022년분까지 매년 정독했다. 신년도 10개의 트렌드를 전망한다. 전년도 트렌드 10개도 회고한다. 매년 독서모임 주제 책으로 선정하여 발제하고 토론해왔다.

이때 각 트렌드 분석을 넘어 추가로 두 가지에 관심을 두고 살폈다. 하나는 2017~현재까지, 즉 2022년분에서는 10개씩 6년, 60개 트렌드의 연관성을 분석한다. 또 하나는 각 트렌드별로 그 트렌드를 주도하는 세대가 어느 연령층인지를 함께 살펴왔다. 4차 산업혁명시대의 세상흐름이 선명하게 보인다. 디지털 문명 속에서 자란 MZ세대가 거대한 흐름을 주도한다. 특히 코로나 팬데믹으로 4차 산업혁명 세상에 가속도가 붙었다.

지속적인 세상 모니터링과정에서 필자의 강점 활성화-사명실천-세상 변화의 연결고리에서 문제를 발견한다. 4차 산업혁명이 몰고 오는 순기능과 역기능에서 '사명을 어떻게 실천할 것인가?'의 문제였다. 그 답이 이 책을 기획하고 집필하게 된 계기가 되었다.

책을 써가면서 위의 9개 필수역량도 도출한다. 그 역량은 이론적 바탕보다는 6년간 4차 산업혁명세상 속에서 필자의 사명을 실천하는 과정이 연결 융합되면서 스스로 느끼고, 무의식 속에 쌓여가면서 체험한 결과물이다. 사명에 충실하면 9개 필수역량은 자연스럽게 키워진다.

넷째, 강점을 더욱 활성화시킨다.

"누군가에게 꿈이 주어졌을 땐, 그것을 이룰 힘도 같이 주어진다." 리처드 버크『갈매기의 꿈』에 나오는 말이다. 하늘(신)이 사람을 세상에 낼 때 그냥 내보내지 않는다. 나만의 재능, 강점과 함께 그 강점을 활용하여 나 자신의 성장뿐만 아니라 세상을 이롭게 하라는 사명을 함께 주어 내보낸다. 사명을 찾으면 나의 강점이 자동적으로 강화되는 이유다.

아울러, 강점의 정의를 되새겨보자. '강점 = 재능 + 지식·기술'이고, 지식과 기술은 ① 그 재능을 발휘하기 위해서 필요한 '사실에 입각한 지식' + ② 일하면서 '몸에 경험이 축적되어 나오는 실제적인 지식' + ③ '가치관·자기인식과 같은 개념적인 지식'을 체계화한 기술들이라고 정의했다.

여기서 강점을 더욱 빛나게 해주는 무의식적 기준점이 되는 것은? ③ '가치관·자기인식과 같은 개념적인 지식'이다. 이게 바로 나만의 사명·미션이다. 나의 사명이 나의 나침판이 되어 위 ①, ②를 위한 학습과 훈련에 강력한 에너지를 더한다. 자동적으로 나의 강점이 더욱 강화된다. 시너지 효과를 주는 선순환 고리가 형성된다.

다섯째, 건강하게 장수하는 삶을 살아간다.

'50대 이상 시니어들의 수명을 결정짓는 것은 무엇일까?' 우연히 TV 〈옥탑방의 문제아들〉을 보게 됐다. 이때 이 문제가 나왔다. 답은? '삶의 목적 유무'다. 미국 미시간대 연구결과다. 삶의 목적이 있는 사람이 상대적으로 건강하게 오래 살았다. 염증성 유전자의 발현이 적고, 사망률도 낮았다. 은퇴한 51~61세를 대상으로 했다. 인터뷰를 통한 심리검사 설문지를 작성한 후 사망시기와 원인을 분석한 결과다.

반대로 삶의 목적과 의미를 찾지 못한 경우에 유발되는 문제는 심각하다. 앞서 소개한 『굿라이프』에서 최인철 교수는 '의미 없는 삶'은 정신 병리학적 문제 발생, 스트레스 유발, 자살충동까지 일으킨다고 주장한다. 특히 의미를 경험하지 못한 사람들은 뇌졸중·알츠하이머병에 취약하며, 심장마비에 걸릴 확률이 높고, 이에 따라 평균수명도 낮다는 연구가 존재함을 강조한다.

'빅터 프랭크'의 『죽음의 수용소에서』를 보면 아우슈비츠 나치 강제수용소에서도 자신이 왜? 사는지(사명, 의미, 책임)를 찾은 사람들이 더 잘 살아남았다. 당시 수용소에서 살아남을 확률은 28명 중에 1명이다. 이는 일본, 북한, 북베트남 포로수용소에서 실시한 정신치료 연구조사에서도 같은 결과다.

이유가 뭘까? 왜 사명, 즉 삶의 의미와 목적이 있는 사람들이 건강하게 장수하는 삶을 살아갈까? 바로 긍정심이다. 기쁨, 감사, 평온, 흥미, 희망, 자부심, 재미, 영감, 경이, 사랑이다. 미노스캐롤라이나대학교 '바버라 프레드릭슨' 교수는 『긍정의 발견』에서 위 10가지를 긍정성의 형태로 정의한다. 사명에 충실한 삶을 살아가면 느끼는 항목들이다.

사명은 공동선의 의미와 가치를 일상에서 실현한다. 당연히 삶에 '자부심'을 느낀다. 나의 강점, 사명과 관련한 일에 대해 호기심과 '흥미'를 갖고 도전하게 된다. 호기심과 흥미는 '재미'로 승화되어 열정과 몰입으로 새로운 '영감'을 얻게 된다. 영감을 실현하면서 또 다른 도전의 '희망'을 만든다. 나의 사명에 다가갈 때마다 '사랑과 기쁨' 그리고 '감사'를 온 몸으로 느낀다. 내 스스로 삶의 '경이로움'과 마주친다. 그 뒤에 찾아오는 '평온'을 만끽한다. 선순환되며 또 사명에 한걸음 더 다가간다.

'긍정＝기쁨, 감사, 평온, 흥미, 희망, 자부심, 재미, 영감, 경이, 사랑＝사명'이라는 등식이 성립한다.

1932년 미국의 어느 수녀원에서 젊은 여성 180명이 수녀 서원식을 가졌다. 이때 수녀들에게 자기의 삶을 소개하는 간증문을 적게 했다. 그로부터 70년쯤 지난 후 심리학자들이 그녀들의 간증문을 분석했다. 어떤 수녀들은 '행복', '기쁨', '사랑', '희망' 또는 '감사하는'과 같은 단어를 자주 사용했다. 또 다른 수녀들은 이런 긍정의 단어를 표현하지 않았다.

그들의 삶의 결과는? 놀라웠다. 긍정적인 어휘를 많이 구사한 상위 25%의 수녀들은 90% 넘게 85세까지 장수하고 있었다. 반면, 부정적인 말을 많이 쓴 상위 25%는 34%의 수녀만 생존해 있었다.[80] 긍정의 언어를 강조하는 사례 소개다. 이 사례에서 평소 긍정의 단어를 사용하는 수녀들은 대부분 '사명'이 있었다고 본다. 일상에서 사명에 충실하다 보니 긍정감성이 충만했고, 이를 쫓아 말과 행동도 그대로 표출된 것이다.

긍정심에 이어 사명을 찾은 사람들이 장수하는 비결의 또 하나는 불필요한 에너지 낭비를 줄여서다. 삶의 목적이 늘 잠재되어 있어 살아가면서 길을 잃지도 않겠지만, 잠시 깜박 헤매더라도 바로 나의 길로 다시 들어선다. 헛된 일로 힘을 낭비하지 않는다. 강점에 맞춘 사명이므로 역류하는 물과 다투지도 않는다. 물 흐름을 타며 놀듯이 행복하게 일한다.

반대로 사명과 목적 없이 그냥 길을 나서면 어떻게 될까? 막연히 내가 가고 싶은 길 또는 남들이 가는 길을 따라간다. 가다 보면 길이 막힐 때가 생긴다. 다른 길로 들어선다. 길을 잃는다. 어디쯤 왔는지, 어디로 가고 있는지 모른다. 헛된 일에 온 힘을 쏟는 경우가 자꾸 생긴다. 의미도 성과도 없이 기운만 빠진다. NK면역세포가 감소한다.

누군가는 성공한 삶을 살아가는 데 누군가는 그렇지 못하고 헤맨다. 사명의 존재여부다. 나는?

나만의 사명, 어떻게 찾지?

문제는 찾는 방법이다. 앞서 Part 1에서 언급한 필자의 SWOT 분석 사례를 다시 상기해보자.

2005. 12월 애플의 '스티브 잡스'는 스탠퍼드대 졸업식에서

연설했다. "만일 오늘이 내 인생의 마지막 날이라면, 오늘 내가 하려는 것을 할까? 그리고 여러 날 동안 그 답이 '아니오.'라고 나온다면, 저는 무언가를 바꿔야 한다고 깨달았습니다." 이 말이 필자를 흔들었다. 그냥 또 1년이 지났다.

2007년 1월 1일 아침 새해가 밝았다. 50세가 됐다. 지천명知天命이다. 매일 새벽 출근했다가 밤늦게 퇴근하는 다람쥐 쳇바퀴 도는 삶이 계속된다. 나는 어디로 가고 있나? 뭔가를 바꿔야 한다.

지천명? 하늘이 내게 준 사명이 무엇일까? 답을 찾아 나섰다.

그 첫 출발은 독서다. 출퇴근 전철에서 책읽기를 시작했다. 하루 2시간씩 책 속에 빠졌다. 1주일에 대략 1~2권씩 읽었다. 1년에 60권~80권을 독파했다. 두 번째로는 사람들을 무조건 만났다. 직장생활로 바쁘지만 오라는 데는 다 참석했다. 필요여부를 떠나 친구, 동창, 동문, 지역행사, 포럼, 세미나 등 새벽, 밤, 휴일, 업무시간이라도 휴가를 내고 다녔다. 세 번째로 여행에 나섰다. 시간이 허락하는 대로 국내외를 돌아다녔다.

그렇게 5년이 흘렀다. 딱히 답이 보이지 않는다. 2011년 11월, 사고로 크게 다친다. 세 번이나 전신마취수술을 한다. 5개월간 병원신세를 진다. 내 인생의 전환점을 맞는다.

사고 직후 서울아산병원 응급실로 실려 갔다. 담당주치의 교수가 말한다. "5개월 정도는 누워 쉬셔야 할 겁니다." '뭐지… 아직까지 내 스스로 하루도 쉬어본적이 없는데…' 하다가 뭔가 번뜩인다. 혼자 중얼거린다. "아~ 나의 사명을 발견하라고 하늘

293

(신)이 주신 기회구나." 통증에도 독서는 이어진다. 간호사들이 이상한 시선으로 본다. 머릿속에서 계속 '나의 사명은 뭘까?' 질문과 답이 오고간다.

어느 정도 몸이 추슬러졌을 때 8절지 도화지를 펼쳤다. SWOT분석을 한다. 나의 강점과 약점은 무엇인가? 나는 무엇을 할 때 몰입했나? 뭘 잘했나? 뭘 좋아했나? 무엇을 싫어했나? 공직자로서 나만의 창의적인 생각으로 전국적인 효과를 준 나의 성과는? 나의 계획이 실패한 건 뭔가? 왜 실패했나? 지금 세상은 어떻게 바뀌어가고 있나? 기회와 위협요인은 무엇인가? 이는 나의 강점과 약점, 나의 역량과 어떤 관계인가? 나는 무엇을 하고 싶은가?

이를 마인드 맵 형식으로 구조화하여 그림으로 그렸다. 검정, 빨간, 파란, 초록 4개 볼펜으로 구분하여 시각적 효과를 높였다. 그간 읽었던 책들, 책 속에서 만난 사람과 사건들에 대한 나의 인식, 각종 모임과 여행에서의 경험과 느낌 등을 무의식적인 몸짓으로 그림구조 속에 채워나갔다.

그러던 어느 날 나의 사명이 밝은 빛을 비추며 나에게 들어왔다. 나는 전율을 느꼈다. 내가 찾은 나의 사명은 〈'사람은 다 다르고 다 똑같다'를 아는 공감소통을 실천하고, 널리 알려, 행복한 세상을 만들어라!〉이다.

사명에 다가가는 단계적 비전 목표 중 하나가 정기적으로 소통관련 책을 출간하는 것이다. 이에 따라 첫 졸저 『사람은 다 다르고 다 똑같다』가 세상에 나온다.

개인별로 나만의 사명을 찾은 길은 다 다르다. 종교적 관점으로 접근할 수도 있다. 핵심은 세상의 흐름에 맞춰 나의 강점을 활용하는 나만의 사명을 찾는 것이다. Part 2를 통해 나의 강점과 약점을 찾았다. Part 3에서는 세상을 알았다. 순기능과 역기능, 이를 활용하거나 보완하기 위한 9개의 필수역량도 파악했다. 이제 이 모든 것을 연결하며 나만의 사명을 스스로 찾아야 한다. 4차 산업혁명세상의 순기능·역기능과 나의 강점분야를 연결시키며 세상변화의 기회와 위협을 파악하여, 공동선에 다가가는 사명을 정립한다. 삶의 의미와 가치가 내 몸 깊숙이 새겨진다.

사명을 정립하는 방법으로 필자가 활용해본 SWOT 분석에 의한 마인드 맵 형식의 구조화방식을 추천한다. 원·사각형·마름모 등 도형과 선, 선도 점선·실선, 한쪽·양쪽 화살선, 빨강·검정·파랑·초록색 등을 활용한다. 〈나 ↔ 나·세상 ↔ 나·사명·세상〉이 한눈에 들어온다. 사명을 찾는 데 필요한 각 요소들의 관계, 그 관계가 인과관계인지 상관관계인지, 중요도 등 비중, 빠진 부분이 없는지 등이 체크된다. 연결되고 그룹핑되면서 나만의 사명이 그려진다.

나를 분석할 때 강점·약점, 강점 살리기, 약점보완 외에 '나의 환경'도 충분히 고려해야 한다. 나의 직업이나 직장, 거주지, 학력, 가족, 재산 정도 등의 남다른 특수성을 반드시 구성요소에 포함시켜 사명 찾기를 해야 실천력이 강해진다.

사명은 "~로써//~하여//~으로 ○○한 세상을 만들어라!"의 선언문 형식을 갖춰야 한다. 필자는 사명 선언문을 매일 아침저녁 명상시간에 되뇐다. 서재 책상에 액자형식으로 써서 게시하고 매일 읽어본다. 벽에도 나의 사명과 뒤에서 살펴볼 비전목표를 정리한 '나만의 보물지도'를 붙이고 매일 쳐다본다. 일기장 첫 장에 크게 써놓고 일기 쓸 때마다 '오늘은 이 사명에 얼마나 다가갔나?' 뒤돌아본다. 꿈이 있는 한 나이는 없다.

2

위대한 나의
천직을 찾아라

나의 강점과 사명을 연결시키는 직업이 천직이다

낙타는 사막에 기반을 두는 직업이 천직 후보다. 숲에 먹거리
와 기회가 많다고, 낙타가 숲에서 하는 일을 직업으로 삼으면
어떻게 될까?

하루일과 중에 가장 많은 시간과 자원을 투입하는 곳은? 일·
직업·직장이다. 그게 불만족스럽다면? 내 삶이 불행해진다. 무
엇을 하며 살아야 하나? 직장을 다니면서도, 직업을 가지고 있
으면서도 이게 내게 맞는 길인지 끊임없이 고민한다.

타고난 나의 '강점'과 연결되는 직업이나 직장이면? 재밌고 잘
하기까지 하니 만족스럽다. 이게 하늘이 준 천직일까? 조금 부
족하다. 하나가 더해져야 한다. 바로 세상을 이롭게 하는 공동
선의 가치와 의미를 더한 나만의 '사명'이 실천되는 직업이어야
한다.

KBS TV 시사교양 프로그램 아침마당에 '인생80년 연기60년'이란 타이틀로 연기자인 '김용림' 탤런트가 출연했다. "여든이 넘어서도 한결같은 사랑을 받는 이유가 뭘까요?"라는 사회자의 질문에 대한 그녀의 답을 듣고 박수를 쳤다. 그 대답에 '천직'과 '사명'이란 단어가 나와서다.

답은 이랬다. "저에게 배우는 '천직'입니다. 다시 태어나도 배우를 할 것입니다" 또한 "삶에서 가장 중요하게 생각하는 것이 제가 사랑하는 배우라는 직업입니다. 그걸 열심히 '사명'감을 가지고 한 것이 오늘의 나를 만들었습니다."이다.

배우라는 재능을 찾게 된 계기도 소개됐다. 원래 그림 그리기를 좋아했다고 한다. 고등학교 때 연극반 선생님이 그림을 잘 그리는 사람은 연극도 잘할 것이라고 권해서 연기를 시작하게 됐고, 연극반에서 첫 작품을 연기할 때 주변에서 다들 너무 잘한다고 칭찬해줬으며, 본인도 하면 할수록 너무 재밌었다는 기억을 이야기하신다.

나의 강점과 사명을 나 스스로 찾듯이 천직도 나 스스로 찾아야 한다. 내가 진정으로 좋아하고 잘하는 일이면서, 그 일을 함으로써 나의 사명이 실천되는 직업이 천직이다. 강점 – 천직 – 사명실천의 연결이다.

앞서 Part 2에서 필자의 강점이 '타인과의 소통능력'과 '창의적이고 논리적인 사고' 그리고 '자기성찰능력'으로 도출됐다. 필자가 찾은 사명은 〈'사람은 다 다르고 다 똑같다'를 아는 공감소통을 실천하고, 널리 알려, 행복한 세상을 만들어라!)이다. 필자의 천직은 무엇일까? 강점을 활용하면서 사명도 실천하는 것은?

필자는 공직자로 36년간 중앙부처와 공공기관에서 경영·사업·예산 등에 대한 기획업무만을 수행했다. 뭔가 새로움을 만드는 종합계획서나 실행을 위한 기안문 작성을 잘했다. 그 일이 재밌어서 기획서를 작성할 때마다 몰입되어 시간의 흐름을 잊었다. 첫 근무를 우체국에서 시작했다. 10년 만에 서울체신청(현 서울지방우정청)을 거쳐 정보통신부(현 과학기술정보통신부)로 발령받았다. 우체국시설관리단에서 정년퇴직 2년 전엔 첫 졸저인 소통관련 책도 출간했다.

물론 필자가 강점을 찾아 공무원시험을 본 것은 아니다. 고등학교 졸업 후 부모님 농사일을 거들다가 군에 갔다. 말년휴가다. 신나게 놀다가 귀대하러 집을 나선다. 이제 4개월 후면 다시 집으로 돌아와야 한다. 동네어귀를 벗어나며 집을 다시 바라본다. 스스로에게 묻는다. 제대 후에도 계속 농사일을 하며 살 것인가? 몸이 '아니다'라고 답한다.

시외버스터미널에서 국가공무원 시험 공고가 실린 서울신문을 사서 부대로 복귀한다. 휴가 가는 서울 주소지 동료병사들을 통해 원서접수, 시험과목 서적 구입을 부탁한다. 제대 6일을 남기고 군복 입은 채로 시험을 치른다. 합격이다. 이렇게 우연히 시작된 공직생활이 필자의 강점과 맞았다. 사명을 실천하기 위한 소통관련 두 번째 졸저인 이 책을 쓰면서 '강점'을 더 연구한다. 그러면서 필자의 강점도 더 명확하게 찾게 된 것이다.

필자는 공직자, 저자 등 기획서나 책을 쓰는 직업이 천직 후보다. 그러나 공직자로서 〈'사람은 다 다르고 다 똑같다'를 아는 공감소통을 실천하고, 널리 알려, 행복한 세상을 만들어라!〉는 사명을 실천하기에는 한계가 있다. 조직 내에서의 이러한 사명실천은 범위가 너무 작다. 또한 기본임무를 수행하면서 소통관련 책을 쓰고, 강연 등으로 세상에 행복을 전파하기에는 역부족이다. 강점 – 천직은 연결되는데, 천직 – 사명실천에 문제가 있는 것이었다.

지금은 퇴직하여 본격적인 글쓰기로 나섰으니 [창의적 기획 및 글쓰기라는 강점–소통관련 책 저자라는 천직 – 소통으로 행복한 세상을 만드는 사명]의 연결고리가 완성됐다. 나의 천직은 무엇일까? 오직 나만이 찾을 수 있다.

다만, 천직은 고정이 아니다. 강점을 활용하고 사명을 실천하되, 변화하는 세상과 나의 환경에 맞춰 바꿔나가야 한다.

사명을 정립하지 못했거나 지금 일을 계속할 수밖에 없다면?

지금 내가 즐겁고 잘하는 일인 천직후보에서 일하고 있다. 그러나 아직 사명을 정립하지 못했다면, 또는 나의 강점과 꼭 100% 맞지는 않지만, 그냥 지금 일을 할 수밖에 없는 처지라면 어떻게 하여야 할까?

쉽게 사명을 정립하는 방법이 있다. 그 일이 누구에게 혜택을 주는 것인지를 파악하면 된다. 그러면 내가 매일 하는 일이 세상 사람들에게 이로움을 주는 것임을 스스로 깨닫는다. 나의 일에 대한 의미와 가치를 매일 느낀다. 이전과 다르게 자부심과 보람, 긍지, 기쁜 마음으로 행복하게 일할 수 있다.

'3인의 석공' 이야기를 보자. 중세시대 성당을 짓는 공사장에서 3인의 석공이 돌을 다듬고 있었다. 지나던 신부가 "뭘 하고 계십니까?" 물었다. 첫 번째 석공, "보면 몰라요. 돌을 다듬고 있잖아요. 이일을 해야 우리식구들이 먹고 살 수 있어요." 두 번째 석공, "이게 제 직업인걸요. 열심히 해서 최고의 석공이 되어야지요." 세 번째 석공, "신을 모실 성스러운 성당을 짓고 있어요. 내가 다듬은 돌로 지은 성당에서 세상 사람들이 신을 만나며 행복해질 거예요."

나의 일에 대한 생각은 이와 같이 생계유지를 위한 수단, 직업으로 경력을 쌓는 과정, 공동선을 실천하는 자아실현의 사명 등 세 가지 유형으로 나뉜다. 무엇을 의미하는가? '에이미 브제시니에프스키' 예일대 교수의 연구결과가 답을 준다. 유형별로 서너 가지 문장을 만들어 4단 척도(아주 많이, 어느 정도, 아주 조금, 전혀 아님)로 조사했다. 나의 일을 사명으로 느낄수록 삶의 만족도, 행복지수, 일의 성실도가 높았다.[81] 세 번째 석공이 되면 첫 번째와 두 번째 석공의 목표는 자동으로 달성된다. 공동선의 사명감으로 일하면 전문직업과 생업은 자동으로 해결되기 때문이다. 나는 어디에 해당되는가?

필자가 우체국시설관리단에서 재직하면서 '1일 현장체험'이나 정기 교육장에서 전국 우체국의 청소·미화업무를 책임지는 미화원들을 만난다. 그때 3인의 석공 이야기를 하면서 다음과 같이 강조한다. "우리의 정성들인 청소가 우체국을 이용하는 국민과 집배원 등 우체국직원들께 깨끗하고 쾌적한 공간을 조성하여, 건강하고 행복한 우체국을 만들어줌으로써 국가발전에 기여하고 있습니다." "저는 여러분들이 자랑스럽습니다." 미화원들의 얼굴에 환한 미소가 흐름을 늘 느꼈다.

미국항공우주국NASA을 방문한 '존 F 케네디' 대통령의 복도에서 마주친 직원과의 대화와 비슷한 맥락이다. 무슨 업무를 하시냐는 대통령 질문에 이 직원은 "저는 인류를 달에 보내는 일을 돕고 있습니다."라고 답한다. 이 직원의 업무는? 엔지니어? 천체물리학자? 아니다. 미화원이었다. 지금의 내 일이 공동선을 실천하는 사명으로 받아들여지면 그게 바로 천직이다.

3

위대한 나의
비전목표를 세워라

비전목표는 사명에 다가가는 필수 솔루션이다

강점-[사명-천직]까지 찾았다. 천직을 수행하며 사명에 충실한 삶을 살면 된다. 건강하게 장수하며 행복한 성공적인 삶이 나를 기다린다. 여기서 끝인가? 아니다. 이에 더해 행복한 삶에 빨리 실질적으로 다가가려면 하나를 더 보태야 한다. 단계별 목표Vision를 세워 나의 사명을 실천하는 일이다.

공동선의 사명이 있더라도 비전목표가 없다면 기름 떨어진 차와 같다. 일상의 삶에서 사명 좌표에 맞춰 나 스스로 선택하고 행동하지만, 사명에 다가가는 공동선의 삶을 실천하려면 단계별 목표가 있어야 한다.

내가 왜Why 사는지 삶의 목적이 정해졌으면, 그 삶의 목적인 사명을 실천하기 위해 '나는 무엇을What 할 것인가?'를 정해야 한다. 그래야 그 목표를 수행하는 과정과 목표성취 등 모두에서 사명에 충실한 삶이 지속된다. 이렇게 비전목표는 사명에 다가가는 필수 솔루션이다.

필자의 비전목표는《행복한 세상을 선도하는 대한민국 최고의 소통전문 베스트셀러 저자 및 강사가 된다!》다. 사명인 〈사람은 다 다르고 다 똑같다'를 아는 공감소통을 실천하고, 널리 알려, 행복한 세상을 만들어라!〉의 관계를 보자.

나 스스로 '사람은 다 다르고 다 똑같다'를 아는 공감소통을 실천하고, 이를 널리 알리는 방법이 소통관련 베스트셀러 책을 쓰고, 이를 강의하는 것이다. 이를 통해 불필요한 갈등을 줄이는 공감소통으로 모든 사람들이 행복한 세상을 살도록 하는 사명에 다가가는 것이다.

만약 사명만 찾고 비전목표가 정립되지 않았다면 어떻게 될까? 일상에서 '사람은 다 다르고 다 똑같다'를 아는 공감소통을 생활화하는 게 다다. 이를 세상에 알려 모든 사람들과 공유하며 실천하게 하는 솔루션이 미약하다. 고작해야 함께하는 23개 공동체 모임에서, 또는 그곳 카톡방 등 SNS 디지털플랫폼을 활용할 따름이다. 그러나 이는 매체특성상 정보가 파편화되어, 서로 연결되면서 입체적이고 종합화된 공감소통 공유에는 한계가 있다.

구체화된 비전목표가 없으면 더 큰 문제가 생긴다. 정보가 쏟아지는 4차 산업혁명시대 일상의 삶, 바로 내 앞에서 흘러가는 사명실천과 관련된 정보나 아이디어를 지나친다. 공동선에 다가가는 나만의 의미와 가치 있는 행복한 삶을 놓친다. 정말 그럴까?

일본에서 보물지도 만들기 신드롬을 일으킨 책 『보물지도』를 읽으며 섬뜩했다. 눈을 감고 내 주변의 빨간색 물건이 몇 개인지 마음속으로 세어보란다. 매일 6시간 이상 앉아 있는 서재에서다. 몇 개는 커녕 하나도 떠오르지 않는다. 눈을 뜨고 책상 위만 살펴봤다. 세 개가 보였다. 늘 그곳에 있었던 연필꽂이의 빨간 연필, 며칠 동안 독서대에 있던 빨간 표지의 책, 빨간 스탠드 등이다. 이 빨간색 물건이 비전목표와 관련된 정보였다면?

이렇듯 매일 보고 듣고 느끼는 정보들이 내 몸과 마음에 관심목록으로 등재되어있지 않으면 아무 가치 없이 흘러가버린다. 나의 운명을 바꿀 수 있는 기회를 놓치고 있는 것이다.

'대한민국 최고의 소통전문 베스트셀러 저자 및 강사'가 된다는 비전목표가 몸과 마음에 새겨져 있다면 어떻게 다를까?

베스트셀러 책을 써야 하니 관련된 모든 자료를 끌어당기는 힘이 저절로 생긴다. 잠재의식 속에 내재화되어 있다. 비전목표가 없을 때는 그냥 지나쳤을 장면, 영상, 글, 말 등이 힌트나 아이디어로 꽂힌다.

책을 읽다가, TV 뉴스 등을 보다가, 친구들과 대화 중에, 페북 등 SNS를 하다가도 섬광처럼 깨달음을 느낀다. 다이어리 또는 스마트폰 메모 앱에 기록하거나 사진을 찍는 등 보관 참조한다. 일상생활 속에서 비전목표 달성을 위한 정보들이 빠짐없이 걸러지며 연결된다. 책의 소재로 써진다. 비전목표가 달성된다. 목표를 달성해 가는 과정에서, 그리고 목표가 달성됨으로써 사명에 또 한 걸음 다가간다. 공동선 실현으로 나도 세상도 행복해진다.

'강점↔[사명 – 천직 – 비전목표]↔세상'의 연결고리에서 천직이 환경변화에 맞춰 바뀌듯이 비전목표도 변할 수 있다. 아니다. 변해야 한다. 파괴적 혁신의 4차 산업혁명의 기하급수적 변화시대에 비전목표 변화는 필수다.

MS는 PC에서 모바일 스마트폰으로 세상이 바뀌자, PC OS 윈도우즈Windows와 사무용 소프트웨어 오피스Microsoft Office에서 모바일 '클라우드'로 비전목표를 바꿨다.

스마트폰 등에 의한 디지털문명에서 자란 MZ세대가 경제활동인구에 포함됐다. 늘 스마트폰과 함께한다. 최신 트렌드와 남과 다른 이색적인 경험을 추구한다. 코로나 팬데믹으로 집 안에 갇혔다. 메타버스에 올라탄다. 이에 페이스북 CEO '마크 저커버그'는 5년 내 '메타버스' 기업으로의 탈바꿈을 선언했다. 회사명도 '메타'로 바꿨다. 비전목표를 바꾸는 거다.

개인도 마찬가지다. 필자도 이 책을 마무리하는 대로 디지털 트랜스포메이션 환경에 맞춰 '유튜브 운영' 등을 비전목표로 추가할 예정이다. 코로나 팬데믹과 이 책을 집필하느라 명맥만 유지하던 독서모임도 '운영 모임 수 확대'를 비전목표에 추가할 것이다.

또한 비전목표는 단계별로 세워야 한다. 20대, 30대, 40대, 50대, 60대~~, 또는 청년, 중년, 장년, 노년~~ 등 나의 인생을 단계별로 나눠 설계한다. 필자는 2011년에 사명을 정립하면서 50대, 60대 중반·후반, 70대, 80대, 90대 등 6단계로 정했다. 세상의 변화와 환경에 맞춰 단계가 더 늘어날 수도 있다.

4

위대한 나의 비전을 실행하며 사명에 다가가라

비전목표를 달성하는 4가지 방법

비전목표를 달성해야 한다. 비전목표 달성의 실행력을 높이는 방법이 뭘까? 네 가지를 추천한다.

하나, 목표를 시각화하여 매일 본다.

둘, 달성한 미래의 내 모습을 상상하며 비전목표 달성선언문을 만들어 매일 암송한다.

셋, 비전목표를 분야·기한별로 세분화한다.

넷, 비전목표 진행사항을 일기에 쓴다.

먼저, 시각화하는 것이다.

사명과 비전을 사진, 그림 등으로 이미지화 또는 구조화한 나만의 보물지도를 만든다. 일상에서 자주 접하는 벽에 붙인다. 이를 사진 찍어 스마트폰과 노트북, PC 바탕화면으로 저장한다.

자연스럽게 매일 수시로 내 눈에 보인다. 비전목표의 꿈이 현실화되는 마법이 시작된다. 어떻게 이게 가능할까?

정보-생각-말과 행동-습관-인격-운명이라는 연결고리를 보자. 공동선을 실천함으로써 건강하고 행복한 성공적인 삶을 살아가는 내 운명은 '어떤 정보? 어떤 생각? 어떤 말과 행동?'이 습관으로 정착되느냐로 결정된다. 시작은 정보다. 정보가 [무의식적 잠재의식인 감성＋의식적인 이성＝'생각']을 거쳐 '말과 행동'으로 사명을 실천한다. 내 운명의 핵심은 '정보'와 내 '생각'이 좌우한다.

시각화한 나의 사명과 비전이 매일 수시로 내 눈에 보이면? 내 뇌는 나의 사명과 비전을 단기기억에서 장기기억으로 넘긴다. 자동레이더가 장착된다. 내 생각은 늘 나의 사명과 비전목표에 관심을 둔다. 생각의 재료인 '정보'를 보는 시각이 달라진다.

앞서 언급한 대로 필자는 비전목표의 하나인 소통관련 베스트셀러 책을 써야 한다. 이 책의 주제인 '위대한 나와 세상과의 소통'을 다뤄야 하니, '강점↔[사명-천직-비전-독서모임]↔4차 산업혁명 세상'과 관련한 정보에 의식적·무의식적으로 관심이 집중된다. 비전목표가 없으면 그냥 지나치던 일상에서의 관련 정보가 레이더 주파수에 맞춰 내 안테나에 빠짐없이 걸려든다. 해당정보가 더 디테일해지고 확대 재생산된다. 하나의 정보도 놓치지 않는다. 창의적인 영감이 떠오른다. 기회를 잡는다.

이렇게 모여진 관련 데이터는 양이 많고, 다양하고, 질도 좋다. 양질의 빅데이터-생각-말과 행동의 실행이 선순환하며

66일 지속된다. 뇌신경망에 새로운 자동시스템이 정착된다. 습관이 된다. 운명이 바뀌어 간다.

'마크 맥코맥'의 『하버드 MBA에서도 가르쳐주지 않는 것들』에 나오는 연구사례가 이를 반증한다. 인생의 목표가 있는지를 하버드 MBA 학생들에게 물었다. 무려 84%가 구체적인 목표가 없다고 답했다. 13%는 목표는 있으나 종이에 기록하지는 않았다고 했고, 단 3%만이 목표를 세우고 이를 글로 써서 보며 계획까지 세웠다.

10년 후 결과가 놀라웠다. 수입액의 차이가 엄청났다. 목표만 있었던 13%는 목표가 없었던 84%학생들보다 2배 많은 수입을 올리고 있었다. 3%의 학생들은? 나머지 97%학생들보다 무려 10배나 많은 수입을 올리고 있었다. 목표를 기록하는 것을 넘어 시각화하여 벽에 붙여놓고 매일 보고 되뇌었다면 그 차이는 100배 이상 벌어졌을 수도 있다. 여기서 수입은 정보 – 생각 – 말과 행동 – 습관 연결고리의 결과이다. 기회를 놓치지 않은 결과물이다.

더 쉬운 예를 보자. 동해안 바닷가의 전망 좋은 브런치 카페에 가는 게 목표다. 그 목표를 기록하여 매일 보는 사람, 목표만 가지고 있는 사람, 목표 자체가 없는 사람들의 차이를 상상해보자.

목표가 없는 사람은 우연히 운이 좋아서 가게 되지 않고서는 평생 그곳에 가지 못한다. 목표가 있어도, 바쁘게 살다 보니 가끔 목표를 생각하지만 자꾸 잊어버린다. 계획을 생각하다가 또 지나친다. 그렇게 시간은 흘러간다. 목표를 기록하여 매일 보는 사람은? 어느 계절 어느 시간에 가야 분위기가 좋은지, 어느 카페가 괜찮은지, 어느 길로 어떤 교통편으로 갈 것인지 등 관련된 모든 정보들이 일상에서 수집된다. 계획을 세운다. 가장 좋은 때에 맞춰 꿈을 이룬다.

성공한 삶을 사는 운명은 지능·노력보다, 어려움 속에서도 흔들리지 않는 명확한 사명과 이를 실행하는 구체적인 비전목표를 시각화하여 매일 보는 사람이다. 결국 성공한 삶은? 기회를 흘러 보내느냐, 잡느냐로 판가름 난다. 나는?

둘, 비전목표가 달성된 나의 미래모습을 상상한다. 비전목표 달성선언문을 만들어 매일 암송한다. 목표를 시각화하여 매일 보는 것의 연장선이다.

'플라시보 효과'가 나타난다. 통증으로 잠들지 못하는 환자들에게 진통제라며 소화제를 준다. 놀랍게도 소화제를 먹은 환자들은 곧 편히 잠든다. 의학적인 효과가 없었음에도 환자들의 마음에는 약을 먹었으니 나아진다는 긍정적 상상만으로도 실제 생체적 효과가 발생한다.

정상 평균 악력(손아귀로 무엇을 쥐는 힘)이 45kg인 사람들에게 '당신들은·아주 약하다'고 최면을 걸면 그 힘은 13kg로 줄어든다. '아주 세다'고 최면을 걸면 64kg로 악력이 올라간다. 힘에 관한 긍정적 생각으로만 육체적인 힘이 믿기지 않을 정도로 증가한다. [82]

이렇게 내가 상상하고 믿으면 몸은 그대로 반응한다. 마음이 실제라고 믿으면 내분비기관이나 뇌에서 나오는 호르몬이나 신경전달물질 등의 화학적 신호에 우리 몸은 그대로 반응한다.

매일 수시로 비전목표가 달성된 위대한 나의 모습을 상상하며, 달성선언문을 암송한다. 66일 지속된다. 뇌신경망이 새로 구축된다. 비전목표가 달성된 것으로 믿고, 말하고, 행동한다. 달성함에 대한 기쁨을 지속적으로 느낀다. 시간이 흐르면서 비전목표가 실제로 달성된다.

그 사례가 '리처드 버크'의 『갈매기의 꿈』이다. 1천만 부가 팔린 초대형 베스트셀러다. 시작은 어땠을까? 18개 출판사로부터 원고가 거절당했다. 할 수 없이 자비로 출판한다. 그리고는 '갈매기의 꿈은 반드시 세상 사람들에게 인정받는 날이 온다.'라는 목표 달성선언문을 써서 벽에 붙이고, 매일 쳐다보면서 소리 내어 읽었다. 암송하며 그 꿈이 이루어지는 상황을 계속 상상했다. 그렇게 9년이 흘렀다. 히피족들 사이에서 성경처럼 읽히기 시작한다. 결국 출판사의 눈에 띄어 정식 출판되어 세계적인 초대형 베스트셀러가 되었다.[83]

이게 어떻게 가능할까? 잠재의식적 자기암시의 결과다. 『The Secret 비밀』에서 '론다 번'은 이를 '끌어당김의 법칙'이라고 했다. 생각에는 끌어당기는 힘과 주파수가 있어서 이 생각들이 우주로 전송된다. 이는 자석처럼 동일 주파수에 있는 우주 속의 비슷한 것들이 모두 끌어당겨져 나에게로 돌아가게 한다.

'론다 번'의 주장에 정보-생각-말과 행동-습관-인격-운명의 연결고리로 설명을 더해보자. 비전목표가 달성된 미래모습을 상상하고 비전목표 달성선언문을 매일 암송하면, 비전목표가 나의 몸과 마음에 깊게 새겨져 목표달성이 기정사실화된다. 자연스럽게 세상의 관련정보가 내 목표에 맞춰 흐른다. 비전목표에 관련한 정보-생각-말과 행동의 습관 고리가 선순환된다. 끌어당김이다.

비전목표 달성선언문을 써서 나의 사명과 비전목표 시각화 비밀지도 밑에 따로 붙인다. 필자도 비전목표 달성선언문을 써서 붙였다. '나는 대한민국 최고의 소통전문가로 100만 부 판매 베스트셀러 책을 썼다!' 비전목표가 달성된다. 몸과 마음으로 느낀다.

셋, 비전목표를 분야·기한별로 세분화한다.

삶의 목적인 사명을 지표로 일상생활을 하지만, 시간은 나를 마냥 기다려주지 않는다. 지금도 시간은 흐른다. 비전목표에 시간 관리는 필수다.

그래서 비전목표 설정은 SMART법칙을 따라야 한다. 실현될 수 없는 목표는 목표가 아니다. 목표는 구체적Specific이고, 측정가능Measurable하고 달성Achievable할 수 있고, 현실적Relevant이면서 사명과 연결되고, 시간Timely(기한) 내 달성 가능해야 한다. 목표는 세우는 데 의미가 있는 것이 아니다. 비전목표달성으로 공동선을 실천해야 가치가 있다.

위 5개 원칙으로 비전목표를 설정한다. 계량화한 수치로 목표를 구체화하면 측정가능하다. 나의 강점이나 환경을 너무 벗어나 달성할 수 없는 목표치는 동기부여가 되지 않는다. 최대한 노력하면 달성 가능한 목표를 설정한다. 사명에 다가가는 비전목표이므로 당연히 사명과 연결되는 현실적인 목표를 세운다. 문제는 기한이다. 잘 지켜지지 않는다.

데드라인 없는 목표는 장전하지 않은 총탄과 같다. 스스로 데드라인을 설정하지 않는다면 당신의 삶도 불발탄으로 끝나고 말 것이다. '브라이언 트레이시'의 말이다. 비전목표를 시간별로 세분화하여 단계별 세부목표를 세워야 하는 이유다. 필자는 공조직에서 일하면서 체질화됐다. 목표기한을 역계산하여 기한 내 완결될 수 있도록, 기간별로 목표를 세분화한다. 주별, 월별, 분기별 보고회를 통해 진행사항을 점검하며 목표를 달성해 간다.

그랬던 필자도 개인 비전목표에서는 이를 소홀히 했다. 퇴직 후 1년 내에 두 번째 책을 출간한다는 비전목표는 퇴직 3년이 넘어가는 지금도 진행 중이다. 그래서 목표기한을 수정했다. 개인적 상황과 계절별 여건 등을 감안하여 월별, 주별로 수치화된 세부목표를 세웠다. 2022년 6월 출판을 목표로 기간을 역계산하여 책 목차를 세분화했다. 목차별 원고초안 완료시점 등을 주별로 산정했다. 서재 책상 앞에 붙여놓고 매일 본다.

기한 내 달성의 또 다른 핵심은 파레토 법칙을 활용한 시간 관리다. 20% 시간에 80% 성과를 낸다. 집중이 잘되는 나만의 골든타임을 찾은 거다. 비전목표의 내용과 나의 환경에 따라 골든타임은 다 다르다. 필자의 골든타임은 9시~13시까지 4시간이다. 스마트폰 등 모든 연결고리를 끊고 나만의 시간에 집중한다. 4시간에 16시간의 효과가 나온다. 시간은 누구에게나 공평하지 않다. 나만의 시간을 찾아야 한다.

넷, 비전목표 진행사항을 일기에 쓴다.

위 세 가지만으로도 비전목표 달성 실행력이 최대로 커진다. 주마가편走馬加鞭, 달리는 말에 채찍을 가한다. 내가 나에게 진행 사항을 매일 보고하며 점검한다. 사명에 맞춘 비전달성 과정을 내 스스로 느끼며 나에게 격려와 축하를 보낸다.

이러한 네 가지 방안은 나 스스로를 움직이게도 하지만, 가족 등 주변의 공감과 동의를 이끌어 낸다. 가족, 친구 등 다른 사람들이 나만의 목표와 나만의 시간을 존중해준다. 나의 시간이 방해받지 않는다. 비전을 달성하고 공동선의 사명에 다가간다. 건강하게 장수하며 행복한 성공적인 삶을 살게 된다.

앞서 언급한 최인철 교수의 『굿 라이프』에서 '행복을 위한 11가지 활동'이 소개된다. 명상, 운동 등 11가지 활동은 심리학 연구결과물로 검증된 것이다. 이 목록 네 번째에 '자신에게 중요한 목표 추구하기'가 들어있다. 비전 목표 추구가 중요한 이유다.

Part 4. 나와 세상이 소통하려면?

Part 5

왜 독서모임이
위대한 나를 만드나?

1

4차 산업혁명세상
독서모임이 답이다

독서모임 5요소와 10개 기능이 핵심이다

독서모임? 책을 읽고, 사람들이 모여, 책 이야기를 하는 거다. 함께 이야기해야 하니 이야깃거리를 써서 온 오프라인으로 배포해야 효과가 있다. 이를 함께 보며 발표하고 토론도 한다. 그래서 독서모임의 5요소는? 읽기, 쓰기, 발표, 토론과 대화, 사람이다. 이 5요소가 마법을 부른다.

1요소 읽기다. 선정도서를 읽지 않고 참여하면 나만 손해다. 독서모임 가치가 반감된다. 아래 2, 3, 4, 5요소의 의미와 가치를 감소시킨다. 읽기는 독서모임 효능의 시작점이다.

2요소 쓰기다. 독서모임의 유형에 따라 다를 수는 있지만 최소한 3가지는 써야 독서모임의 효능이 나온다.

하나, 읽으면서 깨달은 내용과 그 이유, 그리고 이를 나에게 적용하기다. 학이시습지學而時習之, 불역열호不亦說乎? '배우고 제때 익히면 즐겁지 아니한가?'『논어』학이편學而篇에 나오는 문구다. 배움은 지식을 이해하는 거다. 익힌다는 것은 배운 지식을 응용하여 실천하는 거다. 배우기만 하고 익히지 아니하면, 즉 나에게 적용하여 실천하지 않으면 내 삶은 좋아지지 않는다. 독서는 몸과 마음을 변화시켜 운명을 바꾸는 현생인류의 최고 수단이다. 책을 읽으면서 깨닫고, 그 깨달음을 나에게 제때 적용하여 실천해야 한다. 깨닫고 실천하지 않으면 독서효과가 반감된다. 혼자의 느낌을 넘어 이를 쓰고, 발표함으로써 그 효과가 배가된다.

둘, 거꾸로 전혀 공감되지 않은 부분과 그 이유, 그에 대한 나의 반론 주장을 써야 한다. '되받아 쓰기'와 맥락이 비슷하다. 되받아 쓰기는 과거 서구 중심적 세계관을 바른 정통으로 인식하여 써진 고전문학을 뒤엎는다. 18세기 초에 써진『로빈슨 크루소』를 되받아 쓴 21세기 초『포Foe』가 그 사례다. 노벨문학상 수상자 '존 쿳시'는 인종차별, 오만, 백인과 서구우월주의, 제국주의적 프레임의 '로빈슨 크루소'를『포Foe』에서 의지박약한 늙은 백인으로 묘사한다.

셋, 발제자로 선정된 경우 발제문을 써야 한다. 필자는 발제문을 이런 순서로 쓴다. 비문학인 경우 ① 저자소개, 작품배경 등 다른 책과의 연관성 — ② 책 요약 등 주요내용 — ③ 발제자 총론 및 주장 — ④ 토론.대화 주제 순이다. 소설 등 문학서적은 ① 저자정보, 작품배경, 저자의 다른 책과 연관성-② 등장인물의 관계, 주요사건 등 테마 요약-③ 발제자 독후감 총평-④ 토론·대화 주제 순이다.

3요소 발표다. 2요소 쓰기의 연장선이다. 깨달은 내용과 이를 내게 적용하기, 공감되지 않은 부분과 이에 대한 반론 제기 등 나의 주장을 발표해야 한다. 발제자는 발제문을 발표하고 토론과 대화까지 주관해야 한다.

4요소 토론과 대화다. 주제를 놓고 상호 토론과 이야기를 주고받는다. 독서모임의 꽃이다.

5요소 사람이다. 평소 잘 모르는 구성원들을 만난다. 대개는 가족, 친구, 직장 등 일상에서 접하지 못하는 사람들이다. 성별, 나이, 소속, 직업, 경력 등이 전혀 다름이 많다. 이들과 같은 책을 읽고, 발표하며, 서로 대화하고 토론도 함께한다.

독서모임 10개 기능은? 위 독서모임 5요소가 순환한다. 시간이 흐르면서 나도 모르게 10개 기능이 내 몸에서 작동한다.

1요소 읽기로 ① 규칙적인 독서습관, ② 독서편식 개선 기능이 생긴다.

1~2요소 읽기, 쓰기는 ③ 요약정리 등 분석 강화 기능으로 이어진다.

3~5요소 발표, 토론과 대화, 사람은 ④ 다양한 생각·시선·가치 등에 의한 사고의 확장, ⑤ 말하기 등에 따른 화법강화와 생각정리, ⑥ 경청 기능이 작동한다.

1~5요소 읽기, 쓰기, 발표, 토론과 대화, 사람이 순환되면서 ⑦ 달라지는 독서법, ⑧ 읽기·쓰기·듣기·말하기 등 네 가지 감각에 의한 정보인식과 반복학습으로 장기기억 기능이 자동화된다.

위 ①~⑧에 의한 양질, 다량, 다양다종의 경험은 ⑨ 지식창고 빅데이터 대규모화와 업데이트 기능으로 연결된다. 위 ①~⑨가 순환되면서 ⑩ 사색·사유 등 관조의 삶이 작동한다. 하나하나 알아보자.

기능 ① '규칙적인 독서습관 정착'이다.

독서모임은 정기적이다. 대개 월 1~2회로 운영된다. 억지로라도 매월 1~2권은 읽어야 한다. 독서모임에 푹 빠져 두 곳에 참여하면 독서량이 월 2~4권으로 늘어난다. 바쁜 일상 속에서 틈새시간을 활용한 독서가 생활화된다. 66일 지속된다. 읽기 뇌회로 신경망이 만들어져 정착된다. 가방에 늘 책이 있다. 스마트폰, 노트북엔 전자책이 연결되어 있다. 대중교통이용 이동, 잠자기 전 침대 등 자투리시간에 늘 독서하는 나를 발견한다. 책 읽기가 자동화된다. 운명이 바뀌기 시작한다.

기능 ② '독서편식 개선'이다.

독서모임 때문에 평생 읽지 않을 책도 읽게 된다. 문학과 비문학을 망라한다. 문학에서도 시대 구분이나 작가별로 넘나든다. 비문학에서도 역사, 철학, 심리학, 경제, 사회, 과학 등을 구분하지 않는다. 독서모임의 테마나 주제를 보고, 내가 원하는 모임에 참가하더라도 부딪치게 되는 현상이다.

왜냐면 주제 도서를 대개 네 가지 방법으로 선정하기 때문이다. 참가자별로 돌아가며 정하기, 운영자가 제시한 몇 권 중에 참가자들이 다수결로 선정하기, 참가자 각각이 추천하여 다수결로 정하는 방법, '트레바리' 같은 대형 독서모임 플랫폼처럼 해당 모임의 파트너나 클럽장이 모임테마에 맞춘 도서를 선정한 후 참가자 신청을 받는 방법 등이다.

양주도서관에서 주관한 '독서모임의 모든 것'이라는 타이틀의 줌 강의에 참가했다. 2시간씩 총 4회에 걸쳐 진행됐다. 강사는 독서모임 기획자이자 출판사 대표로 수백 회가 넘는 독서모임을 운영하고 있는 '원하나' 대표다. 마지막 강의 후 질문시간, 필자는 "7년 넘게 수많은 독서모임을 운영하시고 참여하신 후 달라진 것이 있다면?"을 질의했다.

원 대표의 답 중 하나가 '독서편식이 사라졌다.'는 것이다. 이전에는 소설 등 문학을 멀리했었다고 한다. 등장인물들 이름과 그들 간의 관계까지 이해하여야 하는 것이 귀찮아서라는 답이다. 독서모임으로 소설을 접하게 되면서 이야기책에 빠져들었다고 한다. 실제로 8시간 강의에서 예로 든 내용 대부분이 문학독서모임 사례였다.

기능 ③ '요약정리 등 분석 강화'다.

내가 깨달은 내용, 그 이유, 나에게 적용하기와 공감되지 않은 부분, 나의 반론 주장은 매번 써야 한다. 발제를 돌아가며 한다면 독서모임 인원이 대개 6~10명이니까, 월2회 운영의 경우 2~4개월에 1회 정도는 발제문도 써야 한다. 토론과 대화 주제도 뽑아내야 한다. 읽고 쓰면서 자연스럽게 문단별 또는 목차 꼭지별로 요약정리와 분석이 자동화된다. 독서모임 없이 혼자 읽는다면 하지 않을 일이다.

『모든 것이 독서모임에서 시작되었다』 부제 '함께 읽으며 만난 변화들'이라는 책을 읽었다. 다섯 분이 공동저자다. 마침 기회가 되어 출판기념 북토크에 줌으로 참여했다. 질문시간, "독서모임 후 달라진 변화 중 가장 큰 것 한 가지씩을 꼽는다면?" 이 필자의 질문이었다. 가족독서모임까지 한다는 '신재호' 저자는 '글을 쓰고 싶은 욕구와 쓰기능력 상승'이라고 답했다. 독서모임으로부터 시작된 요약과 분석 등의 글쓰기 덕분이라고 한다.

기능 ④ '다양한 생각·시선·가치 등에 의한 사고의 확장'이다.

3, 4, 5요소 발표, 토론과 대화, 사람은 다름과 다양함을 직접 경험하는 최고의 장이다.

같은 책을 읽었음에도 책 속의 사건이나 상황, 등장인물의 성향에 대한 호감과 비호감 등의 평가, 공감과 비공감된 부분과 그 이유 등이 나와 다 다름에 놀란다. 비문학의 지식책에서도 마찬가지다.

모임이 순환되면서 너무도 다양한 삶, 그리고 나와 다른 생각·시선·가치를 직접 경험한다. 자연스럽게 그 다름을 나와 연결하며 비교분석한다. 사고가 확장되는 기능이다. 독서모임을 수년간 참여한 회원들의 공통된 의견이다.

위 『모든 것이 독서모임에서 시작되었다』 출판기념 북토크의 질문에 대한 답 중 가장 많은 것이 '전에 보이지 않는 것들이 보인다.' '부족함을 알게 되었다.'라는 것이다. 나만의 잣대에서 벗어나 다양한 시각이 모여지고, 이 다양함이 나의 생각과 연결 융합되면서 새로운 해답을 얻었다고 한다. 10명이 함께하면 내 사고의 넓이와 깊이가 10배로 커진다. 내 생각의 지도가 다시 그려진다.

필자도 마찬가지다. 2017년 8월부터 '한우리독서문화운동' 창시자인 '박철원' 회장과 함께 '르네상스 독서모임'을 시작했다. 매월 독서모임을 함께하면서 느낀 최고점이 참가자들의 다양한 생각이다. 40대~80대 연령층, 반반의 남녀비율, 작가·은행원·영화감독 등 다양한 직업으로 구성된 회원들이다. 36년간 직장생활에서 접한 다양성하고는 또 다른 것이었다. 필자가 이 책을 쓰게 된 바탕도 독서모임이다. 독서모임으로 사고가 확장된 결과다.

기능 ⑤ '말하기 등에 따른 화법확장과 생각정리'다.

발표와 토론·대화를 해야 한다. 미리 내 말의 순서, 강조부분, 주장의 근거와 논리 등을 준비한다. 발표를 한다. 나의 주장을 편다. 내 주장과 발표에 반대방향의 의견들이 나온다. 나와 다른 주장에 대한 나의 생각이 다시 표출되며, 대화와 토론이 이어진다. 공감과 낯섦이 교차하며 충돌한다. 사례와 거증 데이터가 오고 간다. 듣고 말하는 과정에서 새로운 생각이 가지를 치며 떠오른다. 생각이 다듬어져지며 정리 된다.

작심하고 혼자 깊은 사고에 빠진다고 새로운 생각이 잘 떠오르는 것은 아니다. 말하거나 글을 쓸 때, 특히 타인과 대화를 나누다 보면 새로운 아이디어가 더 잘 솟구친다. 쓰기는 속도가 느리다. 긴박함이 덜하다. 대화는 다르다. 토론은 더하다. 실시간으로 나의 의견을 말해야 한다. 본능적으로 뇌가 풀가동된다. 나와 다른 의견이 내 생각과 연결되면서, 또는 나와 반대생각에 대한 나의 논리를 펴기 위해 아이디어가 순간적으로 뇌를 통해 말로 표현된다. 나의 생각이 확장하며 정리되는 구조적 희열을 맛보게 된다. 그 과정에서 생각의 뇌 신경망이 만들어지고 튼튼해진다. 나 스스로도 놀란다.

또 하나는 모임횟수가 늘어나면서, 내 생각을 다른 사람들에게 전달하는 표현력과 발표력이 발전해감을 느낀다.

기능 ⑥ '경청'이다.

독서모임의 토론과 대화는 다른 곳과 다르다. 발언 시간과 순서가 정해져 있다. 여타 모임처럼 1~2명이 주도적으로 말을 많이 할 수 없다. 규칙이 있기 때문이다. 다른 사람의 말을 중간에 끊고 자기주장만을 과도하게 펴지도 못한다. 발제자나 운영자가 사회자 역할을 한다.

소극적인 회원에게는 사회자가 맞춤 질문을 하는 등 모두 골고루 발언하도록 유도한다. 자기주장이 강한 참가자도 자연스럽게 경청기능이 작동한다. 이는 나와 다른 '다양한 생각·시선·가치 등에 의한 사고의 확장' 기능으로 이어지는 발판이 된다.

기능 ⑦ '달라지는 독서법'이다.

혼자 읽기와 독서모임 독서법은 판이 완전 다르다. 이유는 2가지다.

하나, 쓰임이 다르기 때문이다. 쓰기와 발표, 대화와 토론을 전제로 한 독서가 이루어진다. 공감·비공감의 내용·이유와 주장, 발제문 등 읽은 결과를 써야 한다. 이를 발표해야 한다. 읽는 것 중에 선정된 토론주제에 대해 내 주장도 펴야 한다. 발제자로 선정된 경우 토론주제도 뽑아내야 한다.

또 하나는, 해당 독서모임의 테마나 주제에 맞춘 도서로 운영된다는 점이다. 자연스럽게 테마별, 주제별 관련 책들을 연이어 읽게 된다. '4차 산업혁명'이 테마라면, 더 미세하게 들어가 'AI 인공지능'이 주제이면 AI 관련 도서 몇 권을 매달 이어서 읽는다. 인공지능 역기능에 맞춰 AI 윤리를 강조한 책이 있는 반면, 윤리보다는 개발과 활용 등 경제적인 순기능에 치중한 도서도 접하게 된다. 자연스럽게 교차읽기와 검증하며 읽기 기능이 작동한다.

아울러 문학이든 비문학이든 저자 소개와 작품배경, 다른 책과의 연관성이 발제문에 포함된다. 이 부분이 대화와 토론으로도 이어진다. 선정된 주제도서와 관련 있는 책들이 거론된다.

다음 주제도서로 선정된다. 두 책의 공통점과 차이점에 주목한다. 주장이나 논의가 갈리는 포인트를 찾는다. 이를 검증하기 위한 또 다른 책들이 다음다음 주제도서로 이어서 선정된다. 검증에 검증을 거듭한다.

위 2가지가 거듭되면서 달라진 독서법이 몸에 밴다. 어떻게 달라질까?

첫째, 집중하여 천천히 깊게 읽는다. 읽은 것을 바탕으로 쓰고, 발표하고, 토론해야 하니 정독기능이 자동화된다.

둘째, 비판적으로 '왜?'라고 질문하며 읽는다. 구경꾼의 눈이 아니라 취재하는 기자의 시선으로 책을 읽게 된다. '왜 그러지?' '사실일까?' '근거는 뭐지?' 하며 저자의 의도와 주장에 문제가 없는지 나의 레이더를 작동시킨다. 쓰기, 발표, 토론 전제는 당연하고, 테마별 읽기에서는 이전 책과의 공통점과 차이점도 찾아야 한다. 분야별로 논의가 갈리는 부분은 비교하며 검증해야 하기 때문이다.

셋째, 참가자에게 설명한다는 전제하에 독서한다. 나와 같은 책을 함께 읽는 사람들에게 나의 생각과 주장을 펴야 한다. 그 책을 모르는 사람에게 설명하는 것과 같은 시기에 함께 읽어 그 내용을 아는 사람에게 설명하는 것은 판이 전혀 다르다.

기능 ⑧ '읽기·쓰기·듣기·말하기 등 4가지 감각에 의한 정보인식과 반복학습으로 장기기억 기능'이 자동화된다.

독일 심리학자 '헤르만 에빙하우스'의 '에빙하우스 망각 곡선'

을 보자. 실험결과를 보면 사람은 학습 직후부터 망각이 매우 급격하게 일어나기 시작한다. 20분 내에 41.8%가 망각된다. 1일이 지나면 66.3%, 1개월 후면 약 80%를 잊어버린다. 혼자 읽기는 이 망각 곡선을 탄다.

독서모임에 의한 정보인식 기억은 다르다. 인간의 기억은 단기기억과 장기기억으로 나뉜다. 인지된 정보 중 중요정보는 장기기억에, 덜 중요한 정보는 단기기억에 저장한다. 본능적이다. 무엇이 중요정보일까? 여러 번 반복되어 인지되는 정보를 중요정보로 판단한다.

독서모임에 의한 책 속의 정보는 몇 번이나 나에게 인지될까? 읽는다. 읽는 후 쓴다. 쓰다가 정리가 잘 안 되면 그 부분만 또다시 읽는다. 모임에서 발표한다. 토론하며 나의 주장을 말한다. 다른 참가자들의 발표를 듣는다. 토론에서 다른 회원들의 주장을 듣는다. 7회나 반복 입력된다. 그것도 눈으로 읽고 보고, 손으로 쓰고, 입으로 말하고, 귀로 듣는 4개 감각기관을 통해서다.

테마나 주제별로 관련도서에 대해 교차읽기, 검증하며 읽기와 발표 토론으로도 이어진다. 위 과정이 순환된다. 관련도서 3권을 연이어 읽는다면 많게는 21회나 반복학습이 이루어진다. 시간간격을 두고 규칙적으로 분산학습이 반복된다. 장기기억으로 남을 수밖에 없다. 기능 ⑨ 지식창고 빅데이터 대규모화에 기여한다.

기능 ⑨ '양질, 다량, 다양다종의 경험에 의해 쌓이는 지식창고 빅데이터 대규모화와 지속적인 업데이트'다.

빅데이터는 세 가지가 핵심이다. 하나, 3요소를 갖춰야 한다. 질이 좋아야 하고, 양이 많아야 하고, 다양해야 한다. 질이 좋고 양이 많더라도 다양하지 않으면 빅데이터가 아니다. 둘, 지속적인 현행 업데이트가 필수다. 4차 산업혁명세상이므로 어제의 정보가 오늘은 비현행일 수 있다. 불확실한 비현행 정보는 나의 판단에 오류를 가져온다. 셋, 빅데이터 업데이트 과정에서 세상이 지속적으로 모니터링 되어야 한다. 세상흐름에 숨은 기회와 위협요인이 찾아진다.

독서모임이 지속되면서 위 ①~⑧ 기능이 순환한다. 양질, 다량, 다양다종의 정보가 지식으로 전환되어 나의 지식창고에 쌓인다. 교차읽기와 검증하며 읽기, 토론으로 관련 지식이 지속적으로 업데이트된다. 비문학의 지식책 위주 독서모임은 트렌드 변화관련 도서 선정이 필수다. 빅데이터가 업데이트되면서 세상이 모니터링 된다.

문제는 확증편향이다. 확증편향은 빅데이터 3요소 구성을 저해한다. 나의 신념과 일치하지 않는 정보는 무시한다. 위의 독서편식 개선, 다양한 생각·시선·가치 등에 의한 사고의 확장, 경청, 달라지는 독서법 등은 확증편향까지도 없애준다. 지식창고 빅데이터 대규모화와 업그레이드가 더욱 더 향상된다.

기능 ⑩ '사색·사유 등 관조의 삶'이 작동한다.

위 ①~⑨ 기능이 순환하며 반복된다. 일상이 바뀌어 간다. 독서편식 없이, 규칙적으로, 천천히 집중하여 비판적 책읽기가 생활화된다. 요약정리하며 분석기능이 작동한다. 다양한 삶과 생각, 가치와 부딪치며 사고가 확장된다. 과정이 반복되면서 장기기억에 의한 지식정보 창고가 빅데이터로 가득해진다.

일상의 삶에서 벌어지는 원치 않는 일이나 사건에 흔들리거나 당황하지 않는다. 세상에 휩쓸려 부화뇌동하지 않는다. 고요한 마음으로 현상을 관찰한다. 관조하는 삶을 산다. 『장자』달생편에 나오는 목계木鷄가 된다. 동요하지 않고 평정을 유지한다. 3요소를 갖춘 빅데이터 클라우드가 내게 있기 때문에 가능한 일이다.

나의 뇌는 조용히 사색과 사유를 거듭한다. 빅데이터를 바탕으로 자기편향의 오류나 편견, 선입견 등 나의 감성적 부분까지점검하며 사색한다. 국가사회 인류공동체를 넘어 우주와의 관계까지 확장하며 사유한다. 빅데이터 마이닝Mining한다. 위대한 나만의 금광을 채굴하여 보물을 만든다. 빅데이터에 숨겨진 상관관계 등을 비교분석하여 부가가치 실행의 중요도, 우선순위 등유용정보를 추출해 최적의 의사결정을 한다.

이 5요소와 10개 기능이 순환 반복된다. 위 Part 2, 3, 4에서언급된 모든 것을 한꺼번에 해결해준다. 독서모임의 8가지 효능이 나타난다. 나의 운명이 바뀐다.

첫째, 위대한 나를 찾아준다. 강점을 강화하고, 약점을 보완해주다.(효능 1,2,3)

둘째, 지금의 4차 산업혁명세상을 알게 한다. 기하급수적 변

화의 흐름을 모니터링하게 한다.(효능 4,5)

셋째, 나의 사명과 비전목표를 정립하여 위대한 나와 4차 산업혁명 세상을 연결하여 소통하게 한다.(효능 6) 일상에서 강점을 활성화하여 공동선에 다가가는 사명에 충실한 삶을 살게 한다.(효능 7)

넷째, 위대한 나를 AI 4차 산업혁명세상의 주인공으로 만든다. 4차 산업혁명세상을 살아가는 9개 필수역량을 길러주기 때문이다.(효능 8)

독서모임이 공통분모다. 건강하고 행복한 위대한 나만의 나로 성공적인 삶을 살게 한다. 천 개의 문제에 하나의 답? 독서모임이다. 8가지 효능을 하나하나 알아보자.

위대한 나를 찾게 하고, 강점은 강화, 약점은 보완해준다

내가 좋아하면서도 잘하는 게 나의 강점이다. 강점을 찾으려면 일상의 틀과 세상이 정해놓은 길을 벗어나 봐야 한다고 했다. 다양함과 낯섦에 나를 맞닥뜨려야 한다. 그 속에서 무의식적인 나의 반응을 살펴야 한다.

삶에서 직접경험은 제한적이다. 시간적, 공간적 한계 때문이다. 2030세대는 세상 경험이 적어 더욱 더 그렇다. 코로나 팬데믹은 공간이동과 사람만남의 직접경험까지도 제한한다.

이를 뛰어넘어 짧은 시간에 가장 강력하고, 다양한 직접·간접

체험을 할 수 있는 게 독서모임이다. 책 읽기와 쓰기, 발표와 토론, 사람 만나기에 관심이 없더라도 일부러 참가해본다.

자기 스스로도 이건 아니라고 생각했지만 몸과 마음이 이를 접하면서 순식간에, 아니면 서서히 나를 끌어당기는 마법이 된다. 캄보디아 출신 여자당구선수 '스롱 피아비'가 남편을 쫓아 당구장에 갔다가 큐대를 처음 잡아본 것과 같다. 독서모임 5요소와 10개 기능이 거듭되면서 내가 좋아하면서 잘하는 것이 보인다. 위대한 나를 발견한다. 과정이 반복되면서 강점이 더욱 강화된다. 거꾸로 나의 약점도 확인된다. 독서모임을 지속하면 약점도 보완된다.

먼저 **1요소 '읽기'다.** 선정도서를 읽어야 한다. 의무사항이다. 그 책이 나의 취향과 안 맞는 거 같아도 읽어야 한다. 독서는 호불호가 분명하다. 소설 등 문학서적만 읽거나, 자기계발 또는 경제경영도서 분야로만 치우칠 수 있다. 독서모임을 하면 독서 편식이 사라진다. 아예 책을 읽지 않았던 사람에겐 독서습관까지 생긴다.

다양하고 낯선 새로운 세상이 펼쳐진다. 다양한 책을 읽으면서 새로운 나를 경험하게 된다. 책 속 인물들의 다양하고 낯선 생각과 행동을 접하며 나 스스로도 몰랐던 내 속의 감정과 마주친다. 나와 거리가 먼 것 같았던 분야의 책에 관심이 폭발하기도 한다. 나의 의외성이 발견된다.

필자도 공직에서 일하다 보니 주로 역사, 철학, 심리, 경영경제, 자기계발 분야 책을 주로 읽었다. 에세이, 소설 등 이야기책은 괜히 시간을 낭비하는 듯한 느낌이었다. 독서모임을 하면서 헤르만 헤세의 『데미안』, 김훈의 『칼의 노래』 등 이야기책을 읽기 시작했다. 필자가 '싱클레어'와 '이순신 장군'이 된다. 그 시대 그곳에 내가 있다. 내가 주인공이 되어 그때 그곳 사람들과 소통한다. 이야기책의 재미와 가치를 알게 된다. 내면에 숨어 있는 나의 관심과 성향 등 강점이 발견되는 계기가 된다. 서재에 이야기책이 많아진다.

이를 통해 책 속의 다양한 세상, 다른 세계관을 간접 경험하는 거다. 그 시대 그곳의 주인공이나 등장인물에 내가 감정 이입된다. 그들이 만든 상황, 원인과 결과, 선택과 행동에 내가 오버랩된다. 무의식적으로 내가 그 어떤 사람이 된다. 타인의 느낌과 생각 속으로 빠져든다. 흥분하고 기뻐하거나, 화를 낸다. 이야기 속 그 상황에서 내가 다른 사람의 삶을 사는 거다. 실재의 내 삶에서 체험할 수 없는 경험을 한다.

다시 현실의 나로 되돌아왔을 때, 조금 전 책 속 경험에서의 내 느낌과 생각을 살피며 나를 다시 뒤돌아본다. 내가 보인다. 필자가 『데미안』을 읽으면서 주인공 '싱클레어'가 되어 행실이 나쁜 '프란츠 크로머'에게 무의식적으로 사실대로 말하는 거와 같다. 책을 읽는 도중에 나의 기질이나 성향 등의 강약점이 무의식적으로 나온 것이다.

경제경영, 자기계발, 역사문화 등의 지식관련 책을 보면서는 유난히 관심이 집중되는 분야가 생긴다. 공감되어 깨달음을 얻는다. 나에게 어떻게 적용 실천할지를 책 여백에 적는다. 거꾸로 재미가 없어 대충 넘기는 부분도 생긴다. 또는 저자의 생각과 나의 세계관이 다른 경우 무의식적으로 반대의견을 중얼거린다. 책 여백에 나의 주장과 근거를 메모한다. 공감의 깨달음과 반론 제기 시간에 발표한다. 내가 발제자라면 핵심내용을 토론주제로 도 선정한다.

이렇게 소설 등 이야기책을 읽으면서는 잠재된 나의 기질이나 성격을, 비문학 지식책에서는 나의 또 다른 관심사나 세계관을 새로 알게 된다. 위대한 나를 깨우는 계기가 된다. 또는 기존의 기질이나 신념이 재확인된다.

2요소 '쓰기'다. 발제자로 선정된 경우 발제문을 써야 한다. 일반참여자들보다 책을 더 깊게 여러 번 읽게 된다. 1요소 읽기 효과가 배가된다. 무의식적인 나의 몸짓을 더 많이 보게 된다.

요약과 총론·주장을 쓰면서, 토론 주제를 도출하는 과정에서 나를 더 깊게 알게 된다. 책은 저자가 썼지만, 요약과 주장은 내 가 쓴다. 토론 주제도 내가 정한다. 나의 관심분야 등 생각이 나 타난다. 그 생각이 '위대한 나'다.

생각은 감성+이성이라 했다. 감성은 무의식적이고 즉각적이 다. 책의 주제, 가치, 상황, 주장 등에 대한 무의식적인 긍정 또 는 부정의 느낌, 긍정도 부정도 아닌 느낌, 부분 부분이 다른 느 낌 등 이런 게 모두 나의 감성이다. 성격과 기질 등 타고난 나의 성향에 많이 좌우된다. 이러한 감성에 나의 이성이 서서히 개입하여 통합된다. 왜 그렇게 느끼는지? 그러한 나의 느낌이 나의 어떤 욕구와 믿음에 따른 것인지? 그 욕구와 믿음이 정당한지? 내 믿음의 논리에 문제는 없는지? 이러한 이성적 판단도 독서와 학습 등의 후천적 훈련결과일 수도 있지만, 선천적인 게 많이 포함되어 있다. 발제문에 내가 보이는 이유다. 발제문에 나의 강점과 단점이 보인다.

아래 내용은 필자가 르네상스 독서모임에서 『트렌드 코리아 2020』 발제자로 선정되어 쓴 발제문의 마지막 부분인 토론 주제다.

[토론1] 이 책을 어떻게 읽었나?(총평 말하기)

[토론2] 이 책에서 소개된 세세한 상품, 서비스, 신조어 등 눈에 보이는 트렌드가 경제, 사회, 문화, 정치구조 등에 어떤 변화를 가져올까? 그래서 나는, 우리는 지금 무엇을 준비해야 하나?

[토론3] 〈타다 금지법〉 사례에서 본 스타트업과 기존산업과의 관계, 개인정보보호와 빅데이터 적극 활용을 통한 신산업육성 등을 고려할 때 나는 이 법에 반대한다. 여러분은 찬성인가? 반대인가? 그 이유는?

[토론4] 공정성, 페어플레이어 트렌드에서 주관식보다 객관식, 조별과제보다 개인과제 중시(정시확대) 현상은 AI 인공지능의 4차 산업혁명시대 인재상과 동떨어진 것 같다. 이에 대한 의견과 대책은?

[토론5] 2018→2019→2020 트렌드의 연계성, 연관성은 무엇(주체세대의 특성 포함)인가?

[토론6] 이 책에서 아쉬운 부분 또는 마음에 새기고 싶은 부분과 그 이유는?

[토론7] 전년도 10대 트렌드 상품이나 서비스를 구입한 사례와 이유, 사용 후기?

[토론8] 전년도 트렌드 회고와 2020 트렌드 전망에 동의하지 않은 부분과 이유?

[토론9] 2020 트렌드에서 개인적으로 생각하는 위협과 기회요인과 이에 대응방안은?

[토론10] 이 책을 다른 사람에게 추천하고 싶나요? 추천한다면 누구에게 왜 추천하려고 하나요?

필자의 강점은 타인과의 소통능력, 창의적이고 논리적인 사고력, 자기성찰능력이다. 위 토론주제에서 필자의 강점이 보이는가? 또한 발제문의 글자체, 글자크기, 그림이나 이미지 등 발제문 형식에서도 개인별 강점이나 약점이 보인다.

아울러, 문학 이야기책이든 비문학의 지식책이든 읽다 보면 아주 공감되는 부분, 거꾸로 나와 전혀 맞지 않음을 느끼는 문장이나 내용을 필연적으로 만난다. 최상의 공감과 깨달음으로 나에게 적용하기, 최악의 비공감으로 반론제기를 쓰면서 나를 또다시 보게 된다. 이러한 관찰내용이 모아지면서 위대한 나를 찾게 된다.

다음은 **3요소 발표**(발제)다. 발제문을 썼으니 직접 발표에 나서야 한다. 교육관련 직업이나 전문 강사가 아니고는 체험하기가 어려운 경험이다. 돌아가며 정기적으로 발제를 맡아야 하는 독서모임에서 나만 예외일 수가 없다.

  잘 모르는 사람들 앞에서, 이미 각자 함께 읽어 공유되고 학습된 주제로, 나의 의견을 발표하는 것은 독서모임이 유일하다. 직장이나 학교에서 업무 또는 학습수단으로 나의 의견을 말하는 것과는 판이 다르다. 돌아가며 의견을 내는 게 아니라 오롯이 내가 발표를 주관해야 한다. 지식의 문제를 넘어선다.

  발제문을 그냥 읽더라도 정해진 시간에 맞춰, 나의 주장이 흥미를 불러일으키거나 참가자들 마음이 끌리도록 내용에 강약을 주어야 한다. 생략과 추가 멘트의 적절한 조화가 요구된다. 참가자의 관심정도를 실시간 파악하여 발표속도와 사례 등 구체화 정도를 조절해야 한다.

  이 과정들은 발제문을 보며 사전 준비를 하지만, 대부분 실시간 발표과정에서 순간순간의 감각으로 관리통제하며 발표해야 한다. 처음인데도 모든 과정이 재밌으면서도 아주 잘하거나, 헤매거나, 부분 부분별로 잘하고 못하고가 다 다르다. 발제를 몇 번 하다 보면 획기적인 변화가 보이기도 한다. 그러면서 숨어있던 나를 내가 보게 된다. 주제 토론까지 이끌어야 하는 경우 그 정도는 더욱 더 강력하다.

  깨달은 내용과 반론제기 발표는 모든 참가자가 의무적으로 해야 한다. 모든 발표 과정에서도 내가 잘하고 못하고가 발견된다. Part 2에서 살펴본 스트렝스 파인더 34개 테마, 다중지능 및 기질검사 중에 어느 테마나 지능이 강한지, 어떤 기질과 성격을 가졌는지가 보인다.

끝으로 **4요소 '토론과 대화'**와 **5요소 '사람'**이다. 독서모임이 있기에 정기적으로 토론장에 직접 참여하게 된다. 토론은 토론 자체 경험도 크지만, 나와 생각이 다른 사람들을 직접 경험하는 최고의 수단이다. 토론과 사람은 직접경험의 꽃이다.

위 2요소 '쓰기'에서 예시로 든 필자의 토론주제 토론3, 토론4 는 찬성·반대가 나뉘는 디베이트 형식의 토론이다. 내가 발제자가 되었든, 토론 당사자가 되었든 간에 모든 부분에서 나의 주장을 말해야 한다. 동조 의견과 반대의 주장이 갈린다. 찬반토론이 진행된다. 서로 주장의 근거와 논리, 팩트 등 진실공방이 이어진다.

발제문을 미리 배포함으로써 사전에 나의 주장을 정리하여 왔다. 하지만 실시간 토론에서 예기치 못한 나와 상반된 상대 주장에 즉각적인 나의 대응이 요구된다. 이런 과정 속에서 숨어있던 나의 성향이 나타난다. 자기도 모르게 화가 나 흥분된 상태로 답변한다. 주장이 어수선하며 혼동이 생긴다. 또는 반대로 차분하게 미소를 보이며 논리적으로 설득한다. 나의 다른 면을 보게 된다. 그게 나다. 강점인지 단점인지는 내가 판단해야 한다.

아울러, 공감과 깨달음, 이에 대한 내 삶에 적용, 반론제기 및 나의 주장부분이 같이 동일한 책을 읽었음에도 다 다르다. 나에게는 공감과 깨달음이 다른 참가자에게는 비공감의 반론제기 및 주장 펴기로 나타날 수 있다. 반대로 다른 참가자의 공감이 나에게는 비공감 리스트에 오르기도 한다. 또한 다른 사람들의 주장 내용, 말투와 표정 등을 나와 비교하며 나를 뒤돌아본다. 남과

Part 5. 왜 독서모임이 위대한 나를 만드나?

다른 나의 성향이 보인다.

독서모임이 끝난 후 뒤풀이 장소에서, 온라인 독서모임인 경우 공식모임 후 별도 정리시간을 활용하여 함께한 구성원들에게 나의 어떤 면이 '좋았는지? 싫었는지? 잘했는지? 못했는지?'를 묻는다. 솔직한 답을 말해달라고 부탁한다. 또 다른 나, 또는 내가 알았던 나를 다시 확인할 수도 있다.

물론 독서모임 토론은 결론이 없다. 서로의 다름 속에서 나의 주장이 더 깊어지거나, 반대로 부분 부분에서 내 논리나 근거의 허점을 알게 되어 수정 보완하게 된다. 또는 나의 주장에 큰 오류가 있었음을 인지하여 주장을 바꾸기도 한다.

여기서 빼먹지 말아야 하는 것이 있다. 뭘까? 즉답이 나와야 한다. 기록이다. Part 2 두 번째 꼭지 '위대한 나? 어떻게 찾지?'로 뒤돌아 가보자. 독서모임 5요소가 진행될 때마다 내가 어느 순간 기뻐하고 흥미로워했는지, 잘했는지, 못했는지를 기록해야 한다. 경험에 대한 나의 반응을 기록 정리하는 6가지 방법을 소환해야 한다. 수첩 등에 바로 기록하기, 일기 쓰기, 스몰스텝, 과거기억 소환하기, 관심사 정리하기, 타인에게 묻기다. 목록이 쌓여간다. '위대한 나만의 나'가 보인다. 스트렝스 파인더 프로파일 5개 대표테마와 비교해본다. 8개 다중지능 상위 4개 지능, 에니어그램 등 총 8개 기질성격유형도 마찬가지다. 독서모임 5요소가 순환되며 검증된다.

아울러, 독서모임은 5요소가 거듭 순환되면서 나의 강점을 강화시키는 훈련학습 수단이 된다. 또는 부족한 약점을 채워주는 효과도 발생한다. 독서모임이 객관적 사고력, 문제발견력, 자기주도 평생학습력 등 9개 필수역량을 키워주기 때문이다. 9개 필수역량 중 어느 것은 나의 강점이고, 또 다른 어느 것은 약점이다. 이는 내 스스로 나에게 연결시켜 판단해야 한다.

세상을 입체적으로 알게 하고, 변화를 모니터링 해준다

SWOT분석으로 사명을 정립하고, 세상 흐름에 맞춰 비전목표를 세워 성취함으로써 공동선에 다가가는 사명실천의 필요성을 앞서 이야기했다. 강점·약점sw는 '나'고, 기회·위협ot은 '세상'이다. 세상 흐름을 '모니터링 하느냐? 안 하느냐?'가 '부흥이냐? 몰락이냐?'를 가른다. 개인이나 기업, 모두 똑같다. 세상의 흐름을 놓치면 망한다. 트렌드에 올라타 나의 강점과 연결하면 흥한다. 공동선의 사명을 실천하는 의미 있는 삶을 살아야 한다. 세상 흐름을 모니터링 하는 것은 기본이다.

문제는 세상 흐름 모니터링이 쉽지 않다는 데 있다. 우리는 보고 싶은 것만 본다. 듣고 싶은 것만 듣는다. 일상에서 보이고 들리지만 관심이 없으면 그냥 지나친다.

특히 지금은 세 가지가 더해진다. 앞서 Part 4에서 객관적 사고력을 방해하는 확증편향이 심해지는 이유로 두 가지를 언급했다. AI 알고리즘에 의한 자동추천, 그리고 끼리끼리의 초연결로 실시간 소통하는 SNS 플랫폼 구조다. 세상흐름 모니터링을 저해하는 요인이다. 여기에 하나가 더해진다.

바로 디지털매체의 특성상 순간적인 파편적 정보만을 인식하게 된다는 거다. 문장도 F자형, Z자형으로 건너뛰며 대충 본다. 4차 산업혁명세상의 역기능에서 언급한 그대로다.

이렇게 보고 싶은 것만 보고, 듣고 싶은 것만 듣는다. 편향적인 정보, 그마저 파편적이고 대충적인 정보로만으로 정보-생각-말과 행동-습관-인격-운명이라는 순환트랙에 올라탄다. '양질'의 '다량'의 '다양다종'의 종합적인 입체적 정보에 취약해진다. 기하급수적으로 변하는 현상과 그 의미, 영향 등을 잘 알지 못한다.

나와 세상 연결에 오류가 생긴다. 세상변화는 늘 기회를 동반한다. 위협도 함께한다. 나와 관계없는 것 같지만 작은 여러 변화들이 쌓여가며 연결되어 혁명이 진행된다. 기회를 놓치는 것을 넘어 위협의 직격탄을 맞는다. 그때 가서 난 뭘 하고 있었지? 후회할 때면 토너먼트 세상에서 나는 탈락한 후이다. 시간은 나를 기다려주지 않는다.

상반되는 두 기업 사례를 보자. 코닥과 MS다. 코닥은 세계적인 필름·카메라 전문 업체였다. 120년간 이 분야를 선도했다. 최초로 디지털 카메라까지 만들었다. 그러나 기존사업의 수익성을 고려하는 등 디지털 전환 흐름에 뒤쳐진다. 2012년 파산 보호를 신청 후 필름사업부를 매각하고 겨우 파산 보호에서 벗어났다.

MS는 '컴퓨터 및 인터넷'에 의한 정보화혁명인 '3차 산업혁명'으로 세계최고의 기업이 된다. PC 수요량이 증가한다. 컴퓨터 운영체제OS '윈도우즈Windows'와 사무처리 업무용 소프트웨어 '오피스Microsoft Office'가 대부분의 PC에 탑재된 결과다. 문제는 스마트폰의 출현이다. 손안에 슈퍼컴퓨터와 인터넷이 들어왔다. 스마트폰 운영체계는 구글의 '안드로이드'와 애플의 'iOS'가 주도한다. 최강 MS의 잃어버린 10년 암흑기가 시작된다.

그런 MS가 현재 전 세계 시가총액 1, 2위를 다투는 기업으로 재도약했다. 무엇 때문일까? 바로 '클라우드' 서비스다. 2014년 2월 4일 '사티아 나델라'는 MS의 세 번째 최고경영자CEO로 취임한다. 그는 스마트폰에 의한 초연결의 디지털플랫폼 경제, 4차 산업혁명세상의 흐름을 제대로 읽는다. 사물인터넷, 스마트폰, 디지털 플랫폼 등을 통해 쏟아지는 빅데이터를 제대로 활용하는 기업만이 살아남을 수 있는 시대임을 알아차린다. 모바일 클라우드 기업으로의 빠른 변신에 성공한다.

기업으로 사례를 들었지만 개인도 똑같다. 나는 코닥인가? MS인가? MS는 세상의 변화를 읽고 사명을 바꾸고, 비전목표도 최강의 클라우드 통합 서비스 기업으로 수정했다.

그렇다면 세상변화를 모니터링하는 최고의 솔루션은 무엇인가? 역시 책이다. 독서다. 위 사례 MS의 '사티아 나델라' 역시 창업자인 '빌 게이츠'와 같은 독서광이다. 입체적 정보로 정보-생각-말과 행동으로 이루어지는 트랙에 올라탄 것이다. 기회는 잡고 위협은 회피하거나 기회로 전환시키는 결과를 가져온 것이다.

"오늘날의 나를 만든 것은 동네 도서관이다. 문자 텍스트는 여전히 세부적인 내용을 전달하는 최선의 방식이다. 나는 평일에는 최소한 매일 밤 1시간, 주말에는 3~4시간의 독서 시간을 가지려고 노력한다. 이런 독서가 나의 안목을 넓혀준다."[84] '빌 게이츠'가 인터뷰에서 한 말이다. 최근에는 『빌 게이츠, 기후 재앙을 피하는 법』도 출간했다.

'사티아 나델라' 역시 독서력이 대단하다. MS CEO 취임 후 홈페이지에 올린 소개 글에서 "다 읽을 수 있는 것보다 더 많이 책을 구입한다."고 이야기했다.[85]

필자도 앞서 사명을 찾기 위한 방안으로 독서를 시작했다고 했다. 이게 습관이 되었다. 사명 실천을 위한 비전목표 달성과정에서의 지속적인 독서와 독서모임 참가는 자연스럽게 4차 산업혁명세상을 모니터링하게 된다. 그 결과 파괴적 혁신의 기하급수적으로 변하는 세상을 종합적이고 입체적으로 알게 되었다. 이러한 세상에서는 나만의 강점과 이 세상을 연결 소통해야만 개인과 국가 모두 함께 발전하고 행복해질 수 있음을 깨달은 것이다.

이를 통해 4차 산업혁명세상의 순기능 5개와 역기능 5개를 정리 요약했다. 나의 강점을 살리고 약점을 보완하며, 순기능을 활용하고 역기능을 회피하거나 역기능 속에서도 기회를 살피는 필수역량 9개도 도출할 수 있었다.

책은 그 분야의 최고 전문가들이 쓴다. 분량이 대략 200~400여 쪽에 이른다. 유튜브 등 SNS 디지털 매체에 비해 종합적이고 입체적인 정보를 담는다. 그러나 동일분야의 책이라도 저자의 가치나 세계관에 따라 현상과 미래를 다르게 해석하고 전망한다.

독서모임은 분야별로도 다양한 책을 읽게 한다. 서로 연결 지어 토론한다. 테마별로 교차읽기와 검증하며 읽기가 이루어진다. 공통분모를 찾아 객관적이고 입체적인 세상을 알게 한다. 필자가 독서모임을 하는 이유 중에 하나이다.

4차 산업혁명 등 세상변화 트렌드를 테마로 하는 독서모임에 참여하면 된다. 인문사회관련 책을 주제로 하는 독서모임이라면 4차 산업혁명관련 책을 선정하여 읽고 토론하면 해결된다. 예스24, 교보문고 등 인터넷서점에 '4차 산업혁명'이 책제목으로 들어간 책만 1,400여 종에 이른다.

필자는 르네상스 독서모임에서 『트렌드 코리아 ○○○○』 시리즈를 매년 선정도서로 하여 2017년분부터 연 6년을 지속적으로 읽고 토론했다고 했다. 세상흐름이 보인다.

이와 함께 세상흐름을 선도하는 전 세계 시가총액 상위기업과 새로운 트렌드를 만들어내는 신생기업의 혁신을 담은 책들도 함께 읽고 토론했다. 『구글은 어떻게 일하는가 에릭 슈미트가 직접 공개하는 구글 방식의 모든 것』, 『기하급수 시대가 온다 한계비용 0, 수익은 10배 많은 실리콘밸리의 비밀』, 『구글의 미래 디지털 시대 너머 그들이 꿈꾸는 세계』, 『히트 리프레시 마이크로소프트의 영혼을 되찾은 사티아 나델라의 위대한 도전』, 『파워풀 넷플릭스 성장의 비결』 등이다.

『사피엔스 유인원에서 사이보그까지, 인간 역사의 대담하고 위대한 질문』, 『호모데우스 미래의 역사』, 『21세기를 위한 21가지 제안 더 나은 오늘은 어떻게 가능한가』 등 역사학자 '유발 하라리'의 책도 함께했다.

독서모임은 다양한 책읽기를 넘어선다. 발제를 하려면 요약하고 토론주제까지 뽑아내야 한다. 천천히 깊이 읽기가 필수다. 거기에 토론까지 한다. 독서모임은 나 혼자 추론하고 생각한 것과 또 다른 세상을 입체적으로 모니터링하게 하는 최적의 수단이다.

나와 세상을 연결하여 사명과 비전목표를 정립하고 실천해 나가게 한다

MS의 CEO '사티아 나델라' 이야기를 더 해 보자. 그는 CEO로 취임 후 몇 달 동안 많은 시간을 들여 누구의 말이든 귀 기울였다. 그렇게 경청하며 스스로에게 두 가지 질문을 던졌다. 하나, 우리 MS는 왜 여기에 있는가? 둘, 다음에 MS가 할 일은 무엇인가? 이다. 하나는 사명목적이고, 둘은 비전목표인 것이다.

그러한 과정을 거치며 그는 답을 찾는다. 하나, MS가 존재하는 이유는 〈사람들이 MS제품으로 더 많은 힘을 얻게empowering 하는 데 있다〉다. 둘, 이러한 MS의 사명을 실천하기 위한 비전목표 중 하나가 〈인텔리전트 클라우드 플랫폼 구축〉이다.

MS의 클라우드 플랫폼은 고객위주다. 용량이나 투명성, 안정성, 보안, 사생활 보호, 규제 준수 등에서 걱정과 불편 없이 고객의 솔루션 규모를 조정할 수 있게 했다. 고객의 자체 소프트웨어 개발을 위해 MS 클라우드 애플리케이션 플랫폼과 개발자 도구를 누구에게나 개방한다. 고객에게 활용의 선택권을 부여한다.

이를 통해, MS 클라우드 플랫폼을 활용하는 모든 세상 사람들이 더 많은 힘을 얻게 한다는 MS 사명을 실천하는 것이다. 그 결과 MS의 전 세계 클라우드 시장 점유율은 아마존에 이어 2위를 지키고 있다.

이는 '사티아 나델라'가 MS의 CEO가 되어 쓴 『히트 리프레시』에 나오는 이야기다. 이 책을 독서모임 없이 혼자 읽었다면? 나 자신에게도 대입해 보았을까? 이 책은 필자가 운영자인 '르네상스 독서모임'의 주제 도서였다. 여러 토론주제가 있었다. 그중에 '나는 왜 존재하는가?'와 '내가 할 일은 무엇인가?' 내 삶의 사명과 비전 목표는 무엇인지를 발표하고, 그 이유, 정립 경위 등을 서로 이야기하는 것도 포함되었다. 아직 사명을 찾지 못했다면? 참석자들의 이야기를 들으며 찾는 방법 등을 구체적으로 질문한다. 그러면서 나만의 미션을 찾아 나간다.

위에서 언급된 구글 등 기하급수적 기업들의 일하는 방식도 마찬가지다. 이 기업들은 모두 '거대한 변화를 불러오는 목적 MTPmassive transformative purpose'를 상위에 두고 내적 요소와 외적 요소를 정렬시켰다고 했다. 『히트 리프레시』, 『기하급수 시대가

온다』를 혼자 읽으면 기업이나 조직측면에서만 4차 산업혁명세상 변화에 맞춘 MTP에 한정지어 생각할 것이다.

함께 읽으면 달라진다. 이 책 또한 독서모임 선정도서이었다. 당연히 '나의 MTP, 즉 공동선에 다가가는 나의 사명은 무엇인가?' '나는 왜 이 일을 하는가?' '나는 왜 존재하는가?'도 토론주제에 포함되었다. 7명의 참가자 중 2명만 사명이 있었다. 스스로 사명을 정립하는 계기가 된다.

그 후 독서모임 진행순서에 '개인별 목표 진행사항 말하기'가 추가됐다. 사명과 비전목표에 따른 개인별 당해 연도 목표와 그 진행경과를 매월 발표한다. 필자는 당연히 이 책의 주제와 기획방향, 범위, 어디까지 목표로 했는지와 실제 완료사항 등을 발표했다. 참가자들의 조언도 쏟아진다. 비전목표가 리마인드 되면서 실천력이 높아진다.

필자는 다음연도 주요업무계획 수립을 위한 직장 워크숍에서 『기하급수 시대가 온다』를 주제로 강연도 했다. 기관의 사명과 비전, 주요전략과 실행과제를 기준으로, 다음연도 주요업무계획에 구글 등 기하급수 기업의 일하는 방식을 참고하라는 내용이었다. 그러면서 '나는 어떤지?'를 뒤돌아보아야 한다고 덧붙였다. 나는 사명이 있는지? 있다면 사명 실천을 위한 비전목표가 무엇인지도 질문했다. 직원들의 눈빛이 달라짐을 느꼈다.

조직이 아닌 개인의 사명과 비전목표에 대해 직접 이야기한 책도 무수히 많다. 한 예로 앞서 소개한 '소명이 있는 삶', '목표가 있는 삶'이란 주제로 한 개 Chapter를 할애한 『굿 라이프』다.

〈의미 있는 삶=소명, 목표가 있는 삶=행복=만족과 보람을 느끼는 삶〉을 강조한다.

만약 이 책도 독서모임 선정도서가 된다면? 독서를 하면서 나의 사명과 비전목표가 위 등식에 맞는지? 현재 내 일상의 삶이 사명을 지표로, 비전목표 달성을 위해 잘 나아가고 있는지? 비전목표의 수정이 필요하진 않은지? 뒤돌아본다. 만약 아직 사명을 찾지 못했다면? 굿 라이프를 위해 '내가 왜 사는지?'를 찾아 나서게 된다. 토론주제로도 위 질문을 선정한다. 당연히 나와 세상을 연결시키며 사명과 비전목표를 정립하고 실천해 나간다.

필자도 『논어』 위정편을 읽으며, '공자께서 열다섯 살에 학문에 뜻을 두었고, 서른 살에 홀로 섰으며, 마흔 살에 현혹됨이 없었고, 쉰 살에 하늘의 명을 알게 되었으며, 예순 살에 무슨 일이든 듣고 거스르지 아니하였고, 일흔 살에 마음이 하고자 하는 대로 좇아도 법도를 넘지 않았다.'의 글귀에 마음이 두근거렸다. 특히, 五十而知天命(오십이지천명), '쉰 살에 하늘의 명령을 알았다'에 더욱 그랬다. 2,500여 년 전 평균수명을 감안하면 50세가 아마 지금의 30~40세가 되지 않을까? 그런데 21세기 나는 50세가 넘어서도 하늘의 명령, 사명을 알지 못하고 있었다.

그때즈음 '빌 젠슨'의 『인생의 재발견』도 함께 읽었다. '정말 하고 싶은 걸 해 보지 못하고 죽는 건 너무 억울하다.' '왜 하나님이 나를 이 지구상에 내려 보내셨을까?'의 문장은 나를 더 흔들었다. 사명을 찾고 비전목표를 세운 계기가 되었다.

위대한 나를 AI 세상의 주인공으로 만든다

인공지능을 부리는 AI의 주인으로 살 것인가? 아니면, 인공지능의 노예로 전락할 것이냐? 이 판가름은 Part 3에서 도출한 필수역량 9개를 얼마나 보유하고 키워 가느냐이다. 이를 통해 Part 2에서 찾아낸 나의 강점인 역량은 더 키워 강화시켜야 한다. 약점인 역량은 보완해야 한다.

각각의 필수역량을 키우는 방법은 Part 3에서 상세히 언급했다. 이를 적극 실천하면서 독서모임을 통해 4차 산업혁명세상을 살아가는 9개 필수역량을 한꺼번에 키워보자. 위대한 나를 AI 4차 산업혁명세상의 주인공으로 만들자.

독서모임 5요소 순환에 따른 10개 기능을 생각하면 쉽게 이해된다. 먼저 10개 기능을 다시 상기시켜본다.

① 규칙적인 독서습관

② 독서편식 개선

③ 요약정리 등 분석 강화

④ 다양한 생각·시선·가치 등에 의한 사고의 확장

⑤ 말하기 등에 따른 화법강화와 생각정리

⑥ 경청

⑦ 집중해서 천천히, 비판적으로 질문하며 읽기 등 달라지는 독서법

⑧ 읽기·쓰기·듣기·말하기 등 네 가지 감각에 의한 정보인식과 반복학습에 의한 장기기억 기능 자동화

⑨ 지식창고 빅데이터 대규모화와 업데이트

⑩ 사색·사유 등 관조의 삶이다.

그런 다음 9개 필수역량도 다시 천천히 읽어보자. 읽으면서 10개 독서모임 기능들이 어떤 필수역량으로 연결되는지 생각해 보자. (1) 객관적 사고력, (2) 문제발견력, (3) 회복탄력성과 긍정력, (4) 자기주도 평생학습력, (5) 다양성, (6) 상상력과 창의력, (7) 공감력·감성지능·사회적 지능, (8) 인성·진정성 등 자기성찰력, (9) 협력과 융합의 소통력이다.

- 객관적 사고력

객관적 사고력이 내 삶의 성공과 실패를 가른다. 필수역량 9개 중 최우선적으로 갖춰야 하는 역량이다. 정보 – 생각 – 말·행동 – 습관 – 인격 – 운명을 가르는 인생 가치사슬의 출발고리이기 때문이다.

생각의 원천인 '통합적이고 입체적인 바른 정보 판별력' + 그 바른 정보를 바탕으로 '생각하는 능력인 사고력' = '객관적 사고력'이라 했다.

먼저, 소음과 신호를 구분해야 한다. 팩트가 아닌 허위정보나 가짜 뉴스, 논리적 결함이 큰 정보, 부분정보 여부를 가려내는 능력을 키워야 한다. 이를 방해하는 확증편향도 없애야 한다. 둘, 해당 정보를 다른 거증자료와 연결시켜 팩트가 맞는지, 입체적인 정보인지 아닌지를 비교 파악하게 하는 나의 지식정보창고 빅데이터도 키워야 한다. 셋, 새로운 정보와 나의 빅데이터 창고를 연결 분석하는 사고력도 증진시켜야 한다.

〈입체적인 바른 정보 판별력과 확증편향 제거⇄지식정보창고 빅데이터화⇄사고력〉의 3박자가 조화를 이루어야 한다. 세상의 기준이 급격히 빠르게 바뀌는 세상, 3박자가 어긋나면 구렁텅이에 빠진다.

위 10개 기능이 어떻게 3박자의 조화를 이루어 '객관적 사고력'을 키워줄까?

① 규칙적인 독서습관은 읽는 뇌 회로망을 새로 만들어 정착시킨다. 문해력이 키워진다. 책을 읽는 과정에서 책 속의 정보를 나의 지식창고 빅데이터와 연결 분석한다. 분석하면서 사고력이 증진된다. 새로운 통찰을 맛본다.

② 독서편식 개선은 나의 확증편향을 줄인다. 호불호에 관련 없이 골고루 다종의 책을 읽게 되기 때문이다. 또한, 양질의 팩트정보＋다량＋다양다종＝입체적인 바른 정보를 얻게 한다. 어떻게?

지식책은 대부분 팩트정보다. 저자도 관련 근거를 명확하게 하지만 출판사도 이를 체크한다. 현대 이전 지식책들도 마찬가지다. 그 시대의 역사적 위인이나 지식인들의 생각과 가치를 글로 남긴 것이다.

내용이 종합적이고 입체적이다. 보통은 200~300쪽이지만 400쪽 이상 분량도 많다. 하나의 주제를 대부분 기승전결로 저술하니 당연히 종합적이다.

또한, 다량에 다양다종이다. '4차 산업혁명'관련 책을 보자. 온라인 서점에 '4차 산업혁명' 단어가 책 제목으로 들어간 서적만 1,400여 종이라 했다. 종류나 유형으로 보면 인공지능, 빅데이터, 블록체인, AR VR 등 메타버스, 로봇, 드론 등등 다종이다. 분야별로도 또한 다양하다. 특히, 인공지능이 책 제목인 서적도 1,800여 종이다. 우리나라뿐만 아니라 미국과 중국 등 전세계 사례와 트렌드가 소개된다.

이야기책을 읽으면서는 등장인물들의 다양한 사건과 상황에 나도 함께한다. '나라면 어떻게 했을까?' 스스로 질문해본다. 내 삶에서는 결코 경험할 수 없는 다양한 삶을 맛보게 된다. 나와 연결 지어 생각해본다. 생각하는 능력인 사고력이 키워진다. 더 나아가 ① 규칙적인 독서습관, ② 독서편식 개선은 나의 지식정보창고를 지속적으로 확장시켜나간다.

③ 읽고 요약정리 등 분석하면서 공감과 비공감 내용과 이유, 발제자는 토론주제도 뽑는 등 발제문을 써야 한다. ⑤ 발표하고 토론에서 말하기 등에 따른 화법강화와 생각정리가 자동화된다. ⑦ 집중하여 천천히 읽기, 왜?라며 질문하는 비판적 책 읽기 등 독서법이 달라진다. 이치에 맞는지를 생각하고 판단하는 사고력이 점점 증진된다.

④ 다양한 생각·시선·가치 등을 접하면서 사고가 확장된다. ⑥ 경청하며 나와 다름에 놀란다. 나에게 연결 분석하면서 입체적인 바른 정보 판별력이 향상되며 확증편향이 줄어듦을 체감한다.

⑧ 읽기·쓰기·듣기·말하기 등 네 가지 감각에 의한 정보인식과 반복학습으로 장기기억 기능이 자동화되고, 위 독서모임 기능이 순환되면서 ⑨ 지식창고 빅데이터 대규모화와 업데이트가 지속적으로 이루어진다. ⑩ 사색·사유 등 관조의 삶이 생활화되면서 객관적으로 생각하여 판단하는 객관적 사고력은 최상을 유지한다. 나의 운명이 바뀐다.

우리나라 CEO들의 독서량이 일반인보다 3~4배 많다. 이유가 뭘까? 기업경영을 잘하려고? 그런 이유도 있다. 그러나 더 원초적인 것은 평소의 독서량이 그들을 CEO로 만든 것이다. 객관적사고력을 기초로 9개 필수역량을 갖췄기 때문이다.

- 문제발견력

기하급수적으로 변하는 4차 산업혁명세상, 나의 문제는 오직 나만이 찾을 수 있다고 했다. 지금의 나와 미래의 나, 현재의 세상과 미래의 세상 등 4가지를 모두 파악해야 한다.

이를 상세히 풀면, 지금 나의 강점과 약점을 알고, 미래를 향한 나의 사명과 비전목표를 명확하게 설정해야 한다. 현재의 세상을 입체적으로 알고, 기하급수적으로 변하는 세상을 모니터링하며 미래의 세상을 예측해야 한다.

이를 통해 지금의 나와 세상, 미래의 나와 세상 차이를 구조화하여 나의 문제를 발견해야 한다. 문제가 발견되면 나만의 답은 쉽게 풀린다. 바로 앞서 언급한 독서모임 효능 8가지 중 1~7효능이 문제발견력을 키워준다.

특히 ① 규칙적인 독서습관, ② 이야기책과 지식책을 넘나드는 독서편식 개선, ⑦ 집중하여 천천히 읽기, 왜?라며 질문하는 비판적 책 읽기 등 달라지는 독서법 등 3개 기능은 위대한 나만의 강점을 찾고, 사명·비전목표를 정립하게 한다. 4차 산업혁명 세상을 입체적으로 알게 한다. 기하급수적으로 변하는 세상을 모니터링하며 내일을 예측한다. 위에서 알아본 그대로다.

나의 강점＋나의 사명·비전목표 vs 현재의 4차 산업혁명세상＋변화 모니터링에 의한 미래세상 차이를 알게 한다. 나의 문제를 발견하게 한다. 나와 세상을 연결하는 최적의 길을 나 스스로 찾아 만들어간다.

문제발견력의 기초는 무엇일까? 객관적 사고력이다. 문제발견력＝객관적 사고력이다. 오류정보나 부분정보, 거기에 더해 부족한 사고력에 의한 문제발견은 잘못된 답으로 연결되기 때문이다. 나를 망친다. 따라서 ①~⑩ 10개 기능 모두가 문제발견력을 향상시킨다.

- 회복탄력성과 긍정력

일자리 지도가 요동친다. 요동치는 파도를 타고 올라 즐겨야 살아남는다. 파도에 휩쓸려 잠시 헤매더라도 깊은 스트레스 늪에 빠지지 말아야 한다. 마음의 근육을 키워 긍정임계선을 높게 유지해야 한다.

① 규칙적인 독서습관, ② 독서편식 개선은 긍정임계선을 높인다. 흔들림 없이 유지된다. 어떻게?

연구결과 6분 정도만 책을 읽어도 68%나 스트레스가 줄어든다고 했다. 여기에 더해 지식책, 이야기책을 구분하지 않고 읽게 된다. 쓰고, 발표와 토론도 거친다. 책의 정보와 나를 연결하며 생각한다. 정보 - 생각 - 말·행동 - 습관 - 인격 - 운명의 가치사슬에 올라탄다. 생각은? 이성과 감성의 조합이라 했다. 지식책은 이성의 기준이 되고, 이야기책은 감성의 나침판이 되어준다.

독서모임으로 평생 읽지 않을 심리학, 뇌 과학 관련 책도 읽게 된다. 쓰고, 발표하며 토론도 함께 한다. 뇌 과학, 심리학적 기제, 긍정, 명상, 웃음, 포옹, 독서, 음악, 산책, 운동 등의 효능에 대한 과학적이고 이성적 기준이 내 몸과 마음에 새겨진다. 더 나아가 지식책은 ⑧ 읽기·쓰기·듣기·말하기 등 네 가지 감각에 의한 정보인식과 반복학습으로 장기기억 기능 자동화와 ⑨ 지식 창고 빅데이터 대규모화와 업데이트로 갑작스런 일자리 지도 변화 등 급박한 상황에 대처하는 기준이 되어준다. 그 상황을 나의 양질, 다량, 다양·다종의 빅데이터와 연결 분석함으로써 대응력을 높여주기 때문이다.

이야기책은 근현대를 넘어 중세 고대 등 다양한 시대, 동서양 다양한 곳에서 다양한 상황의 간접경험을 하게 한다. 이를 통해 나의 마음을 이해하고, 공감과 위로를 넘어 치유까지 해준다. 내 감성의 나침판이 되어준다.

객관적 사고력=문제발견력이라 했다. 그런데, 문제발견력은 회복탄력성과 긍정력의 스승이 되어준다. 문제를 정확히 진단하여 스스로 해답을 찾아 나만의 일자리 지도를 그려나가기 때문이다. 또한 문제발견력은 나의 강점을 세상과 연결하여 유지 발전시킨다. 약간의 오류로 길을 벗어나도 바로 자기 길로 들어서게 한다. 긍정임계선을 깎아내리지 않는다. 객관적 사고력＝문제발견력⇨회복탄력성과 긍정력에 도움을 준다. 결국 ①～⑩ 모두 회복탄력성과 긍정력을 키워준다.

- 자기주도 평생학습력

기하급수적 변화의 4차 산업혁명세상, 일자리 지도가 급변한다. 나의 강점을 일자리 지도에 맞춰 세상과 연결 활성화해야 한다. 나의 강점을 다양한 분야와 연결해야 한다. AI와 디지털 트랜스포메이션 등 관련 기술을 이해하고 활용할 수 있어야 한다. 이를 통해 공동선에 다가가는 나의 사명을 실천해 나아가야 한다. 자기주도 평생학습력은 선택이 아니라 필수다.

나는 무엇을 학습할 것인가? 먼저 문제발견력이 뒷받침되어야 한다. 현재의 나와 세상 vs 미래의 나와 세상의 간극을 메우는 나만의 학습 포인트를 스스로 찾아야 하기 때문이다. 객관적 사고력＝문제발견력⇨자기주도 평생학습력의 기초이다.

만약 객관적 사고력을 가동하여 문제발견력이 찾아낸 강점 활성화의 최우선 학습과제가 '인공지능 AI에 준비된 나'를 만드는 것이라면? 책 제목이 '인공지능'으로 등재된 서적을 검색한다. 『혼자 공부하는 머신러닝＋딥러닝 1:1 과외하듯 배우는 인공지능 자습서』처럼 머신러닝과 딥러닝에 대한 알고리즘과 프로그램 코딩까지 특화된 기술위주 AI 각론적인 책이 있는 반면, 『이것이 인공지능이다 하룻밤에 읽는 AI(인공지능)의 모든 것!』 같은 AI에 인문학적으로 접근한 총론적인 도서도 있다.

4차 산업혁명이나 AI가 테마인 독서모임에 참가하면 해결된다. 주제도서로 추천하여 선정시킨다. 적당한 독서모임이 없으면 내가 만들면 된다. 독서모임 참가 또는 만드는 방법은 뒤에서 알아본다.

객관적 사고력＝문제발견력⇨자기주도 평생학습력, 따라서 ①~⑩ 모두 자기주도 평생학습력에 영향을 미친다. 특히 ⑦ 집중하여 천천히 읽기, 왜?라며 질문하는 비판적 책 읽기 등 달라지는 독서법, ⑧ 읽기·쓰기·듣기·말하기 등 4가지 감각에 의한 정보인식과 반복학습으로 인한 장기기억 기능 활성화는 자기주도 평생학습력을 키우는 실질적인 기능으로 작동한다.

- 다양성

아무리 고품질, 다량의 빅데이터라도 다양하지 않으면 가치가 떨어진다고 했다. 정보, 생각, 말·행동 등 운명을 가르는 운명가치사슬의 출발점인 정보에 문제가 생긴다.

다양성을 키우려면 낯설고 새로운 사람경험, 장소경험을 많이 해야 한다고 했다. 이는 직접 또는 간접경험을 통해 이루어진다.

나와 다른 낯선 다른 사람의 직접경험이 담긴 책 내용의 공감과 비공감의 발표, 주제토론에서 찬반이 갈리는 디베이트 형식의 토론으로 다양성을 직접 경험한다. 사람의 간접경험은 이야기책 속 주인공과 등장인물들의 상황대응, 말과 행동이 내게 오버랩 되면서, 지식책에서는 저자나 위인들의 다양한 생각과 가치 그리고 주장을 접하면서 나와 다른 다양함을 느낀다.

나와 다른 낯선 장소경험은 이야기책이나 지식책을 읽고, 쓰고, 발표, 토론하면서 간접 경험한다. 고대, 중세, 근현대, 미래 등 시대를 넘어 동서양과 우주까지 확대된다.

이를 독서모임 10개 기능과 연결해 보면, ① 규칙적인 독서습관과 ② 독서편식 개선으로 이야기책과 지식책을 넘나들며 책을 읽는 습관이 몸에 밴다. 소설 등 문학의 이야기책에서는 다채로운 다양한 삶과 상황을 간접 경험한다. 비문학의 지식책을 통해 고대에서 현재에 이르는 그 시대 위인과 지식인들의 다양한 생각과 가치를 터득한다.

④ 다양한 생각·시선·가치 등에 의한 사고의 확장과 ⑥ 경청으로 일상에서 느낄 수 없는 나와 다른 다양함을 듣고 깨닫는다. ⑧ 읽기·쓰기·듣기·말하기 등 네 가지 감각에 의한 정보인식과 반복학습으로 장기기억 기능이 자동화되면서 ⑨ 지식창고 빅데이터가 다종다양하게 대규모화되면서 업데이트가 지속된다. ⑩ 사색·사유 등 관조의 삶이 지속된다.

이 과정을 통해 다름은 틀림이 아님을 체험한다. 나 중심의 편견이 줄어든다. 자동적으로 다종의 다양한 빅데이터가 나의 지식창고에 쌓인다. 나의 강점을 연결할 다양한 통로가 보인다. 나와 세상이 최적으로 연결된다.

'다양성'은 다음에 언급되는 '상상력과 창의력'의 바탕이 된다. '공감력·감성지능·사회적 지능'으로 연결된다. '인성·진정성 등 자기성찰력'과 '협력과 융합의 소통력'으로 이어진다.

- 상상력과 창의력

상상력과 창의력은 문제발견력과 다양성에서 출발한다. '나와 세상의 현재와 미래의 간극'을 언제, 무엇을, 어떻게 해서 채울 것인가? 이 질문에 답을 찾아야 한다(문제발견력). 문제 발견을 위해서는 나의 경험과 기억, 나의 지식데이터 창고가 다양 다종의 양질 빅데이터로 꽉 채워져야 한다(다양성).

여기에 AI를 넘어서는 객관적 사고력으로 빅데이터 마이닝하여, 나만의 유일한 새로운 답을 찾아야 한다. 이 과정에서 필요한 핵심역량이 상상력과 창의력이다.

그 답이 [나의 강점_현재의 나↔나의 사명과 비전목표_미래의 나]⇌[입체적인 세상 인식_현재 세상↔미래세상 모니터링_미래 세상]으로 나와 세상을 연결시킨다. 일상의 삶에서 강점 활성화로 나와 세상을 밝히는 공동선 사명에 다가가는 것이다.

따라서 상상력과 창의력은 문제발견력, 다양성, 객관적 사고력이 뒷받침되어야 한다. 여기에 하나를 더해야 한다. 회복탄력성과 긍정력이다. 정서적·심리적으로 안정되어야, 긍정력이 높아야 상상력과 창의력이 발휘되는 것은 상식이다. 연구결과도 이를 증명한다.

또한 인성·진정성 등 자기성찰력으로 나의 마음을 스스로 관찰하고 뒤돌아보며 반성하고 고쳐나가야 상상력과 창의력의 결과가 올바르게 진행된다. 결국 ①~⑩까지 독서모임 10개 기능이 모두 연결된다.

특히, ① 규칙적인 독서습관과 ② 독서편식 개선, ⑦ 집중하여 천천히 읽기, 왜?라며 질문하는 비판적 책 읽기 등 달라지는 독서법은 상상력과 창의력 향상에 직접적인 영향을 준다.

유튜브 등의 영상미디어와 책읽기의 차이점을 살펴보자. 뇌의 활성화 정도가 다르다. 영상을 접할 때는 일부만, 책을 읽을 때는 뇌 전체가 고루고루 활성화된다. 이는 혈류와 관련된 변화를 감지하여 뇌 활동을 측정하는 fMRI 발달에 따른 연구결과다. 왜 일까? 영상은 이미지다. 모양을 있는 그대로 시각화되어 보여줌 으로써 무엇인지 바로 인식된다. 거기에 더해 말과 자막으로 설명까지 한다. 인식은 빠르나 연결 지어 생각함이 약하다.

글은 다르다. 글자와 글자가 연결되며 문장으로 의미를 만들어낸다. 형상이나 이미지 등도 글로 풀어낸다. 책을 읽으며 나스스로 글에서 이미지를 형상화하며 내용과 의미를 찾아낸다. 책 속의 다른 부분과 연결 지으며 사고력, 상상력의 뇌신경망을 풀가동한다. 사고력, 상상력의 뇌 회로망이 정착된다. 상상력은 창의력으로 이어진다.

백만 부 이상의 베스트셀러 저자인 '후지하라 가즈히로'는 『책을 읽는 사람만이 손에 넣는 것』에서 독서는 퍼즐 맞추기식 사고가 아니라 레고 조립식 사고를 하게 한다고 강조한다.

레고는 정답이 없다. 입체적이다. 무한대 상상력으로 조립하고 연결하고 쌓으며 나만의 유일한 새로운 모양을 만들어낸다. 퍼즐은 정답이 정해져있다. 평면적이다. 산업화시대에는 정해진정답을 먼저 찾아내는 퍼즐형 사고가 유효했다. AI 시대에서는 아니다. 위대한 나와 기하급수적으로 변하는 4차 산업혁명세상을 연결하는 나만의 새로움은 상상력과 창의력이 만들어 준다. 레고식 사고를 해야 한다. 위와 같이 독서모임 1요소 '읽기'는 레고식 사고에 의한 창의력 향상에 기여한다.

또한 3~5요소인 '발표, 토론과 대화, 사람'도 창의력을 키우는 핵심요소다. 만남과 대화, 토론이 새로운 발상을 떠오르게 하는 창의적 기회를 주기 때문이다. 창의적 아이디어로 4차 산업혁명을 주도하고 있는 선도적 기업 CEO들의 경험에서 나오는 공통된 주장이다.

애플 창업자이자 CEO이었던 '스티브 잡스'는 이메일과 채팅만으로 아이디어가 개발될 수 없고, 창의성은 만남과 토론에서 나온다고 했다. 넷플릭스 CEO '리드 헤이스팅스'도 새로운 발상이 떠오르려면 함께 둘러앉아 토론을 해야 하는데 재택근무가 함께 모이기를 어렵게 한다고 토로했다. MS의 CEO '사티아 나델라'는 회의실에서 공식 회의 전 2분 정도의 잡담도 창의적 아이디어를 얻게 한다며 토론과 대화를 강조한다.[86]

유대인의 하브루타는 어떤가? 서로 짝을 지어 질문하고 답하며 이야기 나누는 전통 토론 학습방식이다. 생각의 지평을 넓히고 창의력을 키우는 대화법이다. 이 전통이 세계 인구의 0.2%인 유대인들이 노벨상의 22%, 아이비리그 학생의 23%, 미국 백만장자의 40%를 차지하게 했다.

아울러 ⑧ 읽기·쓰기·듣기·말하기 등 네 가지 감각에 의한 정보인식과 반복학습으로 인한 장기기억 기능이 자동화되고, 그결과 ⑨ 지식창고 빅데이터가 다종다양함의 대규모화와 업데이트가 지속된다. 다종다양의 빅데이터의 얽히고설키면서 창의력이 상승될 뿐만 아니라, 내가 상상하여 새롭게 만드려는 것이 이세상에 있음과 없음을 더 정확히 알게 된다. 상상력에 의한 창의력 발휘에 헛발질을 없앤다. 세상에서 더 유일한 새로움을 창조해 낸다.

- 공감력 · 감성지능 · 사회적 지능

다름은 틀림이 아니다. 사람은 다 다르고 다 똑같다. 이 2가지가 몸과 마음에 새겨져야만 공감력·감성지능·사회적 지능을 키우는 출발선에 설 수 있다. 나를 넘어 타인의 감정과 사고·행동을 이해하고 이를 공감하여, 이에 맞춘 행동까지 하는 역량이 공감력·감성지능·사회적 지능이기 때문이다.

그래서 이는 객관적 사고력과 다양성이 뒷받침되어야 가능해진다. 또한 회복탄력성과 긍정력, 인성·진정성 등 자기성찰력, 협력과 융합의 소통력에 영향을 미친다.

앞서 Part 3에서 공감력·감성지능·사회적 지능을 키우는 세부실천력으로 나와 다른 생각을 가진 사람들과의 빈번한 대화, 무의식적 착각과 판단오류의 자기편향에 유의하기, 경청과 비폭력대화 생활화, 자기수용 – 과제분리 – 타자공헌, 체험하는 나와 관찰하는 나를 분리하는 연습 등 5가지를 주문했다.

하나, 나와 다른 생각을 가진 사람들과 소통의 최고봉은 독서모임이다. 이는 둘, 무의식적 착각과 판단오류의 자기편향에 유의하도록 지속적인 메시지를 준다. ② 독서편식 개선으로 문학과 비문학을 넘나든다. 소설 등 문학의 이야기 속에서 나와 다른 다양한 삶과 가치, 생각을 접하면서 공감과 사회적 지능이 높아진다. 캐나다 요크대학교 심리학 교수 '레이몬드 마르'의 연구 결과, 소설을 읽을 때 활성화되는 뇌와 실제 인간관계에서 사용되는 뇌 부위가 상당 부분 일치한다는 것이다. 또한 이야기책을 읽으면 사회적 지능 테스트에서 높은 점수가 나오는 연구결과도 존재한다. [87]

이야기책을 읽는 동안 타인의 관점을 취해보는 과정은 소설내용 자체가 공감에 기여할 뿐만 아니라 '도덕 실험실'의 역할까지 하기 때문이다. 다른 사람, 다른 종교, 다른 문화, 다른 시대에 대해 내가 예전에 갖고 있던 생각을 뒤로하고 새로운 지적 이해를 심화시킨다. 이는 사람과 사람을 이어주는 다리가 되어 우리 모두가 함께 살아갈 보다 안전한 세상을 만들어줄 수 있다. [88]

비문학의 지식책에서는 나와 또 다른, 아니 전혀 다른 반대생각을 가진 저자의 주장을 읽게 된다. 쉬운 예가 조국 백서와 조국 흑서다. 『검찰개혁과 촛불시민』과 『한 번도 경험해보지 못한 나라』는 극과 극의 주장을 편다. 독서모임이 아니고 그냥 두 책 모두를 읽었다면 나는 이미 다양성과 공감력·감성지능·사회적 지능이 최고단계인 것이다.

더 나아가 같은 이야기책이나 지식책을 읽고, 발표, 토론과 대화를 통해 ④ 다양한 생각·시선·가치 등에 의한 사고의 확장을 맛본다. 나와 다른 세계와 가치를 알게 된다. 공감력·감성지능·사회적 지능이 나도 모르게 높아진다.

셋, 경청과 비폭력대화의 생활화다. ⑥ 경청, 그리고 비폭력대화는 독서모임 규칙으로 정하면 된다. 사회자가 통제한다. 경청과 비폭력대화가 지속적으로 연습된다. 습관으로 자리 잡는다. 일상에서도 생활화된다. 어려운 두 마리 토끼를 한꺼번에 잡는 효과가 생긴다.

넷, 자기수용-과제분리-타자공헌과 다섯, 체험하는 나와 관찰하는 나를 분리하는 연습 등은 관련도서를 선정하여 읽고, 쓰고, 발표하고, 토론하며 실습하면 된다. 예로 들면『미움 받을 용기』,『마음 VS 뇌, 마음을 훈련하라! 뇌가 바뀐다』등 명상, 마음관리 관련도서를 말한다.

그밖에 ⑨ 지식창고 빅데이터 대규모화와 업데이트, ⑩ 사색·사유 등 관조의 삶도 공감력·감성지능·사회적 지능을 초고조로 유지시킨다. 틀림이 아닌 나와 다름을 받아들인 결과가 빅데이터 대형화로 이어지고, 사색과 사유 등 관조의 삶이 지속됨으로써 자동적으로 공감력·감성지능·사회적 지능이 높아진다.

- 인성 · 진정성 등 자기성찰력

정보-생각-말·행동-습관-인격-운명의 가치사슬에서 나의 운명은 '정보'와 '생각'이 가른다. '생각'의 핵심은? 바로 자기성찰력이라고 했다. 나의 마음상태, 마음의 움직임을 스스로 관찰하여, 나의 생각인 '감성과 이성'을 뒤돌아보며 반성하고 고

처나가는 능력이다. 내 마음속 '욕구와 믿음'이 남을 배려하면서도, 참되고 진실한가를 스스로 살피는 역량이다.

양질의 다량, 다양다종의 빅데이터 '정보'와 참되고 진실하며 남까지 배려하는 내 마음속 '생각'이 만나 말과 행동으로 표출된다. 더 나아가 그 말과 행동의 결과를 다시 뒤돌아보며, 나의 욕구와 믿음에 문제가 없는지를 다시 살피며, 일상의 판단과 선택을 이어간다. 나의 운명이 바뀐다.

이와 연관된 위의 객관적 사고력, 다양성, 공감력·감성지능·사회적 지능이 선순환되면 인성, 진정성 등 자기성찰력은 더욱더 빛을 발한다.

이에 더해 ① 규칙적인 독서습관과 ② 독서편식 개선은 책 속의 다양한 상황과 가치를 나와 연결 지어보면서, 나의 욕구와 믿음이 진실하고 참된 것인지를 뒤돌아보게 한다. ④ 다양한 생각·시선·가치 등에 의한 사고의 확장과 ⑥ 경청을 통해서는 나와 다른 생각과 가치를 주장하는 참가자들을 접하면서 나의 세계관에 거짓과 위선이 없는지를 살핀다. 인지부조화로 자기합리화를 하고 있지는 않은지? 나에 대해 나 스스로 공정한 관찰자가 된다. 나를 인식하는 시간이 규칙적으로 반복되며 지속된다.

⑦ 집중하여 천천히 읽기, 왜?라며 질문하는 비판적 책 읽기 등 달라지는 독서법, ⑧ 읽기·쓰기·듣기·말하기 등 네 가지 감각에 의한 정보인식과 반복학습으로 장기기억 기능 자동화, ⑨ 지식창고 빅데이터 대규모화와 업데이트, ⑩ 사색·사유 등 관조의 삶이 연결되어 이어지면서 인성·진정성 등 자기성찰력은 더

욱 더 강해진다.

문학이든 비문학이든 책은 그 시대 그 지역의 역사적 위인이나 지식인들의 생각과 가치를 글로 남긴 것이라 했다. 시간과 공간을 초월한다. 우물 안 개구리는 강과 바다를 모르고, 매미는 겨울을 모른다. 우물 안 개구리는 공간에, 매미는 시간에 갇혔다. 책을 읽고, 쓰고, 발표하고, 토론과 대화를 나누는 독서모임은 공간적으로는 동서양의 전 세계, 시간적으로는 고대부터 현재와 미래까지의 역사적인 위인들과 직접 대화를 나누는 것이다. 나와 연결 지으며 인성·진정성 등 자기성찰력이 강화될 수밖에 없다.

- 협력과 융합의 소통력

초연결 시대다. 나와 세상을 어떻게 연결할까? 나의 강점을 어떻게 다양한 모델로 활성화시킬까? 다양한 다른 분야, 다른 사람들과 협력·연결·융합이 답이다. 다양한 분야, 다양한 사람들과 소통해야 한다. '위대한 나만의 나'가 만들어진다.

협력, 연결, 융합의 대상이 사람 이외에 어떤 기술이나 분야별 기능일 수도 있다. 그러나 이 기술과 기능도 뒤에는 결국 모두 다 사람과 연결된다. 나와 다른 사람과의 협력과 융합소통으로 이어진다.

소통이 핵심이다. 소통을 잘하려면? 공감, 배려, 이해, 포용의 마음을 가져야 한다. 독서모임이 어떻게 협력과 융합의 소통력을 키울까? 공감, 배려, 이해, 포용의 마음을 만들어줄까?

첫째, 나와 친숙한 범위의 관계소통을 넘어서는 낯선 제3지대로 소통범위가 확장된다. 일상의 인간관계를 넘어서는 다른 사람과 정기적으로 소통한다. 가족, 직장, 종교, 친구 등의 일상생활 속 관계소통이 아닌 다른 사람과 정기적으로 만나, 발표와 대화를 넘어 토론까지 하는 관계는 독서모임이 유일하다. 그간 익숙했던 소통과는 또 다른 다양함에 나를 뒤돌아본다. 다른 사람들의 처지나 입장을 다시 헤아려보게 된다.

둘째, 책을 통해 같은 상황이나 동일한 내용을 함께 접하고, 이를 모여서 함께 공유한다. 정기적으로 이어진다. 나와 다른 생각과 가치를 접한다. 혼자 독서의 편향과 편협한 사고에서 벗어나게 한다. 공감, 배려, 이해, 포용의 마음이 자란다.

셋째, 독서모임 기획운영자나 참가자는 취향과 수준이 서로 다 다르다. 성격은 물론 성별, 연령대, 학력, 독서력 등이 다름에도 독서모임 규칙은 동일하게 적용해나가야 한다. 소소한 갈등과 충돌이 불가피하다. 합의점을 찾아야 한다. 협력이 필수다.

독서모임 참가자들이 공동으로 독서모임의 기록을 남긴 책들이 많다. 『모두의 독서』는 박소영 등 4명이, 『모두의 독서모임』은 이진영 등 7명이, 앞서 소개한 『모든 것은 독서모임에서 시작되었다』는 신재호 등 5명이 공동저자이다. 총 16명 저자들은 함께 읽으며 만난 변화들을 생생하게 글로 남겼다. 위 3가지가 이들의 공통된 변화에 속한다.

위 소개한 공동저자 독서모임 책을 펴낸 '하나의 책' 출판사 '원하나' 대표에 대한 필자의 질의내용을 독서모임 10개 기능 '독서편식' 부분에서 언급한 바 있다. "7년 넘게 수많은 독서모임을 운영하시고 참여하신 후 달라진 것이 있다면?"에 대한 필자의 질문에 '첫째, 독서편식이 사라졌다.'이고, 둘째가 독서모임이 지속되면서 '공감력'과 '소통력', '객관적 사고력'이 커졌다고 한다.

소설을 자꾸 읽다 보니 등장인물들의 말이나 행동에 의한 사건·상황전개에서 '왜? 그랬을까? 그렇게밖에 할 수 없었을까?'를 생각하게 되었고, 그러면서 자연스럽게 타인을 공감하는 역량이 커짐을 느꼈다고 한다. 아울러, 논제에 대한 대화와 토론하면서는 다양한 생각·해석·삶 등의 '다양성'을 접하면서 본인도 모르는 사이 공감, 배려, 이해, 포용의 '협력과 융합의 소통력'이 향상되었음에 놀랐다고 한다. 이는 일상의 친구들 간 대화와는 다름에 기인한 것으로 판단하며, 나와 다른 다양한 계층과 소통한 결과로 본다는 것이다.

결국 협력과 융합의 소통력은 객관적 사고력, 회복탄력성과 긍정력, 다양성, 공감력·감성지능·사회적 지능, 인성·진정성 등 자기성찰력이 뒷받침되어야 한다.

이렇게 독서모임 5요소는 10개 기능을 작동시켜 4차 산업혁명세상을 살아가는 필수역량 9개를 한꺼번에 키워준다. 특히, 각각의 9개 필수역량들은 상호 연결되어 서로에게 연쇄 시너지 효과를 준다. 독서모임이 나의 운명을 바꾸게 하는 이유다.

2

독서모임은
어떻게 시작해야 하나?

　독서모임 5요소와 10개 기능이 위대한 나를 찾아 세상과 연결해주고, 9개 필수역량도 키워주는 등 8가지 효능이 나타남을 알았다.

　독서모임이 나의 운명을 바꾼다. 위대한 나를 AI 4차 산업혁명세상의 주인공으로 만든다. 4차 산업혁명을 주도하는 전 세계 시가총액 상위 기업 등의 Leader들이 Reader인 이유가 이를 증명한다.

　애플 창업자인 '스티브 잡스', MS 창업자인 '빌 게이츠'와 현 CEO '사티아 나델라', 페이스북(메타) 창업자이자 CEO인 '마크 저커버그', 테슬라 창업자이자 CEO인 '일론 머스크', 버크셔 해서웨이의 CEO인 투자의 귀재 '워렌 버핏', 글로벌 투자기업 카라일 그룹 회장인 '데이비드 루벤스타인', 나이키의 창업자인 '필 나이트', 소프트뱅크 그룹 회장인 '손정의', 토크쇼의 여왕 '오프라 윈프리' 등이 모두가 독서광이다.

기업자체를 보아도 마찬가지다. 전 세계 시가총액 최상위그룹인 애플, 구글, 아마존, MS, 메타(페이스북), 텐센트 등도 빅데이터 보유 기업들이다. 양질·다량·다양다종의 빅데이터 3요소를 보유하고, 지속적으로 업데이트 시키며 기업과 세상을 연결시켰다. 기회는 잡고, 위협요인은 회피하거나 기회로 전환시킨다. 빅데이터를 AI 알고리즘으로 분석하여 최적의 판단과 선택으로 서비스를 제공한다. 기업이나 사람이나 다 똑같다.

이제 실행만 남았다. 66일 매일 계속되는 책 읽기가 나의 운명을 바꾸기 시작한다. 여기에 쓰기와 발표, 다양한 사람들과의 토론이 더해지며 시너지효과를 낸다. 독서모임 속에 내가 있으면 된다. 어떻게 할까?

직접 만들거나 기존 독서모임에 참여한다

독서모임 속으로 어떻게 들어가지? 정보수집이 먼저다. 세 가지 방법이 있다.

하나, 포털사이트 등 인터넷 검색이다. '트레바리' 등 공식 홈페이지에 의한 독서모임 전문플랫폼, 네이버·다음 등의 블로그, 카페 등에 활동 중인 독서모임 정보들이 쏟아진다. 네이버 밴드에도 독서모임을 검색하면 운영 중인 모임이 뜬다.

둘, 문화체육관광부 산하 '책 읽는 사회문화재단'에서 운영 중인 '독서동아리지원센터' 웹사이트에서 '동아리 찾기'를 검색한다. 운영자, 지역, 모임장소, 모임주기·요일·시간, 모임목적, 인원, 회원직업 등 상세내용이 확인된다.

셋, 지역 공공도서관에 문의한다. 공공도서관은 독서모임을 직접 운영하거나 관내 활동 중인 독서모임 정보를 대부분 공유하고 있다.

이 정보를 바탕으로 내가 참여할 독서모임을 선택한다. 선택기준점은 두 가지다. 정보들 속의 '독서모임 유형'과 '나의 현재 상태'다. 나와 연결되는 독서모임을 찾아야 한다. 독서모임 8가지 효능을 내 것으로 만들어야 하기 때문이다.

기준점 하나, 독서모임의 테마와 주제 등 유형파악이다. 3가지로 구분하여 분석해보면 해당 독서모임 유형이 머릿속에 그려진다.

1. 어떤 책 위주로 독서모임을 진행하느냐다. 시·소설 등 문학 이야기책인지, 비문학의 철학·역사·예술·심리학·사회학·과학·경영경제 등 지식책이 중심이냐이다. 더 세분화하여 이야기책에서도 고대·중세·근현대 등 시대별, 동·서양 등 지역별, 또는 유명 작가별로 구분될 수도 있다. 비문학에서도 각 분야별로 세분화될 수도 있다.

2. 삶의 어느 분야에 집중하느냐다. 육아, 학습과 교육, 독서, 자기관리·마음관리·목표관리 등 자기계발, 기업 조직운영 등 경영관리, 4차 산업혁명·팬데믹 등 세상변화 트렌드 등이다. 두 개 분야 이상이 겹쳐질 수도 있다.

3. 어떤 사람이 주로 참여하느냐다. 기업CEO 등 경영자, 직

장인, 공인중개사 등 특정 자영업자, 프리랜서, 예술인, 저자, 워킹맘 등 엄마, 학부모, 대학생, 불특정 등 다양하다.

기준점 둘, 나의 현재 상태이다. 두 가지 측면을 고려해야 한다. 첫째는 독서습관이 일상화되어 있느냐, 없느냐이다. 둘째는 모임장소의 물리적 거리다. 온라인 모임을 갖기도 하지만, 독서모임 특성상 대면모임 위주로 운영되기 때문이다.

독서습관이 이미 정착되어 있으면 모임장소의 물리적 거리만 살피면 된다. 어느 유형에 참여할 것인가는 위에서 살펴본 효능 1~8까지에서 나에게 미흡하거나 아예 없는 부분에 맞춰 해당 독서모임을 찾으면 된다.

예를 들어, 효능1인 '위대한 나'를 아직 찾지 못했다면? 우선은 문학독서모임에 참가한다. 동서고금東西古今 속 낯선 세상 속으로 들어간다. 다양한 등장인물들의 상황에 나도 감정이입 한다. 실제 나의 삶에서 경험하지 못한 수많은 다양한 감정에 부딪힌다. 낯선 다양한 경험 속에서 나의 무의식적 반응을 살핀다. 공감, 비공감 이유 등을 책 여백에 쓰거나 포스트잇에 메모하여 붙인다.

함께 모여 대화와 토론을 한다. 동일한 인물과 같은 상황에 대한 해석, 감정 등이 나와 다르다. '나는 왜 이렇게 느꼈을까?' 하며 나를 다시 뒤돌아본다. 읽으면서, 쓰면서, 토론하면서의 이러한 반응이 '나만의 위대한 나'다. Part 2에서 살펴본 '바로 기록하기' 등을 통해 나의 강점을 찾거나 검증한다.

독서습관이 갖춰져 있으므로 지식책 위주로 독서가 이루어졌어도 이야기책 읽기에 부담이 덜하다. 아니 새로운 흥미유발로 이야기책에 빠질 수도 있다.

　문제는 독서습관이 없는 경우다. 본능적으로 내 몸에서 책읽기를 거부한다. 독서 습관을 새로 형성하려면 굳어져 있는 기존의 다른 습관을 깨야 한다. 수면시간을 줄이든지, 게임이나 TV보는 습관을 버리든지, 스마트폰을 멀리하든지. 문제는 습관 바꾸기가 쉽지 않다는 데 있다.

　66일 지속으로 습관이 일단 형성되면 뇌가 그 행동에 따른 의사결정에 참여하는 것을 완전히 중단한다. 자동시스템이 작동된다는 거다. 기존 습관을 떨쳐 내려고 의식적으로 부단하게 노력하지 않으면, 그 습관 패턴은 자동으로 나타난다. 일명 '습관 고리'를 깨기가 어렵다.

　'찰스 두히그'는『습관의 힘』에서 일정한 '신호'에 의해 '반복행동'을 하고 이로 인해 '보상'을 얻는 구조로 습관이 형성된다고 한다. 이〈신호 – 반복행동 – 보상〉의 고리 구조가 '습관 고리'다.

　습관을 바꾸기 위한 방법도 습관 고리에 근거한다. '신호'와 '보상'을 찾아내면 '반복행동'을 바꿀 수 있다. 그러나 기존의 오래된 신호와 보상에 대한 열망이 그대로 살아있는 한 기존 습관의 재발은 시간문제다. 따라서 기존 습관을 영원히 버리고 독서습관을 새로 만들기 위해서는 독서모임이 나의 운명을 바꾼다는 긍정적인 믿음과 지속성이 있어야 한다. 문제는 지속성이다.

　지속성을 가지려면? 독서가 즐겁고 재밌어야 한다. 뭔가 의미와 가치가 있어야 한다. 〈신호−반복행동−보상〉의 습관 고리에서 짜릿한 보상을 느껴야 한다. 반복적인 책 읽기로 기쁨과 가슴 울림이라는 보상을 받아봐야 한다. 걸림돌은 책의 분량이다. 더욱이 어쩌다 한두 권을 읽어서 도끼로 찍힌 듯한 마음의 울림이 오기가 쉽지 않다. 시작도 어렵지만, 재미와 기쁨을 느끼는 보상단계로 오르기는 더 어렵다.

그래서 재미와 기쁨을 느끼는 보상단계에 이르게 하는 책으로 시작해야 한다. 어떤 책일까? 지금의 나와 관계되는 책이다. 내 스스로, 본능적으로 필요함을 느끼는 거, 나의 성장에 부응하는 분야의 책이 선정되는 독서모임에 들어가야 한다.

방법은 세 가지다. 첫째, 내가 지금 하고 있는 일과 관련된 책을 읽는 독서모임을 택한다. 아이를 키우는 엄마라면 육아 관련, 기업 등의 사무직 종사자는 경제경영 관련 독서모임에 참여하면 된다. 또는 특정분야 직업군으로만 운영되는 독서모임에 참가하는 거다. 공인중개사 사무실을 운영 중이라면 공인중개사 독서모임 '네오비 독서지향'에 들어간다. 일상의 삶과 일에서 몸소 부족함을 느꼈던 부분을 채워준다. 재미와 기쁨이 따라온다.

둘째, 자기계발 관련 독서모임에 들어가는 거다. 자기계발 관련 책은 누구에게나 적용되는 것이기에 쉽게 읽힌다. 나와 연결되어 공감을 느낀다. 실제로 나에게 적용하여 실천하려 노력한다. 쓰고 발표하고 토론한다. 나 스스로 변화욕구와 실천의지를 느낀다. 독서모임에 빠져든다.

셋째, 내 관심분야를 테마로 하는 독서모임에 가입한다. 세상

변화에 관심이 많다면 4차 산업혁명이나 인공지능 AI 등을 주제로 운영되는 독서모임에, 기후변화 등 지구환경에 자꾸만 몸과 마음이 끌리면 '트레바리'에 '지글지글'[89] 같이 지구환경을 주제로 하는 독서모임에 참여한다. 내 마음이 끌리는 분야이므로 기쁨과 가슴 울림의 보상을 받는다. 독서모임의 가치를 느낀다.

독서모임 속으로 들어옴에 성공했다. 독서습관도 생겼다. 나의 부족분야를 찾아 또 다른 독서모임에 참여한다. 독서모임이 지속된다.

독서모임에 참가하려는 데 가장 큰 난관은 두 가지다. 물리적으로 이동 가능한 거리에 활동 중인 독서모임이 없는 경우다. 줌 Zoom 등 온라인 참여도 가능하지만 오프라인 모임이 주 수단이기 때문이다. 또 하나는 내가 진정으로 원하는 독서모임이 없는 거다.

이럴 땐 내가 직접 독서모임을 만들면 된다. 어떻게 만들지? 최우선 과제를 풀면 나머지는 자동으로 해결된다. 나는 '왜 이 독서모임을 만들어 운영하느냐?'의 운영목적과 목표 설정이 우선이다. 목적과 목표가 정립되면 주제도서 선정, 모임횟수, 참가자 구성 요건, 온라인·오프라인 등 운영수단과 장소, 진행방법 등은 여기에 맞춰 정렬된다. Part 4에서 알아본 나의 사명·비전과 같은 맥락이다.

예를 들어 나는 워킹맘이다. 육아에 일까지 하니 스트레스가 심하다. 바쁘게 살다 보니 아이를 제대로 키우고 있는지도 잘 모르겠다. 전엔 책을 읽었는데 아이를 키우면서 시간이 없어 독서는 꿈도 못 꾼다. 워킹맘들의 공통적인 현상일 것이다.

이 세 가지 모두를 한 번에 해결할 수는 없을까? 내 아이가 다니는 초등학교 1학년 어린이 워킹맘들과 함께 독서모임을 해볼까? 목적이 정해졌다. 〈육아 스트레스 해소, 아이 인성교육 등 부모로서의 역량을 갖추어 자녀 학습 지원, 독서습관을 다시 만들어 행복한 가정 만들기〉다. 단기, 중기, 장기목표는 모임을 운영하면서 참가자들과 논의하여 정하면 된다.

학부모 카페 등 SNS, 또는 학교와 협업하여 참가자를 모집하면 된다. 도서선정은 위 세 가지를 충족하는 책으로 정하면 된다.

나의 지친 감성과 마음을 달래주는 소설이나, 인간 내면의 세계를 어루만지며 방향을 제시해주는 심리학 관련 책을 읽는다. 위로와 공감을 받는다. 육아, 인성교육, 가정교육 등 관련 책을 읽고 함께 대화하고 토론한다. 내 아이의 수준, 내가 엄마로서 해야 할 말과 행동 등의 기준이 만들어진다. 자투리 시간을 쪼개 집에서도 책을 읽게 된다. 아이에게 책 안 본다고 다그칠 필요가 없어졌다. 아이들도 함께 책을 읽는다. 함께 독서습관이 만들어진다.

위와 같이 범위가 한정된 모임 이외의 다른 독서모임에 대한 홍보 등 참가자 모집은 온라인 블로그, 카페, 밴드, 인스타그램, 페이스북 등 SNS 활용과 '독서동아리지원센터' 웹사이트에 등록하면 된다. 독서모임을 통해 내가 사는 동네지역 사람들과 교류

폭도 넓히고자 한다면 당근마켓의 '동네생활-취미생활' 게시판을 활용해도 좋다.

운영과 진행방식은 다 다르고 다 똑같다

다시 한 번 강조하지만 독서모임의 핵심은 '독서모임의 목적'이다. 테마나 주제를 명확하게 해야 한다. 구성원들의 관심분야가 같아 세 가지가 자동적으로 좋아지기 때문이다. 참여율이 높아진다. 집중도가 향상된다. 당연히 대화와 토론이 풍성해진다. 가성비와 가심비를 모두 충족시킨다.

이제는 독서모임을 운영하는 실무적인 내용을 살펴보자. '참가자 구성요건과 인원, 모임횟수, 도서 선정방식, 운영규칙 만들기, 진행순서, 온오프라인 등 운영수단과 모임장소를 어떻게 정할까?'이다.

- 참가자 구성 및 인원

참가자 구성은 해당 독서모임 목적에 맞춰 자연스럽게 정해진다. 위에서 언급한 공인중개사, 워킹맘 등 엄마, 학부모, 대학생 등 다양하다.

거꾸로 참가자를 특정하여 독서모임이 시작되는 경우도 있다. 이런 경우는 참가자들의 직업이나 경력 등 특성에 맞춰 독서모임을 운영하면 된다. 필자는 인간개발연구원HDI과 함께 HDI 회원사 기업체 오너와 CEO를 대상으로 한 독서모임을 준비하고 있다.

'HDI 독서포럼'의 목적은 '독서와 토론을 통해 기하급수적으로 변하는 4차 산업혁명세상에서 기회와 위협요인을 나(기업)의 강점·약점과 연결하여, 기회는 잡고 위협요인은 회피하거나 기회로 전환함으로써 기업(나)을 발전시켜 세상에 선한 영향력을 주는 데 있다.'로 정했다.

이에 맞춰 참가대상을 '기업 오너 및 CEO, 참여기업 20~30대 직원'으로 계획했다. 경영자가 새로운 소비권력인 MZ세대의 세계관도 알아야 생존 가능한 시대이므로 함께 읽고 토론함으로써 경영자들이 바뀐 세상을 직접 느끼도록 함이다.

문제는 인원이다. 필자의 경험으로는 독서모임이든 일반모임이든 7~8명 정도가 적당하다. 약 2시간 동안 함께 대화하고 토론하는데 참가자 모두가 발언한다는 전제다. 독서모임을 실제 운영해보면 평균 20~30%의 결석자가 발생한다. 따라서 정원 10명으로 운영하면 된다.

다만, 위 사례의 'HDI 독서포럼'처럼 참가자를 특정하여 운영할 때나 참가 요청자가 많아 10명 이상이 넘는 경우는 인원에 맞춰 팀을 구분하여 팀제로 운영하면 된다. 참가자가 30명인 경우 10명씩 3팀으로 운영하면 된다. 결석자를 감안하면 팀별 실제 참석자 7~8명으로 진행된다.

- 횟수

횟수는 정하기 나름이다. 대개 월 1회로 운영된다. 선정도서를 천천히 집중하여 깊게 읽고, 공감과 비공감 내용과 나의 주장을 써야 한다. 발제자인 경우 발제문과 토론주제도 뽑아야 하는 최소 시간이다.

모임 운영자나 기획자가 모든 것을 진행하고, 참가자는 책만 읽고 참가해도 무방한 독서모임인 경우는 2개월에 3~4회로 운영할 수도 있다.

운영횟수의 핵심은 진행방법에 맞춰 독서모임의 의미와 가치를 실현할 수 있는 범위에서 정하면 된다.

- 도서 선정방식

독서모임 기능 ② '독서편식 개선'에서 주제도서 선정 방식 네 가지를 언급했다. 참가자별로 돌아가며 정하기, 운영자가 제시한 몇 권 중에 참가자들이 다수결로 선정하기, 참가자 각각이 추천한 후 다수결로 정하는 방법, 대형 독서모임 플랫폼에서 파트너나 클럽장이 해당모임의 테마에 맞춘 도서를 미리 선정한 후 참가자 신청을 받는 경우다.

필자가 주로 이용하는 방법은 운영자가 제시한 몇 권 중에 참가자들이 다수결로 선정하기, 참가자 각각이 추천하여 다수결로 정하는 방법이다. 이는 참가자들에게 읽기와 참여욕구를 증진시킨다. 스스로 도서선정에 참여함에 따른 책임성 동기부여와 자기가치 실현욕구 충족 때문이다. 또 하나는 테마에 맞춘 도서를 추천하기 위해 스스로 관련 도서목록을 검색하거나 실제로 선도적 독서를 하게 된다.

운영자든 참가자든 주제도서 추천 이유를 상세히 설명해야 한다. 특히 해당 독서모임의 목적과 어떤 부분이 적합성을 이루는지를 설명하고 설득해야 한다. 위 'HDI 독서포럼'의 경우 『지금 팔리는 것들의 비밀』을 추천도서 목록의 하나로 올렸다. 참가자인 기업 리더들에게 'MZ세대의 감성과 습관을 완전히 인식하고 제품이나 서비스를 만들어야 팔 수 있는 세상'임을 알게 하는 책이라고 소개한다.

도서선정 시기도 중요하다. 필자가 선호하는 방법은 다음다음 회차 주제 도서를 독서모임 진행순서 끝부분에서 참가자들과 함께 정한다. 도서가 선정되면 출판사 등을 통해 할인가격으로 일괄 선구매하여 모임을 마치면서 다음회분을 배부한다. 다음 독서모임 주제 책이 미리 내 손에 들어온다. 전철 등 돌아가는 교통편에서부터 읽기가 시작된다.

이유는 두 가지다. 개인 구입은 바쁜 일정으로 구입 시기를 놓쳐 완독의 어려움이 발생해서다. 또 하나는 종이책을 읽게 함이다. 4차 산업혁명세상의 첫 번째 역기능인 '문해력·집중력·공감력·사고력저하'에서 디지털매체와 종이신문 읽기 차이의 문제해결 방안이다.

미국 카네기멜론대학과 다트머스대학에서 '종이로 읽을 때 vs 모니터로 읽을 때의 이해도 차이'를 비교 연구했다. 결과는 예상 그대로다. 구체적이고 부분적인 정보 파악은 디지털 기기가 우세했다. 하지만 새로운 생각, 창의적 사고, 종합적인 판단을 위해서는 종이 읽기가 나음이 증명됐다. 디지털 매체 읽기는 나무만 보고 숲을 보지 못한다.

이 실험을 주도한 카네기멜론대학 '카우프만' 교수는 '디지털 화면은 넓고 입체적인 맥락보다는 정보 그 자체에 집중하게끔 하는 일종의 좁은 시각만을 제공한다. 따라서 디지털로 읽는 시간이 길어질수록 큰 그림을 보는 쪽의 사고는 덜 발달하게 된다.'고 강조한다. 연구진들도 종이로 읽기가 '전체적인 맥락파악에 의한 추론, 종합적인 사고, 문제해결에도 더 나은 판단'을 하게 된다는 종합의견을 냈다.[90]

도서선정을 함께하더라도 실제 읽고 토론하면서 '별로다'라는 느낌이 들 때가 있다. 함께 읽을 책은 고를 때 더 주의를 기울여야 하는 이유다. 책 선택 방법이다.

첫째, 베스트셀러보다는 스테디셀러를 선택한다. 같은 주제 책으로 고전이 있는 경우 고전을 우선적으로 선정한다. 고전이나 스테디셀러는 시간과 공간을 초월한다. 스테디셀러가 기하급수적으로 변하는 세상 속에서도 지속적으로 선택받은 이유? 수백 년 또는 이천 년이 넘어도 고전이 읽히는 이유는? 시대와 동서양 등 공간에 관계없이 재해석되어 우리에게 지속적으로 선한 영향력을 준다는 것이다. 그만큼 가치가 크다는 거다. 다만, 4차 산업혁명세상 등 트렌드 관련 도서는 최신 베스트셀러를 선택해야 한다.

둘째, 전문가 집단으로부터 우수작으로 검증된 도서를 고른다.

노벨상 수상작, 국립중앙도서관 추천도서, 한국출판문화산업진흥원 추천도서, 독서동아리지원센터 웹사이트 등을 활용한다.

국립중앙도서관은 격월로 사서추천도서를 문학, 인문과학, 사회과학, 자연과학, 테마(환경)로 구분하여 추천한다. 한국출판문화산업진흥원에서는 매월 책나눔위원회 추천도서를 자연과학, 실용일반, 그림책·동화, 청소년, 문학, 인물예술, 사회과학분야별로 추천하여 홈페이지에 게시한다. 독서동아리지원센터는 독서동아리 추천도서, 책 읽는 사회를 위한 북 매거진 웹진나비 추천도서, 공공도서관 사서추천도서를 홈페이지에 올려놓는다.

셋째는 참가자가 직접 읽었던 책을 선정한다. 그 책에서 받은 감동과 느낌 등을 함께 토론하고 이야기해보고 싶은 도서를 추천한다. 이 경우 발제순서를 변경하더라도 선정도서를 먼저 읽은 추천자가 발제를 맡으면 효과가 배가된다.

- 운영규칙 만들기

독서모임은 일상관계를 벗어난 낯선 다른 사람들과의 만남이다. 더욱이 발표와 토론까지 한다. 규칙은 필수다. 운영자 또는 기획자가 독서모임 목적에 맞춘 운영규칙 초안을 마련한다. 첫 모임에서 오리엔테이션 형식을 추가 진행하며 운영규칙을 확정한다.

운영규칙은 참가자들이 독서모임 존재목적에 다가가는 최선의 운영방법을 담는 거다. 그래서 제1항에는 '선정도서 읽고 참여하기'를 선언적으로 담아야 한다. 그밖에 주제도서 선정방법,

참가자 구성과 인원, 결석 등 미참석에 대한 조치, 주요 진행순서와 방법, 온오프라인 등 운영수단, 운영비용 등에 관한 사항이다. 차례로 알아보자.

선정된 책을 읽지 않고 참여하면 독서모임 5요소, 10개 기능에 시동이 걸리지 않는다. 최우선적으로 규칙에 적시해야 한다. 도서선정은 위에서 알아본 방법 중에서 협의하여 정하면 된다.

참가자 구성요건은 독서모임 목적에 맞추면 된다. 문제는 인원이다. '고정인원으로 할 것인가? 개방형으로 추가인원을 허용할 것인가?'다. 개방형인 경우 추가인원 선정방법과 최대인원 한도를 정해야 한다. 이는 대면모임 장소의 크기와 연계되어야 한다.

결석자에 대한 규칙은 독서모임이 지속적으로 운영되기 위한 필수사항이다. 누구나 불가피한 사유로 참석이 어려울 수 있다. 문제는 연속적인 결석이다. 대부분의 독서모임에서는 사회통념상 인정되는 불가피한 사유를 제외하고, 3회 연속 결석자는 강제탈퇴 조항을 둔다.

진행순서는 독서모임의 목적에 맞게 정한다. 진행에서 중요한 것은 개인별 발표-토론주제에 대한 대화와 토론에 대한 발언시간과 순서를 규칙에 반영하는 것이다.

'타인 발언 중간에 끼어들기 금지' 등 경청, 그리고 비폭력대화 조항은 기본이다. 참가자 모두가 각자 발언해야 독서모임의 10개 기능이 작동되기 때문이다. 다만, 찬반이 갈리는 디베이트 토론에서는 평가, 판단, 비교가 핵심이기 때문에 이때만 비폭력

대화 예외를 인정한다.

온오프라인 등 운영수단과 장소도 사전협의가 필요하다. 장소는 접근성이 좋은 역세권주변 등으로 정한다. 문제는 온라인 진행이다. 디지털 매체 운용이 거북스러운 참가자가 있으면 신중해질 수밖에 없다.

끝으로 운영비용 등 재정운용에 관한사항이다. 모임은 비용을 수반한다. 운영규칙에서 정한 독서모임을 운영하는 데 수반되는 1회 비용을 인원으로 배분하여 회비로 정하면 된다. 추가인원을 허용한 개방형 모임의 경우에는 현 운용비 잔액을 고려하여 가입비를 추가로 책정한다.

운영비용 확보를 위해 독서동아리지원센터의 '독서동아리 지원 사업'에 응모해보는 방법도 있다. 선정되면 6개월 동안 도시 구입비 등으로 총 80만 원이 지원된다. 아울러 저자와의 만남 등 각종 독서프로그램도 제공된다.[91]

운영규칙은 다수결 또는 만장일치로 정한다. 모임이 지속되면서 개정이 필요한 경우에도 제정 때와 마찬가지다. 모든 구성원의 충분한 의견수렴과 공감토론으로 독서모임의 10개 기능에 의한 4차 산업혁명세상 필수역량인 '협력과 융합의 소통력'을 키우는 계기로 활용한다.

① 선정도서를 반드시 읽고 참석한다.
② 도서선정은 참가자 각각이 추천하여 다수결로 정한다.
③ 진행순서는 ~~~ 순으로 한다.
④ 발언순서와 시간을 지킨다.
⑤ 사회자(발제자)가 아니고는 참가자가 발언하는 중간에 말을 끊을 수 없다.
⑥ 발표와 발언을 경청하며, 디베이트 토론을 제외하고는 비폭력대화를 한다.
⑦ 장소는 ○○○로 하되, 사회적 거리두기에 따라 줌, 구글밋 또는 메타버스 게더타운으로 대체할 수 있다.
⑧ 인원은 현 인원으로 하되, 추가 참가희망자는 협의하여 정한다.
⑨ 불가피한 사유 없이 연속 3회 결석 시 자동 탈퇴된다.
⑩ 회비는 월 1만 원으로 한다.

- 진행순서

운영규칙에서 정한 순서에 따른다. 필자가 선호하는 순서는 다음과 같다. 개인별 목표 진행사항 말하기(2분)→주제도서에서 공감되고 깨달음을 얻어 나에게 적용하기로 한 부분, 공감되지 않은 부분에 대한 이유와 나의 주장 발표(3분, 3분 총6분)→발제자 발제문과 토론주제 발표(20분)→주제토론(35분)→다음다음 회차 도서선정(5분) 순이다. 7~8명 참석의 경우 약 2시간이 소요된다.

정해진 시간한도에서 참가인원과 토론주제 목록 수에 맞춰 개인별 발언시간을 조정할 수 있다. 발언시간을 맞추기 위한 방법으로 모래시계를 활용한다. 사회자가 일일이 시간체크하기가 어렵다. 1분짜리, 3분짜리 모래시계를 준비한다. 2분 발언은 1분짜리로 두 번, 3분 발언은 3분짜리를 사용한다. 참가자는 모래시계를 보며 이야기 내용과 속도를 조정할 수 있어 유용하다. 스마트폰 앱 타이머도 활용가능하나 디지털숫자 변화의 깜박임과 시간 초과의 경우 알람 울림으로 집중도를 떨어뜨려 제한적으로만 사용한다.

'개인별 목표 진행사항 말하기'는 독서모임 효능 6, 7인 사명과 비전목표 달성을 앞당겨준다. 참가자의 목표관리를 서로 격려하고 조언해주기 때문이다. 나의 단계별 비전목표 진행사항을 점검하고 동기부여 받는다. 이는 필자가 참여하는 독서모임의 목적과 목표에 '참가자 개인별 연도목표 설정 및 달성하기'가 설정되어 있기에 진행순서 첫 번째에 자리하는 것이다.

'공감-깨달음-나에 적용하기'와 '비공감-나의 주장'은 참가자들의 발표를 경청하며 나와 다름에 놀라 나를 다시 뒤돌아본다. 독서모임 기능이 활성화된다.

문제는 주제토론이다. 위 발표와는 판이 다르다. 토론주제가 찬반으로 갈리는 경우다. 예를 들면, 'AI 인공지능의 윤리적 문제 해소 등 규제가 우선인가? 국가경쟁력 확보를 위해 적극 개발 및 활용이 먼저인가?'가 토론주제다. 디베이트 토론이다. 발제자가 참가토론자의 발언시간, 발언순서를 규칙에 따라 통제하지만 진보와 보수 등 이념이나 정치문제로 비화되면서 소란스러워질 수도 있다. 그래서 어떤 독서모임에서는 운영규칙에 '이념이나 정치적 발언을 금지한다.'라는 규정을 두고 있다. 그러나 필자는 이 또한 개인별 다름의 하나이므로 금지하지 않고 운영한다.

- 온오프라인 등 운영수단과 모임장소

코로나 팬데믹 이전에는 거의 다 대면모임으로 운영했다. 함께 책을 넘겨가면서 PPT 화면이나 유인물을 보며 발표하고 토론했다. 발표자뿐만 아니라 경청하는 다른 참가자들까지의 작은 표정과 숨결까지 온몸으로 느껴야만 독서모임 10개 기능이 모두 함께 작동하기 때문이었다.

이제는 온오프라인 겸용이다. 상황에 맞춰 탄력적으로 운용한다.

오프라인에서 공간이 분할된 경우, 인원에 맞게 팀을 이루어 진행할 수도 있다. 장소는 공공도서관, 동네카페, 독립서점, 개인 사무실, 공유오피스, 쉐어하우스, 대형백화점 문화센터 등 다양하다. 협의하여 정하면 된다.

'스페이스 클라우드' 공유 플랫폼 앱을 활용하는 방법도 있다. 지역, 인원, 날짜와 시간을 입력하여 시설안내 및 지도를 통한 위치 확인 후 예약 사용한다. 서울시평생학습포털과 경기도 평생학습포털-GSEEK 사이트 등 지자체 평생학습포털에서 '학습 공간예약'을 활용해도 된다.

문제는 온라인 진행이다. 동시접속과 개별접속방식이 있다. 동시접속에 의한 실시간 진행은 줌이나 구글밋이나 카톡 단체채팅 방을 활용한다. 메타버스의 게더타운도 25명까지 무료사용이 가능하다. 개별접속은 네이버 밴드나 포털 사이트 카페를 이용한다.

대부분은 단체채팅방, 밴드, 카페 등 플랫폼으로 소통하고 진행은 줌이나 구글밋 등으로 한다. 플랫폼에 줌 링크 주소를 게시하여 참가자들이 동시 접속한다. 몸은 각자 떨어져 있어 대면 모임에는 못 미치지만 동일한 온라인 공간에 동시에서 함께하는 데 의미가 있다. PPT 화면이나 동영상까지 함께 보며 발제자의 설명을 보고 듣는다. 대화와 토론도 이어진다.

온라인 진행은 사전에 운용규칙을 명확하게 세팅하여야 한다. 참가자 각자가 자기만의 공간에서 함께 접속함으로써 생기는 소음차단이다. 내 발언순서가 오거나 토론에 임할 때만 소리를 켜고 나머지 시간은 계속 음소거를 해야 한다. 거꾸로 비디오는 불가피한 경우를 제외하고는 ON을 유지해야 한다. 독서모임은 함께 마주함으로써 효능이 나타나기 때문이다. 비대면이지만 온라인 대면으로라도 함께함을 지켜야 한다.

독서모임의 운영과 진행방식은 다 다르고 다 똑같다. 주제나 테마 등 독서모임별 목적은 다 다르다. 그러나 그 목적을 추구하는 주제도서 선정방식, 운영규칙 운용, 진행방식 등은 대동소이하다.

3

나의 운명이
바뀌기 시작한다

독서모임 5요소와 10개 기능이 작동된다. 8개 효능으로 이어진다.

나와 나의 소통 4가지, 나와 세상과의 소통 3가지 등 7가지 소통이 선순환된다.

① 위대한 나만의 강점을 찾아 내가 좋아하면서도 잘하는 일을 하며 산다.

② 디지털 트랜스포메이션과 AI 4차 산업혁명세상을 입체적으로 알고 지속적으로 모니터링 한다.

③ 나만의 강점과 세상흐름을 연결하여 하늘이 내게 부여한 세상에 선한 영향력을 펼치는 공동선의 사명을 찾는다.

④ 나의 사명을 실천하는 단계별 비전목표를 정립한다.

⑤ 일상의 삶에서 나만의 강점을 지속적으로 활용한 비전목표 달성을 통해 사명에 다가감으로써 나만의 강점을 4차 산업혁명세상과 연결 융합·협업하는 삶을 산다.

⑥ 4차 산업혁명세상 순기능은 살리고 역기능에 대응하는 필수역량 9가

지가 키워진다.

⑦ 독서모임으로 5요소와 10개 기능이 작동된다.

내 운명이 바뀔까?

위대한 나만의 삶이 펼쳐질까?

아직은 아니다. 실천해야 한다. 지금 바로 시작해야 한다. 행복과 성공은 도전한 사람의 몫인 것은 역사가 증명한다. 해보지 않은 후회는 평생후회로 남는다. ①~②~③ 순서대로 무조건 시작해보자. 생각만큼 어렵지 않다.

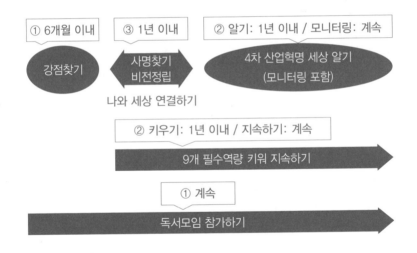

① 독서모임과 강점 찾기를 바로 시작한다. 독서모임을 하면서 '무엇을 할 때 가장 행복하고 즐거운가? 남보다 훨씬 잘하는 게 무엇인가?'를 6개월 이내에 찾아야 한다. ①이 정착되고 어느 정도 그림이 그려지면 ② 4차 산업혁명세상 알기와 모니터

링, 9개 필수역량 키우기도 함께 매진한다. 그런 다음 1년 이내에 ①, ②를 연결하는 ③ 사명정립과 비전목표를 설정, 일상의 삶에서 강점을 활성화하여 비전목표를 달성해감으로써 공동선의 사명을 실천하는 인생을 살아간다.

두려워하지 말고 그냥 내가 좋아하면서도 잘하는 일을 하면 된다. 그 길을 따라가면 운명이 바뀐다. 선택되기만을 기다려온 나에게, 선택하는 삶이 펼쳐진다. 내가 내 인생의 주인이 된다. 행복의 문이 열린다.

눈을 감고 한 다리로 서 보자. 몸의 중심이 무너지면서 흔들려 얼마 버티지 못한다. 거꾸로 눈을 뜨고 한 다리로 서면? 마냥 서 있을 수 있다. 중심이 잡혀서이다. 강점, 사명과 비전도 이와 같다.

1년 이내에 4차 산업혁명세상을 알고, 강점에 맞춰 나의 사명과 비전을 찾자. 내게 북극성이 되어준다. 재밌고 잘하는 일을 하면서 세상을 이롭게 하는 위대한 나만의 길이 열린다. 중간에 흔들려 넘어지지 않는다. 4차 산업혁명세상을 살아가는 필수역량도 키운다.

나의 운명이 바뀌기 시작한다. 성취와 보람의 의미 있는 삶, '삶의 의미＝일의 의미'가 되는 삶을 산다. 즐거우면서도 부자로 장수하며 행복하게 살아갈 수 있다. 나도 가족도 세상도 모두 행복해진다. 현대그룹 창업자 고 정주영 회장의 "해보기나 했어?"라는 명언을 다시 듣지 말자.

이제 필자와의 여행을 마칠 시간이다. 나의 혁명은 이미 시작됐다. 이 책을 끝까지 쫓아온 게 그 증명이다. 나도 내 분야에서 BTS가 된다.

걸림돌은 단 하나뿐이다!
바로 '나'다!

'지금 이 상황에서 내가 할 수 있을까?' '내가 끝까지 해 낼 수 있을까?' 하는 불안한 마음이다. '나를 불안하게 만드는 것은 사건이나 상황, 또는 사물이 아니다. 그것을 바라보는 나의 생각이 불안의 원인이다.' 로마 스토아 철학자 '에픽테토스'의 말이다. 내 마음을 나의 주인으로 삼지 말고, 내가 내 마음의 주인이 되어야 내가 위대한 나로 살 수 있다.

나를 믿어보자!
나를 사랑하고 도와주자!

100세 시대다. 교육 → 일 → 은퇴·여가의 시대는 끝났다. 학습·일·여가가 평생 함께하는 세상이다. 나만의 강점 100을 찾고, 사명을 정립하여, 나를 4차 산업혁명세상과 연결해보자. 10,000이라는 성과를 내는 건강하고 행복한 삶이 오롯이 내 것이 된다. 진정한 자유를 평생 만끽한다. 내 재능에 맞춰, 내가 원하는 대로, 내 삶을 설계하고 꾸려가는 것이 진정한 자유다.

그 시작이 독서모임이다!
나의 강점을 찾아 세상과 연결하면 운명이 바뀐다!
위대한 나만의 내가 만들어진다!

독자 여러분의 위대한 나만의 삶을 응원 드리며, 부족한 사람의 글을 끝까지 읽어주신 독자여러분들께 감사드립니다.

주석

1) 제레드 다이아몬드 지음, 김진준 옮김, 『총, 균, 쇠』(2015), 문학사상, pp102~105

2) 마커스 버킹엄·도널드 클리프턴 지음, 박정숙 옮김, 『위대한 나의 발견★강점 혁명』(2009), 청림출판, pp.73~75

3) ① 언어지능: 말재주와 글 솜씨로 세상을 이해하는 능력 ② 논리수학지능: 숫자나 규칙 등을 잘 익히고 만들어내는 능력 ③ 신체운동지능: 춤·운동·연기 등을 쉽게 익히고 창조하는 능력 ④ 음악지능: 음과 박자를 쉽게 느끼고 창조하는 능력 ⑤ 공간지능: 도형·그림·지도 등을 구상하고 창조하는 능력 ⑥ 자연지능: 환경을 인식하고 분석하는 능력 ⑦ 자기성찰지능: 자신의 심리와 정서를 파악하고 표출하는 능력 ⑧ 인간친화지능: 대인관계를 잘 이끌어가는 능력

4) KBS1 아침마당(2020. 1. 28)

5) 〈신한생명, 인공지능이 보험계약 심사〉헤럴드경제, 2021.5.17

6) 이시한 지음, 『메타버스의 시대』(2021), 다산북스, p131

7) 켄 로빈스 지음, 정미나 옮김, 『엘리먼트』(2016), 21세기 북스, pp20~23

8) 〈코로나로 변한 대학입시… 커뮤니티 칼리지·갭이어 도전 증가할 듯〉미주중앙일보, 2020.5.5

9) 매리언 울프 저, 전병근 역 『다시 책으로』(2019), 어크로스, p91

10) 우메다 사치코 지음, 박주영 옮김, 『당신의 천직을 찾아주는 최강의 자기분석』(2012), 알키, pp61~72, 86~94

11) 갑을병정무기경신임계(甲乙丙丁戊己庚辛壬癸)를 십간(十干)이라고 하고, 자축인묘진사오미신유술해(子丑寅卯辰巳午未申酉戌亥)를 12지라 함

12) 이서은·홍주연 지음, 『The Having』(2019), 수오서재, p330

13) 와카스 아메드 지음, 이주만 옮김, 『폴리매스』(2020), 안드로메디안, p367

14) 〈[책마을] "위험은 나쁜 것이지만 성공을 위한 연결고리"〉한경. 2019.11.22

15) 마커스 버킹엄 지음, 강주헌 옮김, 『나를 가슴 뛰게 하는 에너지 강점』(2012), ㈜위즈덤하우스, pp176~178

16) 진로정보망 커리어넷 www.career.go.kr (직업정보, 화가의 적성 및 흥미)

17) 장원청 지음, 김혜림 옮김, 『심리학을 만나 행복해졌다』(2021), 미디어숲, pp104~105

18) 〈직장인 최대의 적 '직장 스트레스. 연차는?'〉 중앙일보, 2019. 11. 15

19) 김난도 외 8인, 『트렌드코리아 2021』(2020), 미래의 창, p27

20) 사이먼 사이넥 지음, 이영민 옮김, 『나는 왜 이 일을 하는가?』(2018), 타임비즈, p19

21) 최인철 지음, 『굿 라이프』(2018), 21세기 북스, pp73~74

22) 〈행복도 전염된다… 즐거운 이웃 옆에 살면 행복감 34% 상승〉 경향신문, 2008. 12.5, 인터넷 판.

23) 〈3040까지 내려온 희망퇴직… "금융권 떠나 인생2막 열래요"〉 동아일보. 2021.7.3

24) 커넥팅랩 지음, 『블록체인 트렌드 2022-2023』(2021), 비지니스북스, p250

25) 〈아우디 올라탄 삼성 차량용 반도체… '전장시장 앞으로'〉 문화일보, 2019.1.3

26) 클라우스 슈밥 지음, 역자 이민주, 이엽, 『클라우스 슈밥의 제4차 산업혁명, THE NEXT』(2018), 메가스터디북스, p189

27) 〈유방암 위험?… '앞으론 집에서 확인한다'〉 한국경제 2018. 3. 8

28) 유발 하라리 지음, 역자 김명주, 『호모 데우스』(2017), 김영사, p460

29) 〈지구생물 '유전자지도' 만든다〉 매일경제, 2018. 11.1

30) 〈DNA 인코딩해 필요한 세포 기능 구현… 합성생물학 시대 왔다〉 한국경제, 2018.9.19.

31) 〈대한항공, 파리→인천 노선에 '지속가능연료'활용… 탄소배출↓〉 연합뉴스, 2022.2.18

32) 〈생각을 문자로 바꿔주는 '마음 글씨' 탄생〉 시사 한겨레 ①한마당, 2021. 5. 20

33) 유발 하라리 지음, 역자 김명주, 『호모 데우스』(2017), 김영사, p71, p394~395

34) 두진문 지음, 『성공하는 구독경제 원픽』(2021), 도서출판 행복에너지, p27~28, p50

35) 정재승 지음, 『열두발자국』(2018), 어크로스, pp228~229

36) 고객의 내외부 자료를 분석·통합해 고객 중심 자원을 극대화하고 이를 토대로 고객특성에 맞게 마케팅 활동을 계획·지원·평가하는 과정

37) 컴퓨터가 사람이 준 데이터를 분석하고 학습하는 과정을 거치면서 패턴을 인식할 수 있는 능력을 갖춘 후에는 입력하지 않은 정보에 대해서도 컴퓨터가 판단과 결정을 스스로 하는 것(예: 개 사진과 개와 비슷한 사진이 입력하여, 여기서 개 사진을 컴퓨터가 분류하도록 학습시키면 그 후에는 다른 여러 사진에서도 개를 스스로 찾아냄)

38) 데이터의 학습과정을 스스로 함. 즉 빅데이터를 분류해서 동일 집합 군끼리 묶고 서로의 연관관계도 스스로 파악(예: "이 사진이 개"라는 배움의 과정 없이 "이 사진이 개"라고 컴퓨터가 스스로 학습하여 찾아냄)

39) 〈달콤커피 로봇카페 '비트2E' 강남 신한은행서 첫 상용화… 음성인식 등 AI기술 탑재하고 효율성 높여〉 로봇신문, 2019.05.13

40) 〈CJ대한통운, RPA 도입 성과… "단순 반복 업무 2년치가 사라졌다"〉 전자신문. 2021.5.13

41) 〈신한금융투자, 반복업무 대신해줄 RPA 플랫폼 'R대리' 구축〉 한국경제. 2021.5.17

42) 〈주52시간에 일손부족?… SW로봇이 해결사〉 매일경제, 2019. 6. 25

43) 정재승 지음, 『열두발자국』(2018), 어크로스, p235~236

44) 정보통신(IT) 기기를 사용자 손목, 팔, 머리 등 몸에 지니고 다닐 수 있는 기기

45) [네이버 지식백과] 메타버스 [Metaverse] (두산백과)

46) KBS 명견만리 제작팀 지음, 『명견만리(윤리, 기술, 중국, 교육 편)』(2016), 인플루엔셜, p280

47) 살림 이스마일, 마이클 말론, 유비 반 헤이스트 지음. 이자연 옮김, 『기하급수 시대가 온다』(2016), 청림출판, pp14~15

48) 패티 맥코드 지음, 『POWERFUL 파워풀』(2018), 한국경제신문, p40

49) 김난도 외 8인, 『트렌드 코리아 2020』(2019), 미래의 창, p391

50) 〈2020 중독 치유 해법 포럼'… "코로나로 스마트폰 중독 늘었다"〉 신동아 2020.10.29

51) 〈2020 중독 치유 해법 포럼'… "코로나로 스마트폰 중독 늘었다"〉 신동아 2020.10.29

52) 정재승 지음, 『열두 발자국』(2018), 어크로스, pp335~338

53) 이지성 지음, 『에이트』 (2019), 차이정원, p81

54) 유발 하라리 지음, 역자 김명주, 『호모데우스』 (2017), 김영사, 446p

55) 이지성 지음, 『에이트』(2019), 차이정원, 125p

56) 유발 하라리, 역자 김명주, 『호모데우스』(2017), 김영사, 445p

57) 김난도 외 8인, 『트렌드 코리아 2022』(2021), 미래의 창, 429p

58) 《조선일보》 2014. 1. 8 김경원 헬스조선 기자 글

59) 서울대학교병원 의학정보, 웃음 치료 [laughter therapy] (서울대학교병원)

60) 달라이 라마 · 하워드 커틀러 지음, 류시화 옮김, 『달라이 라마의 행복론』(2001), 김영사, pp.43~53

61) 장현갑 지음, 『마음 VS 뇌, 마음을 훈련하라! 뇌가 바뀐다』(2009). 불광출판사, pp.198~199, pp.225~226

62) 장현갑 지음, 『마음 VS 뇌, 마음을 훈련하라! 뇌가 바뀐다』를 참고하였으며 상세한 내용에 대해서는 이 책을 직접 보기를 권한다.

63) 심리학용어사전, [네이버 지식백과] 명상 [meditation] 2014. 4. (한국심리학회)

64) 김미경 지음, 『리부트』(2020), 웅진지식하우스, pp107~108

65) [김기찬 칼럼] 〈역량있는 국민을 위한 휴먼뉴딜을 제안한다.〉 이데일리, 2020. 11. 22.

66) 와카스 아메드 지음, 이주만 옮김 『폴리매스』(2020), 안드로메디안, pp355~356

67) 용어로 보는 IT [네이버 지식백과] 코세라 [coursera] – 온라인 교육의 새로운 장을 열다(이지현)

68) 최재붕 지음, 『CHANGE 9』(2020), 쌤앤파커스, p47, p87

69) 〈다름과 불협화음의 경제학〉. 매일경제, 2019. 10.17

70) 크리스토퍼 차브리스, 대니얼 사이먼스 지음, 김명철 옮김, 『보이지 않는 고릴라』(2011), 김영사, p21

71) 데이비드 맥레이니 지음, 박인균 옮김, 『착각의 심리학』(2012), 추수밭, p177

72) 롤프 도벨리 지음, 비르기트 랑 그림, 두행숙 옮김, 『스마트한 생각들』(2012), 걷는 나무, p159

73) 강동화 지음, 『나쁜 뇌를 써라』(2011), 위즈덤하우스, p99

74) 데이비드 맥레이니 지음, 박인균 옮김, 『착각의 심리학』(2012), 추수밭, p205

75) 정재승 지음, 『1.4킬로그램의 우주, 뇌』(2016), 사이언스북스, p131

76) 마셜 B. 로젠버그 지음, 캐서린 한 옮김, 『비폭력 대화』(2011) 한국NVC센터

77) 〈참을 수 없다면 똑똑하게 화내라! – EBS 부모광장〉 EBS스토리 2015.3.11

78) 조지 베일런트 지음, 이시형 감수, 이덕남 옮김, 『행복의 조건』(2010), 프런티어

79) 최인철 지음, 『굿 라이프』(2018), 21세기북스, p160

80) 수녀들의 긍정 언어와 장수 연구, Danner, D., Snowdon, D.,&Friesen, W. (2001)

81) 최인철 지음, 『굿 라이프』(2018), 21세기북스, pp196~199

82) 데일 카네기 지음, 강성복 역 『데일카네기 자기관리론』(2009), 리베르, pp169~170

83) 모치즈키 도시타카 지음, 은영미 옮김, 『보물지도』(2010) 나리원, p147

84) 이코노믹 리뷰(2014. 8. 28)

85) 〈MS 최고경영자 오른 사티아 나델라 누구인가〉 연합뉴스, 2014. 2. 5

86) 이시한 지음, 『메타버스의 시대』(2021), 다산북스, p201

87) 최필승 지음, 『공부머리 독서법』(2020), 책구루, p93

88) 매리언 울프 저, 전병근 역, 『다시 책으로』(2019), 어크로스, pp92~93

89) 2021.8.21(토), 9.18(토), 10.16(토), 11.20(토) 총 4회차 운영

90) 〈'종이로 읽을 때 vs 모니터로 읽을 때' 이해도 차이〉 www.ttimes.co.kr 〉 view.
    2016. 6. 21

91) 〈2022 독서동아리 지원 사업 공고〉 독서동아리지원센터, 2022. 3. 10

※ 기타 참고문헌

· 마커스 버킹엄 지음, 강주현 옮김, 『나를 가슴 뛰게 하는 에너지 강점』(2012) 위즈
  덤하우스

· 우메다 사치코 지음, 박주영 옮김, 『최강의 자기분석』(2012) 알키

· 모치즈키 도시타카 지음, 은영미 옮김, 『보물지도』(2010) 나라원

위대한 나를 찾아 인류에 이바지하며 행복하게 살아갈 수 있도록

권선복
도서출판 행복에너지 대표이사

코로나19의 대유행, 4차 산업혁명의 심화 등 세상이 전례 없는 변화를 맞이하고 있음에도 산업화시대 기준에 맞추어 위대한 나만의 강점을 뒤로하고 아득바득 스펙을 쌓고, 자기와 맞지 않은 경쟁의 무대에 오르려는 청년들이 아직 많습니다.

이 책 『위대한 나를 만드는 독서모임』은 2016년에 모두를 위한 소통전도서 『사람은 다 다르고 다 똑같다』를 출간하여 화제를 불러일으킨 바 있는 민의식 작가가 이러한 청년들의 현실을 안타까워하며 격변하는 세상 속에서 진정으로 행복하게 살아갈 수 있는 방법을 제시하는 책입니다.

이 책은 4차 산업혁명의 시대에 자기가 하고 싶은 일을 하면서 행복한 인생을 살아가기 위해 나와 나의 소통, 나와 세상과의 소통을 강조합니다. 그리고 이를 위해 가장 효과적인 방법으로 '독서모임 참여'를 제시하며, 실제로 독서모임에 참여하는 방법, 독서모임을 만드는 방법, 독서모임을 운영하는 방법에 대해 작가 자신의 경험에 근거한 상세한 가이드를 제시하고 있습니다.

이 책을 통해 많은 분들이 독서모임의 효용성에 눈을 뜨고, 과거 산업사회의 스펙에 얽매이지 않는 행복한 삶을 살아가시기를 소망합니다!

대중가요 임진왜란

유차영 지음 | 값 25,000원

이 책은 유차영 저자가 전작 『트로트 열풍』 이후 2년여 만에 세상에 내놓는 '유행가 다시 읽기' 프로젝트의 일환이다. 임진왜란을 모티브로 삼은 다양한 유행가를 분석하며 그 속의 생생한 이야기를 들려주고 있다. 책 속의 다양한 스토리텔링은 우리에게 인문학적인 풍요와 함께 애국애족으로 단단하게 확립된 국가관의 필요성을 느끼게 해줄 것이다.

주민자치 정비공

강광민 · 안광현 · 조승자 지음 | 값 22,000원

본서는 우리나라의 현실에 기반하여 어떻게 하면 긍정적이고 효율적인 주민자치를 할 수 있을지 가이드를 제시하고 있는 책이다. 주민자치의 의미와 현주소를 새롭게 환기하는 한편 보다 창의적이고 실용적인 주민자치를 위해 '정-비-공'의 세 가지 키워드에 주목하며 다각도로 주민자치에 관하여 분석하고 청사진을 제시하고 있다.

괜찮아 겁내지 마 널 지켜줄게

최재영 지음 | 값 20,000원

이 책은 '살아가기 위해서' 하루하루 이 악물고 떨쳐 일어나는 사람들을 그린 자화상이자, 이들을 따스하게 어루만지는 희망과 소통의 메시지를 담고 있다. 최재영 저자는 자신의 성취뿐만 아니라 살아오면서 겪은 고통스러운 이야기들 역시 담담하면서도 솔직하게 풀어내는 한편 평범하지만 최선을 다해 살아가고 있는 이들에게 가슴을 울리는 조언과 위로를 던진다.

금융전문가가 알려주는 MZ세대 재테크 전략

박영섭 지음 | 값 17,000원

이 책은 금융감독원에 오랫동안 재직한 금융전문가인 박영섭 저자가 미래를 이끌어갈 MZ세대의 경제적 자유 쟁취를 돕기 위해 내놓은 가이드북이다. 저자는 최근 MZ세대들 사이에 유행하고 있는 '영끌투자' 등을 날카롭고 현실적으로 비판하는 한편, 금융 기본 지식을 갖추고 사회 현상을 읽어내 현명하고 현실적인 투자로 진정한 경제적 자유를 이뤄낼 수 있도록 돕는다.

부의 인문학

이상준 지음 | 값 20,000원

본서는 필자가 경험하고 터득한 성공과 부의 법칙을 통해 인생을 좀더 아름답게 살아가는 방법을 안내하는 지침서이다. 저자는 빠르게 변화하는 세상에서 부자가 되는 방법은 아이러니하게도 인문학 속에 있음을 역설한다. 인문학 고전의 탐구를 통해 부자가 되는 법을 말하고, 그 이면에 숨겨진 성공적이고 가치 있는 삶이 무엇인가에 대해 사색하게끔 독자를 이끄는 것이 이 책의 특징이다.

'행복에너지'의 해피 대한민국 프로젝트!
〈모교 책 보내기 운동〉

"좋은 책을 읽는 것은 과거의 가장 뛰어난 사람들과 대화를 나누는 것과 같다." 철학자 데카르트의 말입니다. 빌 게이츠 회장은 "오늘의 나를 있게 한 것은 우리 마을 도서관이었다. 하버드대학 졸업장보다 소중한 것이 독서 하는 습관이다"라고 강조했습니다.

책은 풍요로운 인생을 위해 절대적으로 필요한 도구입니다. 특히 청소년기에 독서의 중요성은 아무리 강조해도 지나침이 없습니다. 하지만 우리나라 청소년들의 독서율은 부끄러운 수준입니다. 무엇보다도 읽을 책이 부족한 실정입니다. 많은 학교의 도서관이 가난해지고 있습니다. 학생들의 마음 또한 가난해진 상태입니다. 지금 학교 도서관에는 색이 바랜 오래된 책들이 쌓여 있습니다. 이런 책을 우리 학생들이 얼마나 읽고 싶어 할까요?

게임과 스마트폰에 중독된 초등과 중등학생들, 대학 입시 위주의 교육에서 수능에만 매달리는 고등학생들, 치열한 취업 준비에 매몰되어 책 읽을 시간조차 낼 수 없는 대학생들. 이런 상황에서도 학생들이 책을 읽고 꿈을 꾸고 도전할 수 있도록 책을 읽는 분위기를 조성해야 합니다. 학생들이 읽을 수 있는 좋은 책을 구비할 필요가 있습니다.

저희 도서출판 '행복에너지'에서는 베스트셀러와 각종 기관에서 우수도서로 선정된 도서를 중심으로 〈모교 책 보내기 운동〉을 전개하고 있습니다.

대한민국의 미래, 젊은 꿈나무들에게 좋은 책을 보내주십시오!

독자 여러분의 자랑스러운 모교에 보내진 한 권의 소중한 책은 학생들의 꿈과 마음을 더욱 풍요롭게 하는 촉매제가 될 것입니다.

책을 사랑하시는 독자 여러분의 많은 관심과 참여를 부탁드립니다.

도서출판 **행복에너지** 임직원 일동
문의 전화 010-3267-6277